Österreich INTIM

Der Senger-Report
über Seele, Sex
und Sinnlichkeit

Dr. Gerti Senger / Dr. Walter Hoffmann

Österreich INTIM

Der Senger-Report über Seele, Sex und Sinnlichkeit

Mit 42 Grafiken

Amalthea

Umschlaggestaltung: Adolf Bachmann, Reischach
Herstellung: VerlagsService Dr. Helmut Neuberger
& Karl Schaumann GmbH, Heimstetten
Satz: Filmsatz Schröter GmbH, München
Gesetzt aus 10/12 Punkt Sabon
Druck und Bindung: Wiener Verlag, Himberg bei Wien
Printed in Austria 1993
ISBN 3-85002-349-4

Inhaltsverzeichnis

Zum Aufbau der Untersuchung 13

TEIL 1
PERSÖNLICHKEIT, ENTWICKLUNG, FAMILIE

Wie man wird, was man ist 16
Familie und Kinder 23
Mißbrauch: Das verdrängte Wissen 28
– Was sind das für Menschen, die Kinder mißbrauchen? . . 29
– Das bestgehütete Geheimnis 30
Auswertung 32
– Erziehung – wie sie war 32
– Erziehung – wie sie ist 35
– Die autoritäre Erziehung 35
– Die antiautoritäre Erziehung 37
– Das familiäre Klima 38
– Der kleine Prinz 41
– Geld macht glücklich 43
– Zuviel Liebe erstickt 44
– Trotzige Kinder strafen ihre Eltern 44
– Die Verweigerung – eine Waffe der Frau 45
– Trotz macht unfähig zu lieben 46
Originalzitate 48

Trieb, Aggression und Macht 62
Trieb und Verzicht 62
Auswertung 68
– Frauen sind unbeherrschter 69
– Die liebe Familie 71

– »Mundel« lebt 72
– Suchtanfälligkeit 73
– Männer trinken, Frauen essen 74
– Verbotene Wünsche erzeugen Angst 75
– Orgasmusangst = Angst vor Kontrollverlust 76

Aggression und Macht 78
Auswertung 83
– Impulsivität: Den Gefühlen freien Lauf lassen 83
– Rache ist süß 84
– Die Kehrseite der Medaille: Die Aggressionshemmung . 87
Originalzitate 90

Selbstbewußtsein, Schüchternheit und Angst 94
Selbstbewußtsein und Schüchternheit 94
Auswertung 98
– Wer neidisch ist, entwertet andere 99
– Neider sind heimliche Bewunderer 100
– Der Gebärneid des Mannes 100
– Schüchternheit ist eine Volkskrankheit 104
– Der gehemmte Single 106
– Wissen ist Macht 106
– Jeder fünfte Österreicher ist von sich überzeugt 107
– Die benachteiligte Frau – andere Benachteiligte 107
– Geld regiert die Welt 109

Phobie und Depression 110
– Phobien 110
– Depressionen 115
Auswertung 116
– Frauen sind ängstlicher 116
– Weniger Sex – viel Angst 118
– Jeder zehnte Österreicher hat eine Phobie 119
– Geheime Trennungswünsche machen Angst 119

– Nach der Lebensmitte kommt oft die Depression 120
Originalzitate 122

Beruf und Alltag 134
Auswertung 141
– In vielen Österreichern steckt ein Politiker 141
– Jüngere haben weniger Interesse 142
– Zufriedenheit im Beruf 143
– Frauen sind kontaktfähiger 144
Originalzitate 147

Traum und Tagtraum 149
– Der nächtliche Traum 149
– Phantasien und Tagträume 152
Auswertung 153
– Fallträume: Angst »vor dem Loslassen« 154
– Wenn Träume Wünsche erfüllen 156
Auswertung/Tagträume 157
– Gedanken an Krankheit und Tod 157
– Größen- und Allmachtsphantasien 158
– Rache- und Vergeltungswünsche 158
– Sexuelle Phantasien 159
Originalzitate 159

TEIL 2
LIEBE UND SEX

Liebe und Partnerschaft 166
Auswertung 169
– Welche Formen des Zusammenlebens gibt es in Österreich? 169
– Wer ist Single? 170
– Sind die Österreicher Heiratsmuffel? 170
– Gibt es Liebe auch ohne Sex? 170

– Sind Frauen eifersüchtiger? 171
– Sind Männer untreuer? 171
– Wie wichtig ist Treue? 173
– Sind Kinder gut für eine Sexbeziehung? 173
– Wirken sich Mutterschaft und Familie auf die weibliche Orgasmusfähigkeit aus? 173
– Wer hat mehr Probleme im Bett – »Nur-Hausfrauen« oder berufstätige Frauen? 174
Originalzitate 174

Was ist Sexualität? 186
– Die orale Phase (ca. 0–1 Jahr) 187
– Die analsadistische Phase (ca. 1–3 Jahre) 188
– Die phallische Phase (3–5 Jahre) 189
Die Entwicklung des Sexualverhaltens 193
Erfüllte und unerfüllte Lust 196
AIDS geht alle an 202
Auswertung/Erfüllte und unerfüllte Lust 204
Erfüllte Lust – Lust auf Liebe 204
– Wie oft werden die Österreicher sexuell aktiv? 204
– Sind Männer sexuell aktiver? 205
– Wann haben wir die besten Jahre? 206
– Wie lange dauert der alpenländische Liebesakt? 206
– Was halten die Österreicher vom Vorspiel? 207
– Welche Stellung ist am beliebtesten? 207
– Wer mag Sex von hinten? 208
– Wer experimentiert am meisten? 209
– Wann wird in Österreich geliebt? 209
– Gibt es bei der zeitlichen Vorliebe Geschlechtsunterschiede? 209
– Betreiben Menschen mit häufigem Geschlechtsverkehr weniger Selbstbefriedigung? 209
– Onanieren Männer häufiger? 210
– Wer hat die höchste Masturbationsfrequenz? 210

– Sind Männer in punkto Stellungen experimentierfreudiger? 211
– Ist Frauen ein großer Penis wichtig? 211
– Sind die Männer mit der Größe ihres Penis zufrieden? . 212
– Stimmt es, daß Frauen länger brauchen als Männer, um erregt zu werden? 212
– Wie wichtig ist es einem Mann, seine Partnerin zu befriedigen? 212
– Haben die Männer Angst vor sexuell initiativen Frauen? 212
– Stehen die österreichischen Männer auf große Busen? . 213
Unerfüllte Lust 213
– Haben die österreichischen Frauen Schwierigkeiten mit dem Orgasmus? 213
– Sind Orgasmusstörungen vom Alter abhängig? 213
– Haben Frauen mit Orgasmusproblemen weniger Geschlechtsverkehr? 213
– Hängen Bildung und Orgasmusfähigkeit zusammen? . 214
– Wie äußern sich Orgasmusprobleme? 214
– Masturbieren Frauen mit Sexualstörungen häufiger? . 215
– Bluffen die österreichischen Frauen im Bett? 215
– Sind Frauen im besten Alter ehrlicher im Bett? 216
– Haben die Frauen mehr sexuelles Selbstbewußtsein? . . 216
– Wer hat mehr sexuelle Probleme – Frauen oder Männer? 216
– Haben viele Männer Potenzprobleme? 216
– Wann ist ein Mann am potentesten? 216
– Sind Potenzprobleme bildungsabhängig? 217
– Sind sich Männer sicher, ob ihre Partnerin einen Orgasmus hat? 217
– Stehen Männer in punkto sexueller Leistung unter Druck? 218
– Sind impotente Männer von sich überzeugt? 218
– Wie sind sexuell frustrierte Menschen im Alltag? . . . 218
– Wird Sex mit den Jahren eintöniger? 218
– Sind die Österreicher lustlos? 218

Verhütung 219
– Wie wird verhütet? 219
– Wer greift öfter zu Kondomen? 219
– Inwieweit beeinträchtigt AIDS das Sexverhalten der Österreicher? 219
Originalzitate 220

Sexuelle Variationen 251
– Von der »Perversion« zur »Deviation« 251
– Fetischismus 257
– Homosexualität 260
– Bisexualität 261
– Transvestitismus 261
– Transsexualismus 262
Auswertung 262
– Ist Sadomasochismus eine neue Welle in Österreich? . . 262
– Was versteht man überhaupt unter Sadomasochismus? 262
– Wie sind Sadomasochisten im Alltagsleben? 263
– Wie wird man Sadomasochist? 263
– Sind Männer eher Sadisten als Frauen? 263
– Ist Sadomasochismus altersabhängig? 263
– Haben Sadomasochisten mehr vom Sex? 264
– Wie beliebt ist Gruppensex? 264
– Wer neigt zu Gruppensex? 265
– Ist Gruppensex Jugendsache? 265
– Ist Oralverkehr noch tabu? 265
– Wie verbreitet sind Erotika? 265
– Wer interessiert sich für lesbische Szenen? 266
– Wer wird durch Sex unter Männern angeregt? 266
– Ist Analverkehr bei Frauen beliebt? 266
– Ist für Frauen die manuelle Stimulation wichtig? 267
– Wird im Bett phantasiert? 267
– Wie viele Frauen sind beim Liebesakt auf sich selber angewiesen? 267

– Wo gibt es in Österreich die meisten Sadomasochisten? 267
– Wo existieren die stärksten Wünsche nach Gruppensex? 268
– Wie viele Männer sind in Österreich homosexuell? . . 268
– Welche Sexualpraktiken sind bei Homosexuellen üblich? 268
– Sind Homosexuelle weniger treu? 269
– Haben homosexuell liebende Männer weniger Probleme mit der Sexualität? 269
– Gibt es mehr lesbische Frauen als homosexuelle Männer? 269
– Finden Frauen am eigenen Geschlecht Gefallen? 269
Originalzitate 269

Resümee 290
Eine Typologie der Österreicher 291
– Typ 1: Die Krönung 292
– Typ 2: Das Mauerblümchen 292
– Typ 3: Der Giftzwerg 293

TEIL 3
STATISTIK
– Voruntersuchung 296
– Skalenbezeichnung 296
– Hauptuntersuchung 299
– Auswertung 300

Tabellen 302
Literaturverzeichnis 319

Zum Aufbau der Untersuchung

Das vorliegende Buch kam durch eine von der KRONE durchgeführte Fragebogen-Aktion zustande. Eine Million Fragebögen wurden der Zeitung beigelegt und damit die größte sozialwissenschaftliche Erhebung ermöglicht, die nach Kinsey jemals durchgeführt wurde.

Das Buch entspricht in seinem Aufbau annähernd der Struktur des Fragebogens und ist in drei Teile – »Persönlichkeit, Entwicklung und Familie«, »Liebe und Sex« und »Statistik« gegliedert. Der besseren Übersicht wegen wurden thematisch verwandte Kategorien zusammengefaßt und schwerpunktmäßig abgehandelt.

Jeder Abschnitt wird mit einer theoretischen Ausführung eingeleitet. Dann folgen die Auswertungen und Interpretationen der Erhebung, sowie die Originalzitate. Die Auswertung des Abschnittes »Liebe und Sex« brachten wir in Frage/Antwort-Form, um eine durch die Vielzahl der Daten entstehende Unübersichtlichkeit zu vermeiden. Wir beließen diese persönlichen Mitteilungen im Original und strichen nur jene Hinweise, die zur Identifizierung des Schreibers beitragen hätten können. Die Rechtschreibung adaptierten wir an die Dudenregeln. Da es den Umfang eines handhabbaren Buches gesprengt hätte, konnten wir nur einen Teil der Zuschriften aufnehmen.

Der dritte Teil umfaßt die Statistik sowie Tabellen und Grafiken. Details zum Fragebogenaufbau und zur Auswertung finden interessierte Leser in diesem Abschnitt. Wegen der besseren Lesbarkeit finden Sie detaillierte Prozentangaben im statistischen Teil.

Daß wir den Ergebnissen und Interpretationen einen ausführlichen theoretischen Teil voranstellten, geschah mit der Absicht,

dem Leser mehr als nur nackte Zahlen zu bieten. Die zahlreichen Untersuchungen und Umfragen, die in den letzten Jahren immer wieder durchgeführt wurden, stellten lediglich Fakten fest, ohne deren Hintergrund bzw. Entstehung anzuführen.
Diese puristische Informationsvermittlung ist für viele Menschen unbefriedigend: Das Vorenthalten von Ursachen widerspricht der natürlichen menschlichen Neugier. Darüber hinaus kann eine Untersuchung, die sich nicht nur auf Datenvermittlung beschränkt, sondern Erklärungen anbietet, Denkanstöße geben und Verständnis für sich und andere auslösen.
Wenn Sie also zu einem bestimmten Thema mehr wissen wollen, brauchen Sie nur den dazugehörigen theoretischen Teil zu lesen. Für den Fall, daß Sie mehr über sich selbst, über Ihre persönlichen Eigenheiten, Stärken und Schwächen erfahren wollen, liegt diesem Buch ein Fragebogen bei, der auf unserer Österreich-Studie basiert. Füllen Sie den Fragebogen aus und überweisen Sie S 190,– an Bank Austria, Kto.-Nr. 402 039 606. Legen Sie den Abschnitt der Überweisung dem Fragebogen bei und senden Sie beides an das

Institut für angewandte Tiefenpsychologie
1190 Wien, Strehlgasse 32.

Sie erhalten innerhalb von 14 Tagen eine wissenschaftliche Analyse Ihrer Persönlichkeit sowie entsprechende Ratschläge.
Bei den KRONE-Leserinnen und -Lesern, die sich an der Fragebogen-Aktion beteiligten, bedanken wir uns ganz herzlich. Sie ermöglichten eine sozialwissenschaftliche Erhebung, die in einer Zeit, in der alte Normen nicht mehr gelten und neue noch nicht gefunden sind, nicht nur Information, sondern auch Lebenshilfe bedeutet.

Teil 1

Persönlichkeit, Entwicklung, Familie

Wie man wird, was man ist

Über fünf Milliarden Jahre dauerte der Bewußtseinsprozeß des Universums vom Urknall an. So lange benötigte die Evolution, um eine Gattung hervorzubringen, die fähig war, sich selbst zu erkennen: den Menschen. Ein vernunftbegabtes Lebewesen, das denken konnte und das Fragen stellte: Warum gibt es mich, woher komme ich, wohin gehe ich, und vor allem: Wer bin ich?

Fragen nach der eigenen Identität haben Menschen schon immer zum Denken angeregt. Kein Wunder also, daß im Laufe der Menschheitsgeschichte unterschiedlichste Vorstellungen über das menschliche Wesen entwickelt wurden – magische genauso wie religiöse, philosophische und wissenschaftliche. Auch heute gibt es wohl kaum jemanden, der nicht wissen möchte, wer er ist, wie er ist und wie er zu dem geworden ist, was er ist.

Die Persönlichkeitsforschung wird erst seit dem vorigen Jahrhundert – vorwiegend von Psychologen und Medizinern – wissenschaftlich betrieben. Sie ist also ein relativ junger Zweig der Psychologie. Trotz der vielen Untersuchungen, die seither durchgeführt wurden, konnte bis heute noch keine allgemeingültige, einheitliche Persönlichkeitstheorie erstellt werden. Es herrscht nicht einmal Einigkeit darüber, was unter dem Begriff »Persönlichkeit« verstanden werden soll.

Nach ZIMBARDO (1992, S. 398) ist Persönlichkeit »... einfach gesagt das, was ein Individuum charakterisiert«. Seine Einzigartigkeit also und die Summe seiner charakteristischen Eigenschaften.

Die auseinandergehenden und zum Teil sogar widersprüchlichen Ergebnisse der Persönlichkeitsforschung erklären sich aus den unterschiedlichen, theoretischen Ausgangsbedingungen der einzelnen Untersuchungen sowie den ungleichen Methoden, die dabei angewandt werden.

Die bunte Vielfalt der Persönlichkeitstheorien reicht von der Typenlehre des griechischen Arztes HIPPOKRATES[1] (460–377 v. Chr.), der Persönlichkeitszüge mit dem Überwiegen bestimmter Körpersäfte erklärte, bis zu den modernen, radikalen lerntheoretischen Ansätzen J. B. WATSONS. Er war der Auffassung, daß Persönlichkeit erlernt und nur auf äußere Einflüsse zurückzuführen ist.

In der ersten Hälfte dieses Jahrhunderts veröffentlichten KRETSCHMER (1921) in Deutschland und SHELDON (1942) in den Vereinigten Staaten sogenannte »Typenlehren«. Diesem Ansatz zufolge ist die »Persönlichkeit« eines Menschen mit der Art seines Körperbaues zu erklären. Rundliche Menschen sollen eher umgänglich, heiter und gesellig sein. Athletiker werden als kraftvoll, energisch und mutig beschrieben. Leptosome interessieren sich mehr für ihr Innenleben. Sie sind die geborenen Denker oder Künstler. KRETSCHMER konnte nachweisen, daß Leptosome mehr zu Schizophrenie, Pykniker zu Erkrankungen des manisch-depressiven Formenkreises und Athletiker zur Epilepsie neigen.

EYSENCK (1964) erstellte eine auf wissenschaftlichen Grundlagen beruhende Persönlichkeitstypologie. Vereinfacht gesagt geht seine Theorie von zwei Hauptdimensionen der Persönlichkeit aus, nämlich: emotionale Stabilität gegenüber emotionaler Labilität und Umweltzugewandtheit (extravertiert) gegenüber Verschlossenheit. Extravertierte Menschen werden als gesellig, kontaktfreudig, impulsiv, aktiv, optimistisch und gesprächig beschrieben. Introvertierte hingegen als ruhig, zurückgezogen, reserviert, ungesellig und passiv.

Vielleicht ist Ihnen schon aufgefallen, daß die bisher besprochenen Eigenschaftstheorien nur »reine«, also voneinander abgegrenzte Persönlichkeitstypen beschreiben, die im realen Leben selten vorkommen. Das ist auch der Schwerpunkt dieser Einteilungen. Darüber hinaus bleiben sie tiefergehende Erklärungen über die Vielfalt der menschlichen Verhaltensweisen schuldig. Hängt es nur von der Konstitution oder im anderen Fall von äußeren Einflüssen ab, ob ein Mensch z. B. wegen jeder Kleinigkeit »aus der Haut fährt«, während ein anderer in derselben Situation ruhig und gelassen bleibt? Es ist auch überhaupt nicht klar, warum Menschen persönliche Veränderungen so schwer fallen, selbst wenn der nötige Wille dazu vorhanden ist. Wie viele gute Vorsätze scheitern schon nach wenigen Tagen an der »menschlichen Natur«!

Dem bewußten Wollen des Menschen sind ganz offensichtlich unbewußte Kräfte gegenübergestellt, die sich seinem direkten Einfluß entziehen. SIGMUND FREUD, dem Begründer der Psychoanalyse, blieb es vorbehalten, jene geheimnisvollen Kräfte aufzudecken, die so große Macht über das menschliche Verhalten ausüben. Seine Erkenntnisse führten später zur Formulierung der »Psychodynamischen Persönlichkeitstheorie«. Ihr liegen die Grundannahmen zugrunde, daß

- die spätere Persönlichkeit des Menschen durch Erlebnisse aus der frühen Kindheit geprägt wird und
- das bewußte Verhalten – Denken, Reden, Handeln – durch unbewußte Wünsche gesteuert wird.

Nicht das bewußte Wollen, sondern unbewußte Kräfte sind nach Freud letztlich für das Tun des Menschen verantwortlich. Es waren vor allem Träume und Fehlleistungen, die Freud dazu veranlaßten, eine zweite, unbewußte Ebene anzunehmen. Eine Anekdote über den bekannten und verdienten Wiener Universitätsprofessor, Sozialpsychiater und Psychoanalytiker HANS STROTZKA veranschaulicht FREUDS Theorie:

Strotzka hatte einen befreundeten Psychoanalytiker aus New York, als Gast in seine Vorlesung geladen. Der große Hörsaal des neuen Institutsgebäudes war schon zum Bersten voll. Und immer noch warteten draußen Studenten auf Einlaß. Der überraschte Strotzka mußte daher seine Begrüßungsrede mehrmals unterbrechen. Während einer solchen Unterbrechung passierte ihm dann eine, mittlerweile schon legendäre Fehlleistung. Kopfschüttelnd sagte er: »Mein Gott, so viele Leut'. Ich weiß gar nicht, wo ich euch alle ›umbringen‹ soll.« Der Hörsaal brüllte vor Lachen. Allen war klar, daß dem Psychoanalytiker Strotzka soeben selbst eine gewaltige Fehlleistung passiert war. Natürlich wollte er »unterbringen« und nicht »umbringen« sagen. Auch die Bedeutung dieser Fehlleistung lag für alle Anwesenden auf der Hand: Im Unbewußten hätte Strotzka das Raumproblem wohl sehr schnell gelöst gehabt.

So wie diese Fehlleistung erweisen sich die meisten Fehlleistungen als unbeabsichtigte Äußerungen des Unbewußten im Bewußten. »Das Vergessen von Vorsätzen läßt sich ganz allgemein auf eine gegensätzliche Strömung zurückführen, welche den Vorsatz nicht ausführen will.« FREUD (1916, S. 74). Selbst wenn Sie sehr wertvolle Dinge verlieren, deren Verlust Sie schmerzhaft bedauern, steckt nach Freuds Ansicht eine unbewußte Absicht dahinter. »Allen Fällen gemeinsam ist, daß man etwas verlieren wollte, verschieden aber, aus welchem Grund und zu welchem Zweck. Man verliert eine Sache, wenn sie schadhaft geworden ist, wenn man die Absicht hat, sie durch eine bessere zu ersetzen, wenn sie aufgehört hat, einem lieb zu sein, wenn sie von einer Person herrührt, zu der sich die Beziehungen verschlechtert haben oder wenn sie unter Umständen erworben wurde, denen man nicht mehr gedenken will. Denselben Zweck kann auch das Fallenlassen, Beschädigen, Zerbrechen der Sache dienen.« FREUD (1916, S. 96).

Die Analyse der Fehlleistungen führte FREUD zu der Erkenntnis, daß der realen, bewußten Handlungsebene, eine zweite, unbewußte Handlungsebene zugrunde liegt, die das Verhalten des Menschen motiviert: Nach Auffassung der Psychoanalyse ist der Mensch einem fortwährenden Streben nach uneingeschränkter Lust unterworfen. Wünsche, die unerfüllt bleiben, werden zwar aus dem Bewußtsein gedrängt, aber sie büßen ihre ursprüngliche Stärke nicht ein. Sie sind ins Unbewußte verbannt, drängen aber weiter auf Erfüllung. Freud nannte diesen Vorgang »Verdrängung«. Ausgehend von diesen Vorstellungen, entwickelte er sein – nicht unumstrittenes – Persönlichkeitsmodell.

FREUDS Modell unterscheidet zwischen drei Persönlichkeitsbereichen: dem Es, dem Ich und dem Über-Ich. Sie können sich dazu folgendes Bild denken: Ein Reiter sitzt auf einem Pferd, daneben steht ein Reitlehrer. Das »Es« ist das Pferd, der Reitlehrer das »Über-Ich« und der Reiter das »Ich«. Das »Es« bezeichnet den impulsiven, »treibenden« Teil unserer Persönlichkeit. Seinen Kern bilden die primitiven Triebbedürfnisse des Menschen und die verpönten Wünsche, die er im Laufe seiner Entwicklung verdrängen mußte. Das »Es« ist ausschließlich lustorientiert und auf möglichst unmittelbare, umfassende Triebbefriedigung aus. Außerdem befinden sich im »Es« alle jene Inhalte, die im Laufe der Lebensgeschichte verdrängt werden mußten. Die Vorgänge im »Es« sind unbewußt.

Dem »Es« wird das »Über-Ich« gegenübergestellt. Es bildet sich aus den verinnerlichten Verboten und Geboten der Eltern und den Gefühlen, die ihnen gelten. Gleichzeitig ist das »Über-Ich« auch Träger des Gewissens, der Selbstbeobachtung und der Idealbildung. Sein Wirken schränkt das unbändige Luststreben des »Es« ein.

Das »Ich« hat die Aufgabe, zwischen den Wünschen des »Es« und den Anforderungen des »Über-Ichs« zu vermitteln. Es gehorcht der Vernunft. Im Normalfall gesteht das »Ich« dem »Es« überall dort Triebbefriedigung zu, wo sie ohne Gefahr möglich ist. Aber es verhindert die Wunscherfüllung, wenn dadurch die Sicherheit oder das Ansehen des Individuums bedroht ist.

Jetzt können Sie sich noch einmal das Reiter-Bild in Erinnerung rufen: Der Reitlehrer (das Über-Ich) gibt Anordnungen, der Reiter (das Ich) führt diese aus und zügelt das wilde Pferd (das Es) so gut er kann.

Natürlich stehen einander »Es« und »Über-Ich« feindlich gegenüber. Hat ein Mensch ein ausgesprochen strenges, unerbittliches »Über-Ich«, wie es durch eine extrem harte, gefühlsarme Erziehung zustande kommt, ist unweigerlich Triebfeindlichkeit die Folge. Dagegen werden ichschwache Menschen kaum in der Lage sein, ihre Triebansprüche ausreichend unter Kontrolle zu halten. Im Alltag erscheinen sie dann als willensschwach und haltlos. Der Konflikt zwischen dem »Es«, der menschlichen Triebhaftigkeit und dem »Über-Ich«, den verinnerlichten, gesellschaftlichen Normen, ist unauflösbar. So gesehen ist der Mensch ein »Konfliktwesen«. Der Kampf des »Geistes« gegen das »Fleisch« dauert, solange wir leben.

Letztlich bleibt nur der Weg der Kompromißbildung. Menschen, die ihren Triebwünschen allzu feindlich gegenüberstehen, laufen Gefahr, psychisch zu erkranken. Im umgekehrten Fall bringt hemmungslose Triebbefriedigung auf Kosten anderer Asozialität und nicht selten auch Straffälligkeit mit sich.

Erst durch die Erziehung wird der Mensch gemeinschaftsfähig und bereit, seine Wünsche zugunsten anderer zurückzustellen oder gänzlich darauf zu verzichten. Nun gibt es aber viele Methoden, einem Kind Triebverzicht abzuverlangen – autoritäre genauso wie antiautoritäre, demokratische. Da die Ich- und die Über-Ich-Entwicklung weitgehend erziehungsabhängig sind, ist es nicht unbedeutend, welche Erziehungsmethode ein Mensch erfahren hat.

Je nach der Art der Erziehung, die Sie gehabt haben, verfügen Sie im späteren Leben über mehr oder weniger Ich-Stärke. Sie können willensschwach, haltlos, leicht verführbar und ablenkbar sein. Oder Sie sind verläßlich, beständig, zielstrebig und dazu fähig, Ihre Vorhaben energisch in die Tat umzusetzen. Sie können unter einem fortwährend schlechten Gewissen, also unter einem harten, lieblosen Über-Ich leiden. Oder Sie haben den Vorteil eines gewährenden, unterstützenden und tröstenden Über-Ichs – so wie Sie vielleicht von Ihren Eltern behandelt wurden.

Über die Notwendigkeit, die Triebnatur des Menschen zu zügeln und zu formen, herrscht seit jeher Einvernehmen. Nur in der Frage danach, wie diese Anpassung an gesellschaftliche Normen erreicht werden kann, besteht Uneinigkeit. Vielleicht erinnern Sie sich noch an NEILS provokante Forderungen nach antiautoritärer Erziehung und nach dem Recht eines Kindes auf Selbstbestimmung. Damit wurde in den sechziger Jahren eine neue Ära im Verständnis der Kindererziehung eingeleitet.
Heute zweifelt niemand mehr daran, daß autoritäre, gefühlskalte, distanzierende, gewaltsame Erziehungsmethoden die Entwicklung eines Kindes negativ beeinflussen. Traurige Kinder werden selten glückliche Erwachsene. Das gelingt meist schon deswegen nicht, weil sie ihre freudlose Kindheit zwangsläufig im Erwachsenendasein wiederholen. So wird Vergangenheitsunglück oft zum Wiederholungsunglück. Söhne von dominanten Müttern geraten oft an herrschsüchtige Frauen und Töchter von lieblosen Vätern an ebensolche Männer. Dieser Zwang zur Wiederholung belastender Beziehungen und Situationen kann als Versuch verstanden werden, unerfüllte, verdrängte Wünsche aus der Vergangenheit durch eine »Neuinszenierung« in der Gegenwart doch noch zu befriedigen.
Der Wiener Arzt ALFRED ADLER, der Begründer der Individualpsychologie, führte treffend und eindringlich aus, wie sehr das Selbstwertgefühl eines Kindes unter Kränkungen und Herabsetzungen leidet. Die Folge davon sind oft lebenslange Minderwertigkeitskomplexe: Man traut sich wenig zu, fürchtet, den Lebensanforderungen nicht gewachsen zu sein, meidet die Gemeinschaft anderer und scheitert letztlich in der persönlichen Entfaltung. Oft verschaffen sich solche Menschen in der Phantasie für ihre vermeintliche Minderwertigkeit Ersatz durch Größenvorstellungen: Ich bin kein Versager, sondern ein verkanntes Genie. Diese geheimen Größenvorstellungen verstärken das Gefühl der eigenen Unzulänglichkeit mehr und mehr. Aus diesem Teufelskreis gibt es oft kein Entrinnen. Um ein massiv

gestörtes Selbstwertgefühl wieder zu stabilisieren, sind viele ausgleichende positive Erfahrungen notwendig.
Aber nicht nur gefühllose, harte Erziehungsmethoden beeinträchtigen die Persönlichkeitsbildung. Auch übermäßige Verwöhnung, Verzärtelung oder Überbehütung verhindern eine glückliche Entwicklung. Ein Kind, dem ständig alle Schwierigkeiten aus dem Weg geräumt werden, scheitert im späteren Leben ebenso leicht, wie jenes, dem die Latte immer zu hoch gelegt wurde...

Familie und Kinder

Jede dritte Ehe wird geschieden. Ein Ende dieser Entwicklung ist nicht absehbar. Im Gegenteil. Vor allem Frauen sind verstärkt dazu bereit, das traute Heim zu verlassen, um sich eine neue eigenständige Existenz aufzubauen. Die Gründe dafür liegen auf der Hand. Die fortschreitende Gleichberechtigung macht eine Frau vom Mann wirtschaftlich unabhängig. Heute müssen Frauen nicht mehr »unter die Haube« kommen, um versorgt zu sein. Auch ihre Kinder können sie schlimmstenfalls alleine durchbringen. Diese hart erkämpfte Unabhängigkeit ließ Frauen anspruchsvoller und fordernder werden. Die Zeiten, da Frauen bereit waren, alles hinzunehmen, nur um sich die Gunst eines Mannes zu erhalten, sind vorbei. Die Frau von heute weiß, was sie will. Im beruflichen Bereich genauso wie in der Partnerschaft oder in der Sexualität.
Die Veränderungen im Rollenbild der Frau blieben nicht ohne Auswirkungen auf das Selbstverständnis des Mannes. So mancher Mann wußte und weiß mit den Forderungen der Frauen – »Gleicher Lohn für gleiche Arbeit«, »Kinder und Haushalt sind Sache beider Partner«, etc. – nichts anzufangen. Während die eingefleischten »Machos« die Emanzipationsbestrebungen der

Frauen hämisch abwerten, entdeckten die »Softies« die weibliche Seite des Mannes. Nichts schien ihnen plötzlich mehr Freude zu bereiten, als zu stricken oder – aus Solidarität mit den Frauen – auf der Klobrille sitzend zu urinieren. Weiblichkeit wurde von ihnen glorifiziert, Männlichkeit herabgesetzt. Plötzlich galten Frauen als die besseren Menschen. Dagegen würden Männer schon als Täter schuldig geboren. Schon weil sie die Frau beim Geschlechtsakt penetrieren, ziehen die Softies aus lauter Schuldgefühl deshalb nicht nur die Köpfe ein. Der Penetrationsakt gilt vielen Frauen und frauenbewegten Männern als sichtbares Symbol für die Unterwerfung der Frau durch den Mann...
Aber der »neue Mann«, der so eifrig den Weg in die »Selbstkastration« angetreten hatte, fiel aus allen Wolken, als er merkte, daß verbeulte Latzhosen, ausgelatschte Tennispatschen und seine mitleidheischenden Selbstbezichtigungen auf Frauen sexuell einschläfernd wirken. Schließlich geben Frauen ihre Rolle als Heimchen am Herd nicht deswegen auf, um dann als Beichtstuhl für krisengeschüttelte Männer herzuhalten. Frauen erwarten von Männern nicht weibisches Getue, sondern Anerkennung, Wertschätzung und natürlich auch sexuelle Befriedigung. Mit diesem Anspruch sind aber nicht nur die Softies überfordert. In letzter Zeit schießen in Amerika und auch in Europa Männergruppen aus dem Boden, in denen frustrierte Machos ihre Wunden lecken und von der Rückkehr des Patriarchates träumen. Auch sie fürchten starke, selbstbewußte Frauen. Vor allem im Bett. Dieser Gefahr erwehren sie sich gerne durch starke Worte.
Die Veränderung in den geschlechtlichen Rollenbildern färbte natürlich auch auf die Familie ab und führte zur Krise dieser Institution. Die traditionelle Ordnung der bürgerlichen Familie konnte der neuen gesellschaftlichen Realität nicht mehr gerecht werden.
Frauen, die im Beruf »ihren Mann« stellen – in Österreich sind das immerhin 1320300 – wollen sich begreiflicherweise auch in

der Familie nicht einem »Familienoberhaupt« unterordnen. Dies trifft um so mehr auf patriarchalisch ausgerichtete Familien zu. Die Fundamente, auf denen die männliche »Allmacht« bisher gründete, geraten allmählich ins Wanken. Die »Krönung der Schöpfung« soll plötzlich selbst waschen, putzen, kochen und die Kinder mitversorgen? Undenkbar! Viele »Männlichkeitschauvis«, denen diese Forderungen als Zumutung erscheinen, treten den Rückzug aus der Familie an. Im Gegenzug sehen auch die Frauen nicht mehr ein, warum – neben der Berufstätigkeit – die Kindererziehung, die Haushaltsführung und auch noch die Bedienung des Mannes ihre Sache sein soll. So ziehen es immer mehr Mütter vor, ihre Kinder allein zu versorgen, um sich zumindest der zermürbenden Bevormundung verständnisloser Hauspaschas zu entziehen. Wenn diese Entwicklung so weitergeht, ist die vaterlose Gesellschaft nur mehr eine Frage der Zeit. Tatsächlich ist dieser Familientypus stark im Zunehmen begriffen. Während die ehemaligen Väter die Vorteile des Singledaseins und ihre wieder gewonnene Freiheit genießen, leiden die Frauen nach wie vor unter der Doppelbelastung von Kind und Beruf.

Früher waren Familien gleichzeitig oft auch Wirtschaftsbetriebe – denken Sie nur an die bäuerliche Großfamilie oder an handwerkliche Familienbetriebe. Heute dienen sie vorwiegend der Kindererziehung. Der engere Familienkreis setzt sich im Durchschnitt aus zwei bis fünf Personen zusammen. Die wechselseitigen Gefühle, Beziehungen und die Kommunikation innerhalb dieser Personengruppe führen zu einer netzwerkartigen Verflechtung unter den Familienmitgliedern. Diese sind die »Knotenpunkte« des Netzes. Jede Familie läßt sich durch ein für sie typisches Beziehungsgeflecht charakterisieren. Darin spiegelt sich, wer mit wem wie oft und auf welche Weise in Beziehung tritt.

Nach FOULKES (1974) hat jeder Mensch ein solches »Netzwerk« verinnerlicht. Sein späteres Verhalten hängt u. a. auch von den Beziehungen, Konflikten und Spannungen innerhalb seiner Familie ab. Im Erwachsenenalter neigt der Mensch unbewußt dazu, das charakteristische Netzwerk seiner Familie wiederherzustellen. »Das Individuum nimmt Teil an seiner Bildung und errichtet dabei wieder die Bedingungen des Netzwerkes seiner eigenen Primärgruppe, wie es sie erfahren hat« (FOULKES, 1974). Die Atmosphäre in der Familie und der Umgang der Familienmitglieder miteinander sind für die Sozialisation der Heranwachsenden entscheidend.

In der patriarchalischen Erziehungspraxis autoritären Gepräges waren die Richtlinien klar vorgegeben. Wer sein Kind liebt, der züchtigt es, hieß es. Die Kommunikation verlief einseitig. Die Erwachsenen hatten das Sagen und die Kinder zu parieren. Viele von Ihnen werden die schmerzhaften Folgen dieses Erziehungsgrundsatzes vermutlich noch am eigenen Leib verspürt haben. Selbst heute, wo die Folgen harter, unerbittlicher Erziehung längst bekannt sind, werden Kinder immer noch eingeschüchtert, beschämt, beschimpft, geprügelt und gebrochen. Geschieht das wirklich nur zu ihrem Besten? Muß man Kinder wirklich unterdrücken, bloßstellen, lächerlich machen, verhöhnen, erniedrigen, schrecken, schlagen oder zum Weinen bringen, um sie zu sozial reifen Wesen zu machen? Sicher nicht. Man kann das Gebot der Liebe in Kindern nicht hineinprügeln. Mit der Sorge um ihr späteres Wohl hat diese brutale Haltung nichts zu tun. Oft wird die Sorge um ein Kind nur vorgeschoben, um geheime sadistische Neigungen nachträglich zu begründen. Denn es sind vor allem sadistische Wünsche, die in der totalitären Erziehungspraxis Befriedigung finden. Die Bezeichnung »strenge Erziehung« hat nicht zufällig für bestimmte Perversionen – bei denen das Herrschen und Beherrschtwerden im Mittelpunkt stehen – so großen Anklang gefunden. Aber den meisten Müttern und Vätern ist ihre Lust an der Aggression nicht einmal ansatzweise bewußt. Daher ist es auch sinnlos, sie deswegen anzuprangern. Viele von ihnen mußten in der eigenen Kindheit

ähnliche Grausamkeiten hinnehmen. Sie würden statt Vorwürfen selbst dringend Hilfe brauchen. Davon würden auch ihre eigenen Kinder profitieren.
Offene Gewaltanwendung ist zwar die sichtbarste, bei weitem aber nicht die einzige Möglichkeit, Aggressionen in der Kindererziehung auszuleben. Oft äußern sich Aggressionen in übertriebenen Ängsten und Sorgen um das Wohlergehen des Kindes! Andererseits hemmt auch überfürsorgliche Erziehung das psychische Wachstum eines Kindes. Manche Eltern »erdrücken« das Kind förmlich mit ihrer »Liebe« oder machen es durch maßlose Verzärtelung von sich abhängig. Überflüssig zu sagen, daß es nicht ratsam ist, ein Kind über Gebühr an sich zu binden – etwa nach dem Motto: »Ödipus, schnödipus, laß die dummen Buben reden, gib der Mama ein Küßchen und alles wird wieder gut.« Eine unaufgelöste Elternbindung führt nicht selten zu Abhängigkeit und Sucht.
Weder autoritäre Unterdrückung noch übermäßig verzärtelnde oder überbehütende Erziehung ebnen Kindern den Weg in die Eigenständigkeit. Erwachsen werden heißt, von der Kindheit Abschied nehmen. Das beinhaltet neben der Trennung von den schützenden Bezugspersonen aus dieser Zeit auch die Aufgabe von kindlichen Abhängigkeits- und Versorgungswünschen. Wir sind es unseren Kindern einfach schuldig, sie dabei zu unterstützen und sie zur Selbständigkeit zu ermutigen, damit sie später einmal auch ohne uns auskommen können.
Es gibt keine Methode, seine Kinder »richtig« zu erziehen. Kinder sind lange genug erzogen, gezogen, verzogen worden. Nicht das, was Eltern sagen, prägt ihre Sprößlinge, sondern das, was sie sind und wie sie sind. Kinder sind immer ein Spiegel der elterlichen Verhaltensweisen. BANDURA konnte in zahlreichen Untersuchungen nachweisen, daß Kinder durch Beobachtung und Nachahmung lernen. Das beobachtete Verhalten anderer dient ihnen als Modell für das eigene Tun. Fremde Verhaltensweisen werden vor allem dann übernommen, wenn sie schon

vorher bei anderen Bestätigung erfahren haben oder wenn sich das Kind mit den handelnden Personen identifizieren kann. Aus diesem Grund imitieren Jugendliche gerne die Kleidung, das Gehabe oder die Frisur von Popstars und Sportlern.
Eltern, die ihre Kinder zu liebevollen Menschen entfalten möchten, müssen sich ihnen gegenüber so verhalten, daß diese sie lieben, respektieren und vielleicht auch ein wenig bewundern können. Hartherzige, verständnislose Tyrannen wird man genausowenig lieben können, wie man Jasager ernst nehmen kann. Wenn Sie Ihren Kindern mit Würde und Respekt begegnen, ihnen Zeit und Aufmerksamkeit schenken und auf ihre Bedürfnisse einfühlsam reagieren, laufen Sie kaum Gefahr, daß sie im späteren Leben entgleisen. Behandeln Sie Kinder, wie Sie als Kind selbst gerne behandelt werden wollten.

Mißbrauch: Das verdrängte Wissen

Der österreichische unabhängige Verein für psychisch, physisch oder sexuell mißhandelte Kinder »Die Möwe« ermittelte, daß sich die Dunkelziffer der sexuell mißbrauchten Kinder in Österreich auf 10 000 bis 25 000 beläuft. Die oberösterreichische Psychologin Mag. Waltraud Brandlmaier ermittelte in einer wissenschaftlichen Arbeit, daß jedes sechste Mädchen in Österreich sexuell mißbraucht wird.
Nur zehn Prozent aller sexueller Gewalttaten an Kindern werden von der »Bestie aus dem Stadtpark« begangen. 90 Prozent aller anderen Fälle ereignet sich im schützenden Intimbereich der Familie. Die Familie ist also nicht nur Produktionsstätte von Gewalt, sondern auch von sexuellem Mißbrauch. Eine Typologie des Vaters, Bruders oder Onkels, der sich an einem Kind vergeht, gibt es nicht: Sexuellen Mißbrauch gibt es in allen sozialen Gruppen.

Sexueller Mißbrauch ist keine Zeiterscheinung – es gab ihn zu allen Zeiten und in allen Kulturen. Neu ist lediglich die Tatsache, daß die Opfer endlich zu reden beginnen und dadurch die erschreckende Dimension dieses Vergehens zu ahnen ist. Daß nicht noch mehr bekannt und nicht mehr dagegen unternommen wird, ist leicht erklärt: Sexueller Mißbrauch von Kindern wird massiv tabuisiert. Zum einen schafft ein Vergehen, das in der Urkeimzelle der Vertrauensbildung – in der Familie – stattfindet, besonderes Unbehagen und besondere Unsicherheit. Zum anderen kommt es auch deshalb zu einer kollektiven Verdrängung, weil Kinder auch von Eltern, Erziehern und Verwandten oft als erotische Wesen wahrgenommen werden. Diese – grundsätzlich normale – Tatsache verhindert, daß über eine kriminelle Handlung offen gesprochen oder im gegebenen Fall eingegriffen wird: Die unbewußte Angst, sich durch das Thematisieren dieser heiklen Problematik in den Augen der anderen selbst als mögliche Täter in die Grauzone des sexuellen Mißbrauchs zu katapultieren, ist einfach zu groß.
Verschließen Sie nicht mehr Augen, Ohren und Mund vor dem, was Sie wahrnehmen, aber nicht wahrnehmen wollen! Die offene Diskussion und das beherzte Anschneiden des Themas sind eine Chance, das Bewußtsein der Täter und aller jener Personen zu verändern, die durch ihr passives Verhalten sexuelle Gewalttaten begünstigen.

Was sind das für Menschen, die Kinder mißbrauchen?
Nicht vom »fremden Onkel«, nicht von der »Bestie aus dem Park« und nicht von einem klinisch abartigen Mann ist fortgesetzter, sexueller Mißbrauch eines Kindes zu befürchten, sondern vom ganz normalen, unauffälligen Durchschnittsmann. Er ist dem Kind nicht fremd – Täter kommen meist aus dem engsten Familienkreis! Er ist kein psychopathologischer Typ, und er ist nicht mit einer besonders starken Sexualität ausgestattet.

Untersuchungen zeigen, daß ein Mann, der sich fortgesetzt an einem Kind vergeht, nur eine äußerst wackelige männliche Identität besitzt. Er fürchtet die Auseinandersetzung mit einer »richtigen« Frau. Das Gefühl des Mannseins und der Überlegenheit gewinnt er bei einem Kind, das ihm an Erfahrung und Körperkraft weit unterlegen ist. Dazu kommt, daß Kinderschänder hinsichtlich ihres Verhaltens unsensibel sind. Sie nehmen nicht wahr, wie sehr das genötigte Kind leidet, sie haben keine Vorstellung von der Demütigung und dem seelischen Schmerz, den sie dem mißbrauchten Kind mit ihrer Annäherung oder Vergewaltigung zufügen. Die Haltung eines Mannes, der ein Kind mißbraucht, ist von Selbstmitleid geprägt: Nicht er ist für das, was er tut, verantwortlich zu machen, sondern ihm selbst wird pausenlos etwas angetan. Die eigene Frau vernachlässigt ihn körperlich und emotional. Das Kind hat ihn provoziert und verführt. Abgesehen von diesen, eher unauffälligen Eigenschaften weist meist nichts darauf hin, daß ein Vater, Stiefvater, Onkel oder Großvater sich bereits seit Jahren an seiner Tochter, Stieftochter, Nichte oder Enkelin vergeht. Er ist ein durchaus unauffälliger Mann, der keine anzügliche Bemerkungen macht und seinem Opfer nicht auf den Po klatscht.
Der tägliche Mißbrauch – und um den handelt es sich, wenn kindliche Schwäche ausgenützt wird – geschieht unbemerkt. Wenn die Mutter einkaufen oder in die Arbeit geht oder schläft, wird das Kind aufgefordert oder gezwungen »lieb zu sein«. Natürlich gibt es oft genug den brutalen Kinderschänder, der ein Kind mit Schlägen oder massiven Drohungen zu sexuellen Handlungen zwingt. Aber wie gesagt: Nicht immer weisen körperliche Narben auf einen seelischen Mißbrauch hin. Und die seelischen Wunden bleiben lange verborgen ...

Das bestgehütete Geheimnis

Seit das kollektive Schweigen hinsichtlich des sexuellen Mißbrauchs von Kindern nach und nach durchbrochen wird, betrifft eine der schmerzhaftesten Einsichten die Mütter der Opfer: Sie ahnen oft, daß irgend etwas mit ihrem Kind und dem Vater, Stiefvater oder Lebensgefährten nicht stimmt. Doch was da nicht in Ordnung ist, wollen sie manchmal gar nicht so genau wissen. Einerseits wollen sie ihre Tochter beschützen, andererseits würden sie eine Lawine ungelöster Fragen lostreten: Was, wenn ihr dumpfes Ahnen sie täuscht? Wie würde der Partner einen ungerechten Verdacht aufnehmen? Was, wenn sich das dunkle Gefühl tatsächlich bewahrheitet? Wie sähen die wirtschaftlichen Folgen aus? Wie würde sie und das Kind mit der bekannt gewordenen Schande fertig werden? Was wird aus dem Mann und seinem Arbeitsplatz? Was wird aus dem Kind, was wird überhaupt aus der Familie?

So viele Vorbehalte, so viele Ängste. Nur in Ausnahmefällen opfern Mütter die eigene Tochter aus Egoismus, weil sie sich von lästigen sexuellen Pflichten befreien wollen. Fast immer treiben Unsicherheit und Angst eine Mutter dazu, die Augen und Ohren vor einer Wahrheit zu verschließen, der sie sich einfach nicht gewachsen fühlt.

Niemand darf behaupten, daß es für eine abhängige Frau leicht ist, mit so schwerwiegenden Problemen umzugehen. Es gehört sehr viel Stärke und Mut dazu, sich einem Konflikt zu stellen, dessen Konsequenzen die materielle und soziale Familienstruktur zwangsläufig verändern werden. Um für diesen Schritt ausreichend Kraft zu haben und um das eigene Kind nicht weiterhin zum Ausbeutungsobjekt machen zu lassen, ist eine Frau auf Hilfe angewiesen. Rat und Unterstützung von einem objektiven Dritten werden auch notwendig sein, wenn ein Kind die Mutter bereits offen um Hilfe bittet, indem es Andeutungen oder Anschuldigungen bezüglich eines sexuellen Mißbrauches macht.

Natürlich wird der Beschuldigte leugnen, wenn er direkt darauf angesprochen wird. Es ist anzunehmen, daß er sich sehr geschickt oder, schlimmer, mit brutalen Mitteln verteidigen wird,

denn er mußte mit einer Entdeckung rechnen und konnte sich darauf vorbereiten. Derartige Situationen verlaufen oft tragisch: Der Mann bezichtigt das Kind der Lüge, die Mutter ist zwischen beiden hin- und hergerissen und entschließt sich – im Sinne einer vermeintlichen Rettung des Familienfriedens – nicht nur dazu, die Anschuldigung der Tochter als Phantasie zu bagatellisieren und ihr damit zu drohen, daß sie damit den Vater, Stiefvater oder Onkel ins Gefängnis bringen und die Familie zerstören würde.
Um in so heiklen Situationen angemessen reagieren zu können, wäre es sinnvoll, noch vor der ersten Maßnahme ein Informationsgespräch mit einem Menschen zu führen, der mit derartigen Situationen bereits Erfahrung hat. Bei einer einschlägigen Beratungsstelle wird man einen Menschen finden, der einen ein Stück dieses schweren Weges begleitet. Das Wissen, in dieser Krise nicht im Stich gelassen zu werden, gibt nicht nur Mut für eine hellere, geordnete Zukunft, sondern auch die Kraft, seinerseits ein Kind nicht im Stich zu lassen. Seine stummen, verzweifelten Hilferufe würde man auch dann schmerzhaft spüren, wenn man nichts dagegen unternimmt.

Auswertung

Erziehung – wie sie war ...
39,9 Prozent aller Österreicher fühlten sich als Kind oft traurig und einsam. Ihr Urteil über die Eltern klingt hart: Kleinlich, pedantisch, nörglerisch und kalt.
Eine der Hauptvorwürfe besteht darin, daß die Eltern auf die Fragen eines Kindes nicht ernsthaft eingehen. Schlimmer noch: Fast 40,0 Prozent der Österreicher fühlten sich als Kind von ihren Eltern weder unterstützt noch in dem Sinne gestärkt, daß ihnen in schwierigen Situationen von den Menschen, die ihnen am wichtigsten waren, Mut zugesprochen wurde.

Vor allem Menschen über 40 Jahren geben an, von den Eltern extrem autoritär und distanzierend erzogen worden zu sein (49,0 Prozent der 40- bis 60jährigen). In seinem Gedichtband »Ein paar Schritte zurück« beschreibt der Kärntner Dichter Peter Turrini sehr eindringlich, wie Kindheit in Österreich aussehen kann:

Die Kindheit ist ein schreckliches Reich.
Die Hände, die dich streicheln, schlagen dich.
Der Mund, der dich tröstet, brüllt dich an.
Die Arme, die dich hochheben, erdrücken dich.
Die Ohren, die dir zuhören, verstehen alles falsch.
Die Decke, die dich wärmt, gehört deinem älteren Bruder.
Der Wand, der du ein farbiges Zeichen von dir gibst,
wird einmal im Jahr übermalt.
Der Satz, den du endlich sagst, ist kindisch.

Wenn du mit deinen Sätzen und Zeichen
woanders hingehen willst,
dann heißt es,
das geht die fremden Leute nichts an.
Wohin soll ich gehen, wenn die eigenen Leute
so fremd zu mir sind?

Ich gehe nirgendwohin.

Es scheint, als ob der Leitsatz der »Schwarzen Pädagogik«, wie Katharina Rutschky sie beschrieb, auch heute noch wirksam wäre: »Die Kraft der Kinder muß gebrochen werden, wenn sie nicht zu biegen ist.«
Wie es in Österreich und auch in anderen westeuropäischen Ländern zu dieser lieblosen, autoritären, elterlichen Haltung kam, ist bekannt: Die beginnende Industrialisierung erforderte die ökonomische Verfügbarkeit des Menschen. Es wurde ein

Anliegen der Pädagogik, Kinder frühzeitig im Sinne des neu entdeckten Ordnungsgedankens, der Leistung und der Regelmäßigkeit zu formen. Mit Hilfe einer unbarmherzigen, grausamen Industriepädagogik wollte man reibungslos funktionierende Geschöpfe heranziehen, die den neuen Anforderungen der industriellen Produktion gerecht werden.
Die Vorstellung eines »funktionierenden« Kindes ist vor der Folie des aufkommenden, mechanistischen Weltbildes zu sehen, in dem Menschen »produziert« werden sollen, die möglichst fehlerfrei und reibungslos funktionieren.
Die neue Metapher, die der Welt eine neue Ordnung geben sollte, war die Maschine. Kein Wunder, daß die Erzieher, geleitet von einem »Machbarkeitsgedanken«, nun auch den Menschen als Maschine sahen und Kinder – wie eine Maschine – auseinandernahmen, abrichteten und schließlich wieder zusammensetzten. Wie göttliche Ingenieure zerlegten die Erzieher ein Kind, indem sie ihm seine Lebendigkeit, die sich u. a. als Eigensinn äußern konnte, nahmen. Die Individualität eines Kindes zu akzeptieren, war unvorstellbar.
Wohin eine Erziehung führt, die Empathie und Wertschätzung vermissen läßt und statt dessen mit Zwang, Härte und Gefühllosigkeit agiert, weiß man inzwischen. ALICE MILLER war es, die eindringlich darauf aufmerksam machte, daß Kinder, die mit dieser Methode erzogen werden, »gelungene Erziehungsprodukte« im Sinne kritikloser Befehlsempfänger werden können. Die totale Unterwerfung eines Kindes unter den Willen der Erwachsenen wirkt sich nicht erst in einer späteren politischen Hörigkeit aus, sondern bereits vorher »in der inneren Bereitschaft zur neuen Unterwerfung, sobald der Jugendliche aus dem Haus kommt« (Miller, 1980). Menschen, die schon als Kleinkind dazu erzogen wurden, eigenen Gefühlsregungen nicht nachzugeben und in ihrem Streben nach Anlehnung und Wärme zurückgewiesen wurden, entsprechen schließlich als Erwachsene dem Ideal der Gefühllosigkeit, das – wie die Greuel des Dritten

Reiches beweisen – oft »unbegreifliche« Handlungen ermöglicht. Hinter dem »goldenen Wienerherz«, der larmoyanten Freundlichkeit des Österreichers, verbirgt sich oft eine Gefühlskälte, deren Wurzeln in einer frustrierenden Kindheit liegen.
Die nach wie vor lebendigen Züge der »Schwarzen Pädagogik« zeigen sich aber auch in anderer Form: In den steigenden Zahlen von Kindesmißhandlungen, in der Bereitschaft, die Kindererziehung an Institutionen abzutreten und in der zunehmenden Technisierung der Erziehung. Wurde in vergangenen Zeiten die Individualität eines Kindes als Verbrechen geahndet, wird sie heute negiert, indem theoretische Verallgemeinerungen auf den Einzelfall angewendet werden.
Trotz der hohen Zahl der Österreicher, die am eigenen Leib erfahren mußten und müssen, wie schmerzhaft ein autoritärer Erziehungsstil sein kann, sind die Spuren der »Schwarzen Pädagogik« im Verblassen: 70,9 Prozent der jüngeren Testpersonen haben ihre Kindheit bereits positiver in Erinnerung.

Erziehung – wie sie ist

Die autoritäre Erziehung
Der Erziehungsstil in Österreich ist im Wandel: Je älter die Menschen, desto autoritärer ist ihre Einstellung Kindern gegenüber. 91 Prozent der befragten Personen über 60, aber nur noch 64,9 Prozent der 20- bis 40jährigen zeigen autoritäre Züge.
Auffallend und gleichzeitig beunruhigend ist die Zunahme der autoritären Haltung bei den Menschen unter 19. Mit 72,2 Prozent liegen die Jugendlichen in dieser Skala schon wieder genauso hoch wie Menschen zwischen 40 und 60! Es hat fast den Anschein, als würde das Pendel in der jungen Generation wieder in die andere Richtung ausschlagen. Möglicherweise erklärt der Einstellungswandel auch die zunehmende Akzeptanz rechter Terrorregime aus der Vergangenheit.

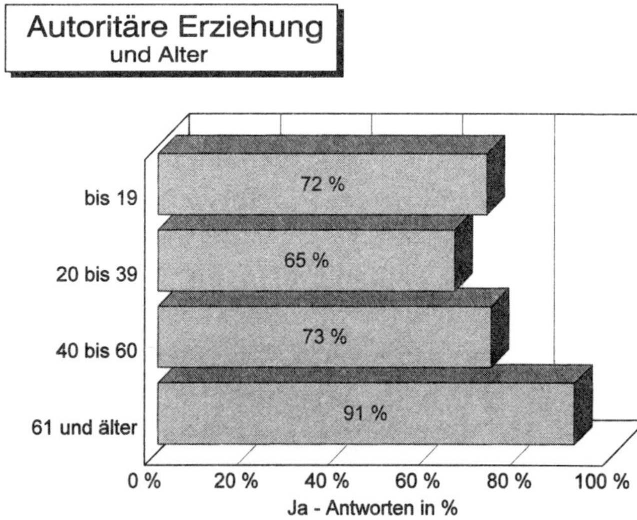

Menschen mit autoritärer Gesinnung sind politisch und gesellschaftlich uninteressierter als andere und neigen verstärkt zu Aggressionen und Rachsucht. Ihr Sexualleben verläuft wenig abwechslungsreich. Es zeigen sich eindeutige Zusammenhänge zwischen autoritärem Erziehungsverhalten und sadomasochistischen Wünschen.

Darüber hinaus verlieren autoritäre Erzieher schnell die Beherrschung. Sie sind leicht reizbar, ungeduldig und gehen bei jeder Gelegenheit in die Luft. Als Kinder wurden sie selbst oft beschimpft, und sie waren eher trotzig (Frauen 76,5 Prozent, Männer 85,3 Prozent). Trotzdem haben sie das Gefühl, für ihre Kinder das Beste zu tun. Wenn sie selber schon nicht glücklich sind, müssen es wenigstens ihre Kinder sein. Daß das nicht der Fall ist, erkannte bereits Nestroy:

> »Ich hab' zuviel Erwachsene kennen gelernt, die der Nachsicht bedürfen, als daß ich je mehr gegen die Kinder streng sein könnte. Den Kindern geschieht ohnedem viel Unrecht. Ist das nicht schon Unrecht genug, daß man sie für glücklich

halt'? Und sie sind es so wenig wie wir, sie haben in ihren Kinderseelen alle Affekte, eine Sehnsucht, die sie mit Täuschungen, eine Eitelkeit, die sie mit Kränkungen, eine Phantasie, die sie mit Wauwaubildern quält, und dabei haben sie nicht die Stütze der Vernunft, die uns wenigstens zu Gebot steht, wenn wir sie auch nicht gebrauchen ...«

Österreicher, die noch allein leben, sprechen sich stärker gegen autoritäre Kindererziehung aus (32,7 Prozent). Sobald sie aber selbst Kinder haben, ändert sich das Bild – nur noch 29,7 Prozent sind dagegen. Anscheinend führt der nervenzermürbende Erziehungsalltag dazu, daß ursprüngliche Erziehungsideale bald in Vergessenheit geraten.

Wie zu erwarten, ist die autoritäre Erziehung stark von schichtspezifischen Einflüssen geprägt. Am stärksten ist sie in der Unterschicht und in der unteren Mittelschicht verbreitet. 78,5 Prozent der Pflichtschulabsolventen, aber nur 52,6 Prozent der Akademiker sind für eine »harte Hand« in der Kindererziehung. Auch das Einkommen spielt eine Rolle: Österreicher mit einem Verdienst von weniger als S 15.000 pro Monat sind in der Erziehung autoritärer (73 Prozent). Spitzenverdiener mit 59,7 Prozent schon weitaus weniger.

Die antiautoritäre Erziehung

Auch wenn der autoritäre Erziehungsstil noch häufig praktiziert wird, hat er sich geändert: Mehr denn je bejahen Erwachsene die Würde eines Kindes – selbst dann, wenn es im Sinne der alten, autoritären Methoden erzogen wird. Die überwältigende Mehrheit der Österreicher (98,2 Prozent) lehnt Willkür und totalitäre Machtausübung in der Kindheit ab. Friedrich Torbergs »Gott Kupfer« und der »Schüler Gerber« gehören der Vergangenheit an. Die Österreicher, die in Kindern Partner sehen, sind am weltoffensten. Weil sie genügend Selbstvertrauen haben, fällt es ihnen nicht schwer, andere Menschen gelten zu lassen. Im Denken entwickeln sie Originalität, Phantasie und Kreativität

und zeichnen sich durch hohes politisches oder soziales Interesse aus. Sie sind wenig ängstlich, aufgeklärt und großmütig, freisinnig und vorurteilsfrei.
Die partnerschaftliche Haltung gegenüber Kindern ist bei beiden Geschlechtern mit 79 Prozent ausgeprägt. Das Recht eines Kindes auf würdevolle, partnerschaftliche Behandlung wird nur von den Übersechzigjährigen (77,8 Prozent sind dagegen) verstärkt in Frage gestellt.
Die antiautoritäre Gesinnung ist von der Lebensform unabhängig. Es macht keinen Unterschied, ob jemand allein, in einer Partnerschaft oder in einer Familie mit Kindern lebt.
In der Unterschicht werden Kinder nach wie vor respektloser behandelt als in der Mittel- und Oberschicht.

Das familiäre Klima

Auch wenn rund 40 Prozent Österreicher um die 40 schlechte Erinnerungen an ihre Kindheit haben, sind sie mit der Familie, die sie selbst gründeten, glücklich.
83,8 Prozent der Menschen in unserem Land sind mit dem familiären Klima zufrieden. Vor allem Menschen, die sich beruflich und gesellschaftlich anerkannt fühlen, denen der Beruf Freude macht und die sich regelmäßig weiterbilden, bezeichnen das Klima in ihrer Familie als demokratisch. Auseinandersetzungen werden fair ausgetragen, und es herrscht Interesse für das, was die einzelnen Familienmitglieder tun.
Wer in der Kindheit von den Eltern unterstützt wurde und auf ihre Hilfe vertrauen konnte, bringt diese positiven Erfahrungen auch in die eigene Familie ein. Nur wenige Österreicher aus gut funktionierenden Familien waren daher in der Kindheit traurig oder einsam. Heute beschreiben sie sich als weltoffen und unabhängig. Sie setzen großes Vertrauen in ihre Fähigkeiten, halten sich für begabt und kreativ. Schwierige Situationen fordern sie heraus und beflügeln sie zu Höchstleistungen.
Die Einschätzung des Familienklimas scheidet die Geschlechter.

Viele Männer sehen die Vorgänge in ihrer Familie durch die rosarote Brille. Wie ist es sonst möglich, daß 87,2 Prozent der Männer, aber nur 81,6 Prozent der Frauen das Zusammenleben in der Familie als offen, kommunikativ und demokratisch erleben? Viele österreichische Frauen und Männer leben offenbar in getrennten Vorstellungswelten. Was für Männer »offen« und »kommunikativ« ist, ist für Frauen oft eine Enttäuschung. Frauen haben höhere Ansprüche an die Qualität einer Beziehung. Außerdem fühlen sich viele Frauen vernachläßigt, weil sie den Eindruck haben, ihre Partner würden sich zu wenig für das interessieren, was sie tun.
Unsere Untersuchung der Familiensituation in Österreich erbrachte einen interessanten Aspekt: Eltern können es Kindern nie recht machen. 89,1 Prozent der 60jährigen sagen, daß das Klima in ihrer Familie harmonisch sei. Deren Kinder sind da allerdings anderer Meinung. Sie erinnern sich, daß die 40jährigen ihre Kindheit gar nicht so positiv beurteilten, dafür aber das eigene Familienklima als glücklich beschreiben. Wen wundert's, daß wiederum deren Kinder das Gegenteil behaupten – rund 30 Prozent der Neunzehnjährigen haben eine schlechte Meinung über das Zusammenleben ihrer Familie. Diese unterschiedlichen Einschätzungen lassen darauf schließen, daß jede Generation überzeugt ist, Erziehung und familiäres Zusammenleben am besten zu meistern.
Verheiratete Österreicher mit Kindern (85,8 Prozent) oder solche in festen Lebensgemeinschaften (84,5 Prozent) beschreiben die Stimmung in ihrer Familie positiver als Singles (78,3 Prozent). Dieser Unterschied erklärt sich aus der geringeren Einbindung Alleinstehender in funktionierende Familienverbände.
In Familien mit geringerem Bildungsniveau (77,1 Prozent) und niedrigem Einkommen (75,4 Prozent) geht es undemokratischer und beziehungsloser zu als in Mittel- oder Oberschichtfamilien. In Akademikerfamilien loben schon 91,3 Prozent die offene Gesprächskultur und das große Interesse der anderen Familien-

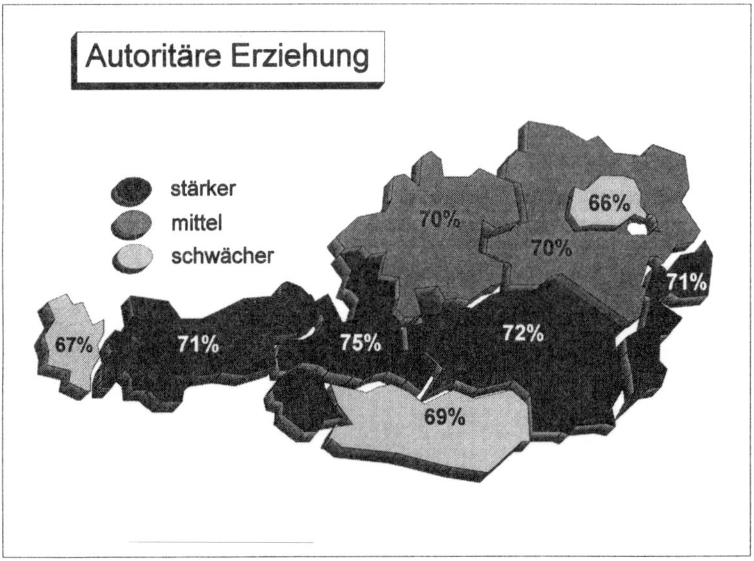

mitglieder. Von den Spitzenverdienern teilen 88,9 Prozent diese Einstellung.

Die autoritäre Erziehung wird in Salzburg (74,6 Prozent), der Steiermark (72,4 Prozent) und Tirol (71,1 Prozent) noch häufig angewandt. In diesen Bundesländern legt man besonders großen Wert auf Ordnung und Sauberkeit. Ebenso bringen die Menschen dort für Eltern, denen ab und zu einmal die Hand ausrutscht, viel Verständnis auf. Sie sind auch davon überzeugt, daß aus Kindern nur dann etwas wird, wenn sie eine starke Hand im Hintergrund spüren. In Vorarlberg (67 Prozent) und Wien (66 Prozent) scheint die autoritäre Erziehung im Rückgang begriffen.

Im Durchschnitt bekennen sich alle Bundesländer mehr oder weniger gleich stark zum Recht des Kindes auf Redefreiheit und würdevolle Behandlung durch die Erwachsenen. Die überwiegende Mehrzahl der Österreicher stimmt der Forderung zu, daß Eltern, die ihr/e Kind/er einmal ungerecht behandelt haben, sich auch dafür entschuldigen sollten. Dieser Trend ist in Wien mit 99,4 Prozent am stärksten ausgeprägt und in Vorarlberg (97,7 Prozent) und Tirol (97,5 Prozent) am schwächsten vorhanden. Auch im Familienkreis oder in den familiären Auseinandersetzungen sowie im Interesse der Familienmitglieder füreinander gibt es keine nennenswerten Unterschiede zwischen den Bundesländern. Die Tiroler, Salzburger, Wiener, Steirer und Kärntner beschreiben mit durchschnittlich 85 Prozent die Atmosphäre in ihren Familien als anteilnehmend, angenehm, demokratisch.

Der kleine Prinz

Kind ist in Österreich nicht gleich Kind: Buben haben es besser. Wie unsere Studie zeigt, bekommen Frauen als Kinder von den Eltern weniger Unterstützung als Männer. Mädchen werden häufiger beschimpft (27,7 Prozent gegenüber 20,1 Prozent) und fühlen sich im Vergleich zu den »Stammhaltern« einsamer und trauriger: 42,5 Prozent gegenüber 35,9 Prozent.

Für dieses bedenklich stimmende Ergebnis gibt es zwei Erklärungen: Entweder beurteilen Frauen ihre Eltern im nachhinein strenger als Männer. Oder sie wurden in ihrer Kindheit von Mutter und Vater tatsächlich benachteiligt.

Verschiedene Untersuchungen des mütterlichen Verhaltens sprechen für die letzte Erklärung. CHRISTIANE OLIVIER machte mit ihrem Buch »Jokastes Kinder« darauf aufmerksam, daß Mädchen tatsächlich benachteiligt werden. Sie werden beträchtlich früher entwöhnt als Jungen, und das Fläschchen wird früher (im 12. Monat) abgesetzt (im 15. Monat) als bei Jungen. Der Stillvorgang dauert bei Buben im Durchschnitt 45 Minuten, bei Mädchen nur 25 Minuten. Die kleinen Mädchen reagieren durchaus empfindlich auf dieses mütterliche Verhalten: Bereits im ersten Lebensmonat zeigten sich bei 94 Prozent der Mädchen einer Untersuchungsgruppe Ernährungsschwierigkeiten, dagegen nur bei 40 Prozent der Jungen.

Es scheint tatsächlich noch immer so zu sein, daß es genügt, als

Mann zur Welt zu kommen, um anerkannt zu werden. Ein Stammhalter wird häufig um seiner selbst willen geliebt, während man von einem Mädchen erwartet, daß es zärtlich, dankbar, hilfsbereit, ordentlich usw. ist.

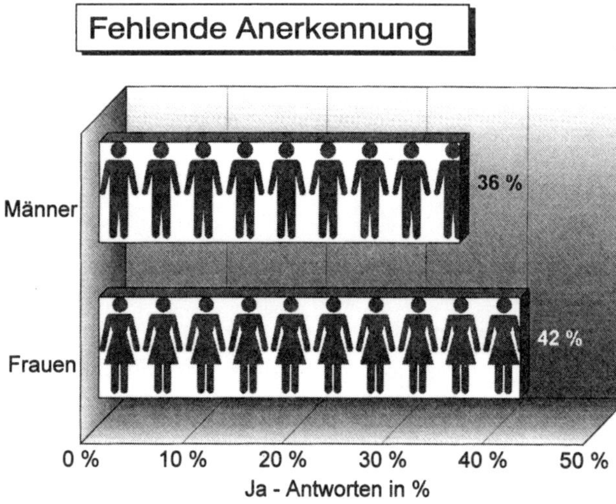

Im Erwachsenenalter müssen Männer dann häufig das Erbe der Mütter antreten: Wenn ein Mädchen nicht ausreichend akzeptiert wurde, erwartet es die vorenthaltene Anerkennung später vom Mann.

Daß Mütter Söhne bevorzugen, kann mit der traditionellen Benachteiligung der Frau erklärt werden. Auch diese Mütter mußten als kleine Mädchen Frustrationen durch die Mutter hinnehmen. Dadurch entstanden Probleme, die weibliche Identität stolz anzunehmen. Als Mutter eines Sohnes kann sich eine Frau den notwendigen »Wert« als Frau selbst herstellen.

Männer bevorzugen Söhne, weil sie glauben, daß mit der Zeugung eines Stammhaltes besondere Potenz und Männlichkeit erwiesen ist. »Nur« ein Mädchen »zusammenzubringen«, weist in der Vorstellung vieler Männer auf Potenzschwäche und Unmännlichkeit hin.

Von einem »richtigen« Mann wurde jahrtausendelang erwartet, daß er einen Sohn zeugen muß, um seinen Stamm unsterblich zu machen. Gleichzeitig wurde mit der Geburt eines Sohnes dafür gesorgt, daß die Macht unter den Männern bleibt. Das Mädchen der frühen Gesellschaft trug den Namen nicht weiter. Es hatte auch keinen ökonomischen Wert, denn von ihm konnten sich Eltern keine wirtschaftliche Unterstützung erwarten. Der Wert eines Mädchens war so gering, daß es bei den alten Germanen unmittelbar nach der Geburt getötet werden durfte. Diese Vergangenheit sitzt nicht nur den Männern tief in den Knochen.

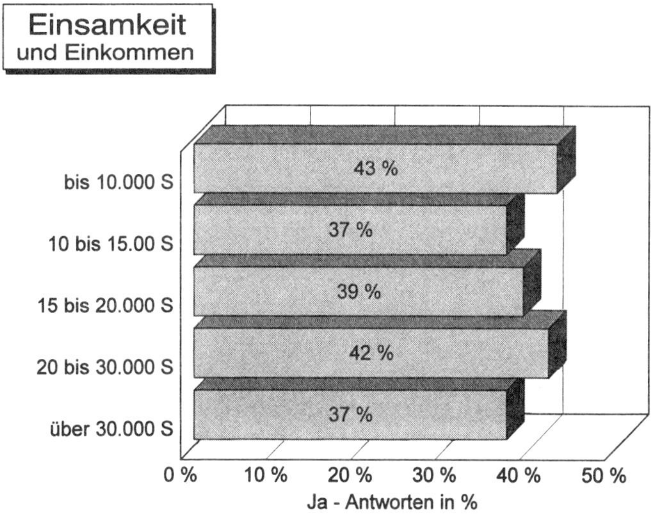

Geld macht glücklich

Der Volksmund behauptet zwar, daß Geld nicht glücklich mache, aber die Fakten unserer Untersuchung sagen das Gegenteil. Ähnlich wie die Frauen haben auch Personen mit einem Einkommen unter S 10.000 ihre Kindheit düster in Erinnerung. Sie schildern Eltern, die nicht bereit oder unfähig zur Unterstützung waren und häufig schimpften. Materielle Einschränkungen und eine damit verbundene chronische Überarbeitung der Eltern strafen also das Märchen von der armen, aber glücklichen Kindheit Lügen.

Zuviel Liebe erstickt

Es ist offenbar nicht leicht, Elternschaft im rechten Maß auszuüben. Manche Kinder hungern nach Liebe, andere werden davon erdrückt. Die überbehütende, überängstliche Mutter – im Fachjargon »overprotecting mother« – ist nicht nur in Witzen gegenwärtig. In unserer Untersuchung geben 22,7 Prozent aller Österreicher an, daß ihre Eltern überfürsorglich und übertrieben besorgt gewesen seien. Alter und Schicht spielen keine Rolle. Es zeigen sich nur leichte, geschlechtsspezifische Unterschiede. Wie nicht anders zu erwarten, bekommen Männer die Überfürsorglichkeit – vermutlich ihrer Mütter – stärker zu spüren als Frauen.

Ein Übermaß an Liebe und Behütung ist ein elterliches Danaer-Geschenk: Die betroffenen Kinder werden mit Liebe förmlich erdrückt und dadurch in ihrer Entwicklung gestört.

Trotzige Kinder strafen ihre Eltern

24,8 Prozent der Österreicher neigten als Kinder häufig zu Trotz und Verweigerung. Kein Wunder: Kinder, die von ihren Eltern häufig beschimpft und gekränkt werden, reagieren auf diese Behandlung genauso wie Erwachsene – mit Angst und Wut. In Anbetracht ihrer realen Unterlegenheit können Kinder diese Wut natürlich nicht in der gleichen Weise zeigen wie Erwachsene. Würden sie das tun, gäbe es weitere Beschimpfungen oder Ohrfeigen. Die ungefährlichste Möglichkeit, sich an der kränkenden Bezugsperson zu rächen, besteht also in der Verweigerung. Das kindliche Opfer entzieht dem erwachsenen Angreifer seine Liebe und verschließt sich ihm gegenüber.

Kinder können kränkende Erwachsene nicht real verlassen, weil sie ohne sie nicht lebensfähig wären. Aber im Trotz verlassen sie

sie symbolisch. Daher weigern sich Kinder, nach einer Kränkung von Erwachsenen etwas anzunehmen.
Im trotzigen Verhalten werden zwei Grundbedürfnisse des Kindes gleichzeitig befriedigt: Das Bedürfnis nach existentieller Sicherheit und das Bedürfnis nach Vergeltung. Ein Kind zeigt durch sein zurückweisendes Benehmen sehr deutlich, daß es sich mit dem kränkenden Elternteil noch lange nicht ausgesöhnt hat. Dennoch bleibt es im Trotz weiter – sogar fester denn je – an die kränkende Bezugsperson gebunden.
Chronischer Trotz entsteht zwar in der Kindheit, wird aber auch in den Beziehungen Erwachsener häufig noch als Druck- und Erpressungsmittel eingesetzt. In extremen Fällen führt der Trotz selbst zu einem (sadistischen) Lusterleben. Dann bedarf es keiner ersichtlichen äußeren Anlässe mehr, um den Trotz hervorzurufen.

Die Verweigerung – eine Waffe der Frau

Im Trotz scheiden sich die Geschlechter. Frauen, die – wie bereits ausgeführt – repressiver erzogen werden als Männer, neigen verständlicherweise vermehrt zu Trotzreaktionen (26,4 Prozent der Frauen und 20,1 Prozent der Männer). Manche Psychologen nehmen auch eine »biologische Kränkung« der Frau als Ursache für ihre erhöhte Trotzbereitschaft an. Demzufolge fühlen sich Mädchen wegen des fehlenden Penis benachteiligt und den Buben unterlegen.
Frauen, die diese infantile Sicht auch im Erwachsenenalter behalten, neigen infolgedessen zu verstärkten Trotzreaktionen. Da sie sich aufgrund ihrer körperlichen Beschaffenheit niemals des Mannes bemächtigen können – sie können beim Geschlechtsverkehr weder in ihn eindringen, noch haben sie die Möglichkeit, ihn zu vergewaltigen – ersetzen sie ihre fehlende, aktive »phallische Potenz« eben durch Trotz. Aus psychoanalytischer Sicht identifizieren sich Frauen mit der Verweigerung und beziehen daraus später ihre Stärke.

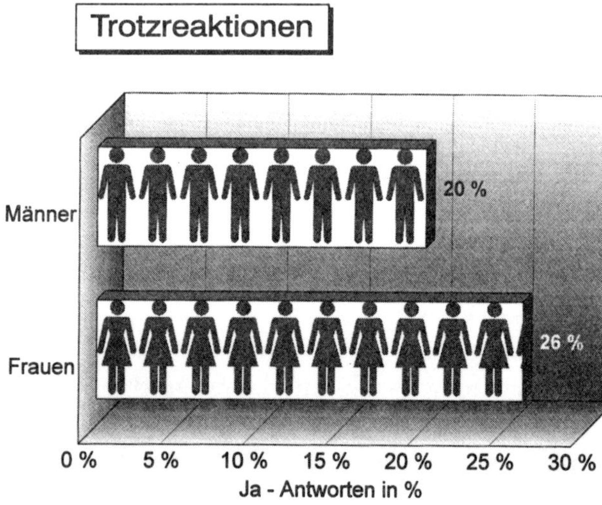

Unsere Ergebnisse belegen aber eindrucksvoll, daß trotziges Verhalten vom Ausmaß der in der Kindheit erlittenen Kränkung abhängt.
Unsere Studie bestätigt, daß das Beschimpfen, Herabsetzen, Bloßstellen oder Schlagen von Kindern nicht dazu geeignet ist, Kinder gemeinschaftsfähig zu machen: Es steigert nur deren Trotz.

Trotz macht unfähig zu lieben
Trotzige Menschen wollen gerne lieben, verbieten es sich aber. Sie übertragen kränkende Beziehungsmuster aus ihrer Kindheit auf die erwachsenen Bezugspersonen der Gegenwart und inszenieren ihre unbewältigten Konflikte immer wieder aufs Neue. Der/die Partner(in) wird nicht nur als geliebte(r) Lebensgefährt(in) angesehen, sondern unbewußt oft auch noch als kränkender Vater oder demütigende Mutter. Weil Trotzige ihre unbewältigten frühkindlichen Konflikte auf die Gegenwart projizieren, sind sie im Alltagsleben – oft aus heiterem Himmel – auf den Freund oder die Freundin böse.

Trotzige sehnen sich nach Nähe, Gemeinsamkeit und Versöhnung, dürfen ihr Bedürfnis aber nicht zugeben, weil sie vor dem anderen nicht als schwach und bedürftig erscheinen wollen. Das verbietet ihnen ihr Stolz: Sie brauchen niemanden! Im Gegenzug ist es ihnen natürlich nicht möglich, alle ihre, auf andere Menschen gerichteten, Wünsche aufzugeben. Trotzige Menschen sind in keiner beneidenswerten Situation. Sie leben in einer Art Niemandsland. Zu dem, was sie wirklich wollen, kommen sie nie, weil sie ihre Wünsche immer verleugnen – auch dann, wenn sie sich inständig nach deren Erfüllung sehnen. Durch diese zwiespältige Haltung erscheinen trotzige Menschen nach außen hin immer böse und abweisend: Einerseits abwehrend können sie sich andererseits nicht von einem(r) Partner(in) trennen. Ist der Partner freundlich, verweigern sie sich. Sie zeigen damit, daß die einmal erlittene und auf die Partnerbeziehung übertragene Kränkung noch lange nicht vergessen ist. Äußert die andere Seite Trennungsabsichten, verwandelt sich der Trotz schlagartig

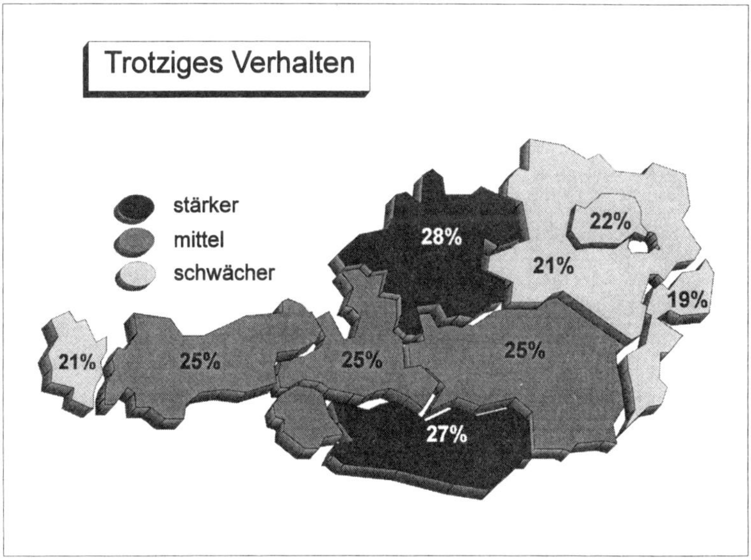

in Panik. Nun ist es der Trotzige, der auf Versöhnung drängt und verspricht, »es nie wieder zu tun«. Dieses Spiel dauert oft ein Leben lang.

Trotziges Verhalten wird auch von sozialen Faktoren beeinflußt. Die Pflichtschulabsolventen und Menschen mit Lehrberufen neigen verstärkt (31,1 Prozent) zu einer trotzigen Haltung. Mit zunehmender Bildung verringern sich Trotzreaktionen. Menschen mit einem Einkommen unter S 10.000 waren als Kind trotziger als es Menschen mit höherem Einkommen waren.

Da sich Personen mit einem Mindesteinkommen eher aus der unteren Mittelschicht oder der Unterschicht rekrutieren, scheinen hier schichtspezifische Erziehungsmerkmale, nämlich Unterdrückung und Aggression, zum Tragen zu kommen.

Es zeigte sich, daß in der Beurteilung der eigenen Kindheit ganz offensichtlich Unterschiede zwischen den einzelnen Bundesländern bestehen. Die Oberösterreicher fühlten sich in der Kindheit am einsamsten und von den Eltern nur wenig unterstützt. Wesentlich besser ging es da schon den Tirolern, Steirern und Niederösterreichern, die von ihren Eltern ermutigt wurden und in schwierigen Situationen auf deren Hilfe vertrauen konnten.

Überfürsorgliche Eltern gab (und gibt) es in allen Bundesländern in annähernd gleicher Zahl. Die Grafik zeigt, daß die Oberösterreicher im Vergleich zu Restösterreich in der Kindheit nicht nur trauriger waren, sondern auch entschieden trotziger. In punkto kindlichem Trotz stehen ihnen die Kärntner jedoch nicht um viel nach.

Originalzitate

Hausfrau, 32, verheiratet:

»Eine Woche nach der Entbindung meiner Tochter hat mein Mann beim Baden mit der Kleinen sexuelle Manipulationen betrieben.

Meine große Tochter und ich waren dabei Zeugen. Die große Tochter hat geschrien, mich hat er am Arm mißhandelt und versucht, mich mit Gewalt aus dem Badezimmer zu schmeißen.«

Selbständige, 42, verheiratet:
»Ich bin als mittlere Schwester von zwei Brüdern aufgewachsen und mußte immer dem Älteren und dem Jüngeren nachgeben. Ich merkte früh, daß mich meine Mutter ablehnte.«

Angestellte, 39, verheiratet:
»Mein Vater war für mich in der Kindheit der Schützende vor Mamas Launen und Lieblosigkeit. Er gab mir Halt und Stütze, ich war mir seiner Liebe gewiß. Der Tod meines Vaters tut immer noch weh. Dann lernte ich meinen Mann kennen. Er ist 19 Jahre älter und sehr väterlich und lieb. Ich glaubte geborgen zu sein und heiratete ihn. Nun bin ich am Ende. Kein Bitte und Danke, keine Ausgaben für Dinge, die Freude machen, nur Ja oder Nein, sonst Streit, kein Wort tagelang, keine Zärtlichkeit. Ich bin nur als Putz-, Wasch- und Kindfrau gefragt. Mein Herz und Magen spielen verrückt, und ich möchte sterben, darf mir aber nichts anmerken lassen.«

Lehrling, 19, ledig:
»Meine Mutter ist die Unsicherheit in Person. Man kann ihr spielend jede Meinung aufzwingen, denn sie ist sowieso überzeugt, daß die anderen es besser wissen und können als sie.
Natürlich war ich ihr in meiner Kindheit unterlegen, aber das führte, glaube ich zumindest, nicht unbedingt zu meiner heutigen Unsicherheit und meinem mangelnden Selbstvertrauen. Meiner Meinung nach war es dieses Problem:
Es waren immer nur kleine, für andere Mütter vielleicht ›Nicht-der-Rede-wert‹-Verfehlungen meinerseits, die meine Mutter zum Anlaß nahm, mich mit dem zu bestrafen, was für mich am schrecklichsten war, nämlich mit Ignoranz, nicht mehr beachtet werden, stundenlangem, oft tagelangem Schweigen. Es war einfach fürchterlich für mich und ich hätte als Strafe (dabei war ich ein eher ruhiges, braves Kind) viel lieber ein paar ›Watschen‹ eingesteckt. Aber es war richtiger Psycho-Terror. Meine Mutter sagte immer, sie will mich gar nicht

mehr sehen und ich könne schauen, wie ich alleine zurechtkomme. Ich kam mir dann einsam und verlassen vor. Sie gab mir niemals das Gefühl, daß sie immer zu mir steht, egal was passiert und daß ich auf sie zählen kann. Dazu kam noch, daß sie mich als kleinen Buben in den finsteren Keller sperrte und ich noch viel zu klein war, um den Lichtschalter zu erreichen. Diese Methode hatte den Erfolg, daß ich ab diesem Zeitpunkt wahnsinnige Angst vor der Dunkelheit hatte und sogar zum Einschlafen am Abend Licht brauchte. Gedanken daran tun mir heute noch weh und wenn ich mich in diese Situationen hineindenke, kommen mir fast die Tränen. Dieses Bestrafen mittels Tagen (und auch Monaten) des Schweigens hat meine Mutter heute noch – die absolute Spitzendauer waren bis jetzt sieben Monate.«

Angestellte, 26, ledig:
»Ich wollte immer schon wissen, wie man eigentlich mit Schwierigkeiten im Kindesalter fertig wird, die bis zur brutalen Mißhandlung geführt haben! Kann man es irgendwie schaffen, daß man es vergißt? Oder wie sollte man handeln, um nicht ständig das Gefühl zu haben, man ist nichts, man mag dich nicht, er liebt mich nicht und alles nur nichts Gutes.
Ich habe nie zuvor gewußt, was Liebe in Wirklichkeit ist! Bis ich jetzt meinen jetzigen Freund kennengelernt habe. Er hat mir gezeigt und bewiesen, daß nicht alle Männer so wie mein Vater sind. Ich hatte immer Angst, mit jemandem zu schlafen und habe jeden abgewiesen oder habe ihn zuvor aufgegeben, wenn ich merkte, er will mehr. Und ich wollte nie eine Beziehung eingehen, denn ich glaubte, es kann dir doch gar nicht besser gehen als deiner Mutter oder deutlicher gesagt, es kann mir genauso gehen. Was dann? Ich wollte immer nur das Leben leben, alles erreichen, nie verlieren und immer gut dastehen.
Ich wollte, daß mich alle immer mögen, daß mir jemand zur Seite steht, an dem ich mich festhalten konnte und der immer da ist, um mir zu helfen! Diese Gedanken quälen mich, denn ich glaubte, wenn ich mich so weit sinken ließe, würde ich Schwäche zeigen und habe jede Angst und jedes quälende Gefühl hinuntergeschluckt.
Ich habe meine Gefühle nie jemandem gesagt und habe meine Gedanken über alles immer nur stumm für mich behalten und mir das »Über mich persönlich sprechen« total entsagt. Ich habe mir immer ge-

wünscht, eine Familie zu haben, wo ich vielleicht zum Vater Vater sagen würde, weil ich ihn mag und nicht weil es halt so ist und weil ich muß. Ich habe immer Angst, über meine Kindheit nachzudenken! Zuerst habe ich es nicht so stark empfunden. Also, ich meine, ich habe früher nie so über meine Kindheit nachgedacht, wie jetzt und desto mehr ich darüber nachdenke, um so schwerer wird es, meinem Freund zu vertrauen.
Und wenn ich dann so über mich nachdenke, was ich bin, wie ich bin, verstehe ich nicht, wie man mich mögen kann. Ich sitze dann oft stumm da, sage nichts, und mir ist ohne Grund zum Heulen zumute.«

Sekretärin, 43, geschieden:
»Mein Freund wirft mir vor, daß ich trotzig bin. Er behauptet, daß ich jeden zweiten Satz mit »Ja aber...« beginne und daß er das für einen heimlichen Widerspruch hält. Ich glaube aber, daß man für alles auch eine zweite Seite finden muß und daß man die Behauptungen eines anderen Menschen nicht uneingeschränkt akzeptieren muß. Er meint trotzdem, daß mein Widerspruch in keinem vernünftigen Verhältnis zu den Aussagen steht, um die es geht. Irgendwie erinnert mich die Diskussion an meinen geschiedenen Mann, der mir vorgeworfen hat, mit mir könne man sogar darüber streiten, ob die Woche sieben Tage hat.«

Beamter, 38, verheiratet:
»Kinder provozieren und wollen Grenzen kennen, aber sie wollen nicht mit Ohrfeigen die Grenzen erkennen. Ich bin auch geschlagen worden, aber nicht zum Zuschlagen bereit, wenn meine Kinder mich provozieren.«

Angestellte, 44, ledig:
»Ich bin seit Kindheit schwerhörig. Früher standen meine Angehörigen diesem Problem hilflos gegenüber. Ich aber bekam unzählige Prügel und Strafen, so daß mein Minderwertigkeitsgefühl enorme Formen annahm. Ich hatte keinen richtigen Freund und warf mich dem Erstbesten an den Hals, der mir schöne Dinge versprach.
Eines Tages wurde ich schwanger. Ich wußte so wenig über meinen Körper und was nun passieren sollte. Der Vater des Kindes ließ mich

sitzen und heiratete eine andere. Die Freude bei den Eltern war groß, ich aber war nur die Gebärmaschine, durfte mein Kind weder zur Taufe heben noch selbst füttern und versorgen. Alles bestimmten sie. »Mit dir kann man ja nicht reden – du verstehst ja doch nichts – geh weg!« Das waren ihre Worte. Ich war im wahrsten Sinne der Trottel der Familie. Anstatt mir zu helfen, mußte ich Schikanen und Bosheiten durchmachen. Wie es mir moralisch ging und ob ich vor weiterer Gefahr gefeit war, interessierte niemanden.

Ich wollte viel arbeiten, um meine Sorgen zu vergessen, betete sehr viel und lebte ein gutes Leben. Nur war ich jedesmal zu schwach beim anderen Geschlecht und so bekam ich noch zwei weitere Kinder. Das letztere gab ich zur Adoption frei – einer kinderlosen Familie. Ich habe die ganzen Jahre trotzdem immer wieder meine Angehörigen besucht und beschenkt, obwohl sie es im Grunde nicht verdient hätten. Was meinem ersten Sohn eingetrichtert wurde, weiß ich nicht, obwohl ich mein Möglichstes getan habe, ihm zu helfen und gut zu sein. Ich wurde immer trauriger und mutloser. Mein zweites Kind, eine Tochter, weinte bitterlich, wenn ich sie mal in die Arme nahm. Ich ahnte damals noch nicht warum. Jetzt weiß ich es: Sie hat Angst vor mir.

Mein Vater meidet noch heute, mich zu besuchen, oder mir einmal ein nettes Wort zu sagen. Nach all diesen Ereignissen bekam ich ein vom Arzt verordnetes Hörgerät. Damit begann für mich ein neues Dasein. Ich besuchte Kurse, Abendschulen und Volkshochschulen. Heute ist mein erster Sohn verheiratet und Vater einer Tochter. Ich darf sie nicht sehen, nur weil ich damals meinen Sohn im Stich lassen mußte. Ich gehe an diesen tragischen Ereignissen noch zugrunde.«

Kauffrau, 39, verheiratet:

»Mein Mann beteuert immer, daß er sich an der Hausarbeit beteiligen will. Schließlich bin ich trotz meiner drei Kinder voll berufstätig. Aber es klappt mit ihm nie. Wenn er Geschirr wäscht, geht sicher ein Teller oder eine Tasse dabei kaputt. Wenn er die Fenster putzt, stößt er einen Kübel mit Wasser um oder klemmt sich die Finger ein. Wenn er bügelt, verbrennt er ein Kleidungsstück und wenn er die Waschmaschine in Betrieb nimmt, ist die eingestellte Temperatur falsch und die Wäsche wird beschädigt. Auch von den Kindern kriege ich keine echte Hilfe. Denn meine zwei älteren Söhne, 12 und 15 Jahre, haben schon die gleiche Art wie ihr Vater: Nie »Nein« zu sagen, aber alles zu verpatzen.«

Hausfrau, 42, verheiratet:
»Seit über 30 Jahren bin ich Diabetikerin, und meine Sorgen und Probleme werden immer größer. Ich habe wegen meiner Krankheit seinerzeit meinen Job verloren, dann »mußte« ich heiraten, und jetzt fühle ich mich ausgelaugt, absolut unbefriedigt und leer.
Einerseits ist mir der sichere Platz in der Familie sehr viel wert, andererseits habe ich ständig das Gefühl, nichts wert zu sein als Nur-Hausfrau. Ich bin halbwegs intelligent, male und nähe sehr gerne, aber mir fehlt immer die Durchsetzungskraft. Oft wurde mir gesagt, daß ich doch arbeiten gehen soll, wenn es mir daheim nicht paßt. Aber was und wo? Inzwischen habe ich auch noch das rechte Augenlicht verloren, habe Venenprobleme und auch Schwierigkeiten mit der Insulin-Einstellung. Dadurch entstehen immer häufiger Unstimmigkeiten mit dem Partner und der 12jährigen Tochter. Rücksicht kennt keiner und die Aussicht auf Besserung: Null!«

Angestellte, 50, geschieden:
»Ich wurde von meiner Mutter allein groß gezogen. Sie glaubte, auch meinen Vater (er ist im Krieg gefallen) ersetzen zu müssen, wobei sie sehr streng war. Meine Schwester wurde deshalb Krankenschwester, damit sie ins Internat konnte. Ich werde manches aus meiner Kindheit nie vergessen, z. B. die Schläge (wobei meine Mutter es gut meinte, wie sie heute sagt). Auch hatte ich nie ein Eckchen, wo ich mich zurückziehen konnte oder einen Ort, wo ich mein Tagebuch verstecken konnte. Nach meinem 18. Geburtstag ging meine Mutter mit uns zum Arzt, damit er feststellen konnte, daß ich noch ›Jungfrau‹ war (was sich bestätigte). Ich durfte nirgends alleine hingehen, weder zu einer Freundin noch sonst wohin. Sie kam mich noch von der Arbeit abholen. Manchmal ließ ich sie warten und ging dann einen anderen Weg nach Hause. Nur einen Arbeitskollegen küßte ich, aber auch da kam meine Mutter dahinter und da gab es wieder Schläge. Ich ging dann mit 19 Jahren nach Frankreich. Ich bin sehr traurig darüber, alles in meinem Leben ging schief. Auch meine Beziehungen zu Männern. Dabei tat ich alles!«

Hausfrau, 33, verheiratet:
»Mein Mann hat in der Kindererziehung ganz andere Ansichten als ich. Seiner Meinung nach mache ich vieles falsch. Dadurch bin nicht nur ich stark verunsichert, auch unsere beiden Kinder wissen nicht, nach wem sie sich richten sollen.«

Verkäufer, 47, verheiratet:
»Wenn ich von der Arbeit nach Hause komme, höre ich oft fröhliche Stimmen und Gelächter durch die Tür. Kaum drehe ich meinen Schlüssel im Schloß, verstummen alle, meine Frau genauso wie die Kinder. In so einem Klima ist es doch kein Wunder, daß man mit niemandem viel reden mag. Meine Frau macht mir den Vorwurf, daß ich immer schlecht gelaunt bin und keine anderen Interessen habe, als mit einem Bier vor dem Fernseher zu sitzen. Aber sie bemüht sich keinen Augenblick, mich aufzuheitern und mich von den Sorgen abzulenken. Wahrscheinlich könnte sie das auch gar nicht, weil sie außer Kindern und Haushalt keinen Horizont hat. Und wenn ich mir überlege, worüber sie mit anderen Leuten lacht, dann bin ich letzten Endes ziemlich sicher, daß ich da ohnedies nicht dazugehören möchte.«

Hausfrau, 49, verheiratet:
»Ein Mann, der keine Kinder haben will und sich sozusagen vor dem Vaterwerden und Ehemannsein drückt, der ist den Namen Mann nicht wert. Er ist ein erwachsenes Kind, das nicht weiß, wofür er erschaffen ist. Solche Männer sind umsonst. Wertgüter können sich auch Frauen erwerben. Dazu brauchen wir keine unnützen Männer. Für Sex ohne Kinder gäbe es auch andere Mittel, um die Befriedigung zu stillen. Wozu Männer, wenn sie nicht in der Lage sind, sich wie richtige Männer zu verhalten?«

Studentin, 22, ledig:
»In materieller Hinsicht waren meine Eltern stets großzügig, aber ich hatte nie das Gefühl, ihnen persönliche Dinge anvertrauen zu können. Sie waren meine Eltern, aber nie Freunde. Äußerte ich eine Sorge oder ein Problem, wurde das oft mit den Worten ›Tu dir nichts an‹ abgetan. Dadurch habe ich mich immer sehr allein gefühlt.«

Friseurin, 27, ledig:
»Ich kann nichts dafür, aber ich habe trotzdem ein schlechtes Gewissen. Mein Lebensgefährte hat vor zehn Jahren maturiert und wartete auf die Einladung zum Maturatreffen. Er freute sich darauf, seine Schulkollegen wiederzutreffen. Freundinnen sollten aber nicht mitgenommen werden. Na gut. Ich hatte mich damit schon abgefunden, als die Karte im Postkasten lag. Ich legte sie mit anderen Schriftstücken im Vorzimmer ab. Als mein Lebensgefährte nach Hause kam, war die Karte nicht mehr da. Ich habe nichts davon gesagt, weil ich hoffte, sie noch zu finden. Sie blieb aber verschwunden. Es ist mir ein Rätsel.«

Angestellte, 23, ledig:
»Ich brauchte Jahre, um dorthin zu kommen und psychisch das zu erreichen, wo ich mich jetzt befinde. Es war nicht einfach, denn ich wurde von meinem Onkel zwischen meinem 2. und 13. Lebensjahr sexuell mißbraucht. Aber ich habe einen Partner gefunden, der es schaffte, daß jetzt auch für mich Sexualität etwas Normales ist und ich es genießen kann, Frau zu sein und endlich die Angst davor überwunden habe.«

Angestellte, 42, geschieden:
»Ich hatte in der Zeit von ca. 12–15 Jahren Probleme mit meinem Vater – heute würde ich sagen, es war die abartige Neigung meines Vaters, seine Tochter unter Vorwand der Aufklärung zum Sex zu mißbrauchen. Ich ging eine zu frühe Beziehung zu einem Burschen ein, hatte mit 16 Jahren einen Sohn und war nach 10 Jahren wieder geschieden. Die Ehe ein Horror. Danke, Vater.«

Pensionistin, 62, verheiratet:
»Wir könnten ein gutes Leben haben, mein Mann und ich. Die Kinder sind aus dem Haus und machen uns nicht viel Sorgen, und wir haben beide eine ordentliche Pension. Aber seit mein Mann den ganzen Tag zu Hause ist, ist er nicht auszuhalten. Zuerst hat er herumgemeckert und nichts war ihm recht. Und jetzt redet er fast gar nicht mehr und brummt nur mürrisch in sich hinein, wenn ich ihm irgendeinen Vorschlag mache. Beharre ich dann auf einer Antwort, kriegt er einen Wutanfall, daß ich mich direkt vor ihm fürchte. Überhaupt lebe ich

jetzt in ständiger Nervosität, weil ich ja mit ihm auskommen möchte, aber keine Ahnung habe, was ihn so verschlossen und unduldsam macht.«

Schüler, 18, ledig:
»Als ich drei Jahre alt war, nahm sich mein Vater eine Freundin. Er war selten zu Hause und wenn doch, verkroch er sich in seiner Werkstatt. Falls ich ihn einmal zu Gesicht bekam und umarmen wollte, stieß er mich von sich weg. Trotzdem war ich – sein kleiner Sohn – der Grund, warum mein Vater sich nicht scheiden ließ.«

Selbständige, 32, verheiratet:
»Ich komme aus einer 10köpfigen Familie. Ich hatte eine wunderschöne Kindheit mit vielen Entbehrungen, aber mit bilderbuchhafter Familienidylle auf einem großen Bauernhof. Nur einen folgenschweren Fehler gab es in dieser Familie: Kein Kind konnte seine eigenen, spezifischen Bedürfnisse kennenlernen – es war zuviel Familie. Das bringt mich jetzt in viele Schwierigkeiten.«

Hausfrau, 39, verheiratet:
»Mein Mann ist ständig mürrisch und wortkarg. Wenn er von der Arbeit nach Hause kommt, bemühe ich mich, ihm alles recht zu machen. Aber er schaut mich so vorwurfsvoll an, als hätte ich mir etwas zuschulden kommen lassen. Wenn ich ihn frage, was los ist, sagt er »Gar nichts«, oder er gibt überhaupt keine Antwort. Mit unserem 13jährigen Sohn redet er auch fast nichts. Wenn wir beide allein sind, haben wir Spaß miteinander und lachen und er erzählt mir von der Schule und seinen Freunden. Aber wir fürchten uns direkt davor, daß am Abend mein Mann heimkommt. Dann herrscht ›dicke Luft‹ und mein Sohn verschanzt sich in seinem Zimmer. Ein vernünftiges Familienleben gibt es nicht.«

Angestellter, 34, verheiratet:
»Ich war ein sehr gehorsamer Sohn meiner autoritären (vor allem Vater) Eltern. Ich habe immer das getan, was sie glaubten, daß für mich gut sei. Sogar in der Partnerwahl habe ich mich so beeinflussen lassen.«

Hausfrau, 43, geschieden:
»Daß ich mich bei meiner hysterischen und unverläßlichen Mutter nicht schon mit sieben umgebracht habe, verdanke ich meiner verläßlichen, liebevollen, humorvollen Großmutter. Als sie starb, verlor ich fast den Boden unter den Füßen und fiel ein Jahr in tiefste Depressionen.«

Übersetzerin (in Karenzurlaub), 29, verheiratet:
»Manchmal hätte ich auch tagsüber große Lust auf Sex, ebenso wie mein Mann. Aber wenn man zwei kleine Kinder hat, bleibt einem nichts anderes übrig als zu warten, bis die Kinder abends im Bett sind. Dann ist man aber oft schon zu müde dazu, oder mein Mann schläft vor dem Fernseher ein.«

Programmierer, 26, ledig:
»Meine Freundin ist klug, hübsch und tüchtig. Ich liebe sie, und sie liebt mich, sagt sie. Eigentlich könnte man beim bösesten Willen nichts gegen sie sagen. Trotzdem macht mich etwas an ihr furchtbar nervös. Wenn ich sie um eine Gefälligkeit oder etwas Ähnliches bitte, ist sie immer sofort dazu bereit. Aber alles macht sie ein bißchen anders als ich es verlange. Oder sie macht es ganz genau so, aber zu einem anderen Zeitpunkt. Ich bitte sie immer weniger um irgend etwas, aber ich überlege immer öfter, ob das eine gute Basis für eine dauerhafte Partnerschaft sein kann.«

Selbständige, 41, verheiratet:
»Ich liebe meine Kinder – 15 und 11 – und möchte versuchen, die Fehler, die meine Eltern bei mir gemacht haben, bei ihnen zu vermeiden. Ich lebe ständig in der Angst, zu großzügig, zu nachgiebig, zu antiautoritär zu sein. Mein größtes Ziel ist es, meine Kinder zu glücklichen und zufriedenen Menschen zu erziehen.«

Angestellte, 44, geschieden:
»Ich lebe seit 15 Jahren allein. Von meinen vier Kindern wurde eine Tochter vom Vater sexuell mißbraucht. Wegen der schrecklichen Verfahren und wegen der Unterhaltszahlungen für die Kinder habe ich keine Anzeige erstattet.«

Angestellte, 32, verheiratet:
»Ich hatte eine schreckliche Stiefmutter. Sie war eine Sadistin, die jede Gelegenheit dazu benützt hat, mich zu mißhandeln.«

Kanzleileiter, 41, verheiratet:
»Meine Frau wirft mir vor, daß ich alle gemeinsamen Unternehmungen sabotiere. Das stimmt natürlich nicht, denn ich liebe sie und meine zwei Kinder und Ausflüge oder Museumsbesuche mit ihnen machen mir Freude. Aber alles zu seiner Zeit! Wenn man eine Wanderung machen will, muß das Wetter stimmen. Will man ins Museum, sollen nicht zu viele Besucher dort sein und nicht zu früh geschlossen werden. Da informiere ich mich vorher natürlich ausreichend. Meine Frau meint, daß ich damit soviel Zeit vergeude, daß es nachher ohnedies für alles zu spät ist. Das ist nicht richtig. Ich bin eben, im Gegensatz zu meiner Frau, vernünftig und besonnen.«

Angestellter, 54, verheiratet:
»Ich war mit 14 schon allein auf mich gestellt und ohne jede Hilfe. Trotzdem bin ich ein zuversichtlicher Mensch geworden und habe das Leben gut gemeistert.«

Angestellte, 32, ledig:
»Auf Kinder verzichte ich lieber. Ich habe zuviel Angst, etwas falsch zu machen. Außerdem genieße ich mein Single-Dasein viel zu sehr, um es für ein vollgestopftes Familienleben aufzugeben.«

Arbeiterin, 52, verheiratet:
»Mein Vater wollte mit mir schlafen, als ich 11 war. Ich war als Kind allein auf mich gestellt und habe negative Wachträume und denke fast nur negativ. Ich laufe im Traum immer weg oder werde verfolgt.«

Beamtin, 44, geschieden:
»Nicht gewollt und nicht geliebt, wurde ich im Alter von 3 Jahren allein nach Wien geschickt. Danach bekam ich einen Amtsvormund, und bei der Schwester meiner Mutter fand ich Aufnahme. Ich wurde mit Strenge erzogen. Die Angst, aus mir keinen anständigen Menschen zu machen war, so glaube ich, sehr groß. Ich war 14 Jahre, da sind bei

der Familie dann eigene Kinder gekommen. Ich fühlte mich einsam und nicht gebraucht. Gegen meinen Bruder entwickelte ich richtige Haßgefühle. Meine Eifersucht war grenzenlos. Ich trieb grausame Spiele, am liebsten spielte ich totsein. Schrecklich! Am liebsten würde ich es ungeschehen machen.«

Büroangestellte, 32, verheiratet:
»Wann immer ich meinen Mann um etwas bitte, fragt er zurück: ›Muß das jetzt sein?‹ Nie schlägt er etwas ab, aber er tut es auch nie. Irgendwann mache ich es dann selbst oder ersuche meinen Bruder, mir zu helfen. Ich habe diese Situation einmal meiner Schwiegermutter geschildert. Sie hat mich angeschaut als hätte ich spanisch geredet und dann erzählt, was er für ein liebes, folgsames Kind war, nie trotzig, nie zornig, immer freundlich. Wenn ich versuche, mit meinem Mann etwas zu klären, sagt er: ›Ich weigere mich doch nie! Ich weiß gar nicht, was du von mir willst.‹«

Selbständige, 41, verheiratet:
»Ich wurde mißhandelt und geschlagen, mit allen Gegenständen, die greifbar waren. Mein Vater wollte mich nicht und hat mich gehaßt. Er gönnte mir nichts zu essen und ließ mich bis in die späte Nacht arbeiten. Meine Mutter war hochgradig hysterisch – aus Angst vor dem Vater – und schlug auch mit allem drein, was ihr unterkam. Ich hatte immer Angst, abends die Augen zu schließen – es war schrecklich.«

Arbeiterin, 44, geschieden:
»Ich wurde sehr streng erzogen und sogar geschlagen, wenn ich nicht folgte. Besonders von meinem Stiefvater. Weil ich nicht widersprechen durfte, tat ich ihm heimlich zu Fleiß, was ich konnte, ohne daß er mich im Verdacht hatte. Später, bei meinem Mann, habe ich das auch so gemacht, immer wenn er mich geärgert hat. Ich konnte gar nicht mehr anders. Mein Mann hat das natürlich bemerkt, weil es ja auch im Bett so ähnlich war. Wenn er mit mir schlafen wollte und ich nicht, dann habe ich zwar nichts gesagt, aber ich habe ihm den Höhepunkt verpatzt. Jetzt bin ich geschieden, und es tut mir leid. Aber ich weiß nicht, ob ich es ein anderes Mal besser machen könnte.«

Angestellte, 28, verheiratet:
»Als wir nach der Heirat in unsere neue Wohnung einzogen, verging kein Tag, wo nicht meine Schwiegermutter über unseren Tagesablauf, bzw. was auf den Tisch kommt, Informationen haben wollte. Am Anfang nahm ich es nicht so ernst und dachte mir, sicher ist es auch für sie nicht leicht, ihren Sohn nicht mehr in ihrer Nähe zu haben. Inzwischen sind einige Jahre vergangen, und noch immer mischt sie sich in unser Leben ein. Wenn mein Mann mit ihr gesprochen hat, heißt es hinterher: ›Mama meint ...‹.«

Selbständiger, 32, ledig:
»Es wird behauptet, die Partnerwahl orientiert sich bewußt und unbewußt an unseren Eltern. Ein fürchterlicher Gedanke! Wenn mir die Persönlichkeit einer Frau zusagt, dann gerade deswegen, weil sie das Gegenteil von meinen Eltern ist!«

Angestellter, 53, geschieden:
»Ich war mit 10 Jahren Scheidungswaise. Mein Vater war despotisch, meine Mutter autoritär. Ich finde schwer Anschluß an andere Menschen.«

Pensionistin, 58, verheiratet:
»Ich bin von meinem 8. bis 13. Lebensjahr von meinem Vater mißbraucht worden. Irgendwie hatte ich das Gefühl, als ob meine Mutter von Anfang an wußte, was läuft. Als er kurz nach meinem 13. Lebensjahr starb, habe ich Tränen der Erleichterung geweint. Die Beziehung zu meiner Mutter wurde nie mehr gut.«

Hausfrau, 40, verheiratet:
»Das einzige, was mich noch mit meinem Mann verbindet, ist das Eigenheim, das nach meinen Plänen erbaut und eingerichtet wurde. Ich könnte es nicht verlassen. Sonst ist alles, was ich noch erlebe, zum Leben zuwenig und zum Sterben zuviel. Was habe ich nur falsch gemacht in meinem Leben? Hab ich anfangs zuviel verlangt und gegeben? Dadurch, daß meine Familie mich nicht achtet, schätzt und ernst nimmt, kann ich auch Liebe und Verständnis nicht weitergeben, obwohl es mir sehr schlecht geht dabei. Es ist so vieles tot in mir.«

Angestellte, 53, verheiratet:
»Meine Kindheit war triste, und ich wundere mich, daß ich mich normal entwickelt habe. Ich wurde von meiner Mutter im Alter von fünf bis sechs Jahren sexuell mißbraucht. Und in späterer Folge auch seelisch mißbraucht und körperlich mißhandelt. Meine Mutter ist seit 12 Jahren tot, und ich komme noch immer nicht darüber hinweg, was meine Mutter getan hat. Ich selbst habe mir aber ein glückliches Leben aufgebaut, bin 33 Jahre verheiratet und habe zwei Kinder.«

Maurer, 38, geschieden:
»Meine Frau hat sich immer für etwas Besseres gehalten, weil sie Matura hatte und ich nur Maurer bin. Nach unserer Hochzeit hat sie begonnen, an mir herumzunörgeln: »Lies dieses Buch! Geh mit mir ins Theater! Schau dir mit mir diese und diese Ausstellung an!« Weil ich mit diesem Zeug nichts anfangen kann, ist sie dann immer öfter allein gegangen. Sie hätte lieber kochen lernen sollen. Das habe ich ihr mehrmals gesagt, und nicht ohne Grund. Den Kindern hat sie auch nur Flausen in den Kopf gesetzt: Ballett für unsere Tochter, Klavier für unseren Sohn, und natürlich beide Kinder ins Gymnasium. Mit der Zeit ging mir das ganze hochgestochene Gerede nur mehr auf die Nerven und ich bin öfter bei einer jungen Arbeiterin geblieben, der Bücher, Theater und Messen genauso egal sind wie mir. Dann ließ sich meine Frau scheiden.«

Angestellte, 37, ledig:
»Ich bin in einem Kinderheim aufgewachsen. Mit 18 Jahren wurde ich schwanger, weil ich Sehnsucht nach echter Liebe hatte. Gegen den Willen des Kindesvaters und meiner Mutter brachte ich meine Tochter unehelich zur Welt und habe sie alleine großgezogen. Ich habe kaum Lust, Männer kennenzulernen, geschweige mit wem zu schlafen.«

Trieb, Aggression und Macht

Trieb und Verzicht

Die Tatsache, daß der Mensch nicht mit Instinkten, sondern mit Trieben ausgestattet ist, unterscheidet ihn vom Tier. Das Tier kann auf sein biologisches Verlangen immer nur mit einem einzigen, angeborenen Verhaltensmuster reagieren. Beim Menschen fehlt diese feste Verbindung zwischen dem Bedürfnis einerseits und dem Befriedigungsvorgang andererseits.

Wenn Sie z. B. sexuell erregt sind, können Sie sich selbst befriedigen, einen anderen Menschen für einen Geschlechtsakt gewinnen oder ihre Erregung auf andere Ziele lenken – zum Beispiel ein erotisches Buch schreiben. Diese fehlende feste Verknüpfung zwischen Bedürfnisspannung und Befriedigung ist die Voraussetzung für die Entstehung der menschlichen Kultur. Erst die Fähigkeit, Triebspannung nicht unmittelbar abführen zu müssen, sie aufschieben zu können oder für andere Zwecke nutzbar zu machen, ermöglichte die großartigen intellektuellen Leistungen im Bereich der Wissenschaft und Kunst.

Die breite Palette menschlicher Verhaltensweisen läßt sich schließlich auf zwei Grundantriebe zurückführen. Den Selbsterhaltungstrieb und den Sexualtrieb – Hunger und Liebe. Die Formulierung der Selbsterhaltungstriebe (z. B. Nahrungstrieb) hatte nie Widerspruch hervorgerufen. Aber FREUDS Behauptung, die Sexualität wäre der wichtigste Antrieb menschlichen Verhaltens, löste einen Sturm der Empörung aus. Die Feststellung, selbst »unschuldige« Säuglinge seien schon sexuelle Wesen, war nur noch der Tupfen auf dem i. Dazu muß gesagt werden, daß die meisten Menschen unter »Sexualität« ausschließlich das Sexualleben Erwachsener verstehen. Die Freudsche Konzeption der Sexualtriebe ist aber wesentlich weiter gefaßt. Neben den Geschlechtsorganen werden sämtliche erogene Zonen des Körpers, aus denen der Mensch Lust gewinnen kann, dem Sexualtrieb zugerechnet. Diese infantilen sexuellen Strebungen, die Lust am Lutschen und Beißen, die Lust an der Ausscheidung, die Lust am Zurückhalten, die Schaulust und die Zeigelust, werden erst nach der Pubertät entweder als Teil des Vorspieles in die erwachsene Sexualität integriert oder sie werden verdrängt.* Verdrängte Triebwünsche sind daher immer infantiler Herkunft.

In der frühen Kindheit werden Triebwünsche tatsächlich noch völlig ungeniert geäußert und ausgelebt. Erwachsene, die Reste ihrer infantilen Sexualität nicht überwunden haben, neigen im späteren Leben oft zu Perversionen. Dazu gehören sadomasochistische Praktiken ebenso wie Exhibitionismus, Voyeurismus, Fetischismus und sexueller Mißbrauch von Kindern. Daß sexueller Mißbrauch seit jeher häufig vorkommt, wurde ebenso erst in letzter Zeit durch die Medien bekannt wie der Umstand, daß die Täter selten Fremde sind, sondern meist aus der Familie oder aus dem unmittelbaren sozialen Umfeld kommen. Die Folgen eines Mißbrauches innerhalb der Familie erschüttern die Existenz eines Kindes: Wie soll es jemals wieder Vertrauen zu einem anderen haben, wenn ausgerechnet der Mensch, von dem es Schutz und Geborgenheit erwartet, dieses Vertrauen mißbraucht?

In der Regel suchen Triebe immer den schnellsten, direktesten Weg der Befriedigung, ungeachtet der realen Gegebenheiten. Wer weiß nicht, daß Kleinkinder nicht bereit sind, freiwillig Triebverzicht zu leisten? Sie unterlassen verbotene Handlungen nur, um sich die Liebe der Eltern zu erhalten.

* Die Phasen der Infantilität werden im Kapitel Was ist Sexualität? S. 186f ausführlich behandelt.

Grundsätzlich sind Kleinstkinder noch im höchsten Maß asozial, also egoistisch, neidisch, eifersüchtig, unbeherrscht, aggressiv und nur auf die eigene Lust bedacht. Der Triebverzicht erfolgt also aus Angst vor Liebesverlust. Erst im Laufe der Entwicklung schränken sie ihr unbändiges Verlangen ein, um sich die Liebe ihrer Eltern – von der sie ja abhängig sind – zu erhalten oder noch weiter zu verstärken. So ist es also der durch den drohenden Liebesverlust wachgerüttelte Selbsterhaltungstrieb, der Menschen drängt, die Wunscherfüllung zugunsten ihres Sicherheitsinteresses zumindest vorübergehend zurückzustellen oder unter Umständen gänzlich aufzugeben.
An der Triebbildung sind sowohl innere, biologische Faktoren als auch Umwelteinflüsse beteiligt. Solange wir leben, baut unser Organismus kontinuierlich Spannungen auf, die nach regelmäßiger Abfuhr verlangen. Je nachdem, ob Verhaltensweisen geeignet sind, die Spannung herabzusetzen oder nicht, werden sie beibehalten, »erlernt« oder wieder verworfen. Da der Akt der Entspannung sehr lustvoll erlebt wird, regt er zur Wiederholung der spannungsmindernden Handlungen an. Wenn Jugendliche in der Pubertät die entspannende Wirkung der Selbstbefriedigung entdecken, werden sie unter normalen Umständen dieses Verhalten solange aufrecht halten, bis sich geeignete Sexualpartner zum Geschlechtsverkehr finden.
Hull (1943) unterscheidet zwischen primären Trieben und solchen, die im Laufe der Entwicklung erworben werden. Primäre Triebe – wie Hunger, Durst oder Sexualität – sind direkte Äußerungen biologischer Bedürfnisse. Doch auch sie brauchen entsprechende Befriedigungserlebnisse, um als konkrete Vorstellungsinhalte im Bewußtsein verankert zu werden.
Erworbene Triebwünsche, wie z. B. der Wunsch nach Anerkennung, entstehen erst durch konkrete Erfahrungen. Als Motivationsgrundlage dienen nur solche Verhaltensweisen, die von außen ausreichende Bestätigung bekommen haben. Hull geht davon aus, daß die meisten Verhaltensmotive erlernt sind und

daß primäre und erworbene Triebe einander wechselseitig beeinflussen.
Doch unabhängig davon, ob die auslösenden Reize der Außenwelt entstammen oder in Ihrem Inneren begründet sind: Auch ihr Verhalten ist immer durch Triebe motiviert. Wenn Sie beim Fernsehen Hunger spüren, werden Sie in die Küche gehen und sich etwas zu essen holen. Genausogut kann ihr Verlangen aber durch Delikatessen auf dem Bildschirm ausgelöst werden, ohne daß Sie vorher hungrig waren. Sie können auf der Straße zufällig einem schönen Menschen begegnen und erst dadurch sexuelles Verlangen spüren. Oder aber Sie sind schon von Haus aus erregt und sehen sich deswegen nach passenden Bekanntschaften um.
Triebe drängen nicht nur auf Befriedigung, die Spannungsabfuhr sollte auch immer möglichst unmittelbar erfolgen. Wenn es die Umstände erlauben, wählen wir daher immer den direktesten und schnellsten Weg zur Befriedigung. Aber das ist nicht immer ratsam. Sie müssen es sich zum Beispiel gut überlegen, Ihren Vorgesetzten zu ohrfeigen, wenn Sie sich von ihm ungerecht behandelt fühlen. Unüberlegte, impulsive Triebäußerungen ziehen meist ungewollte Konsequenzen nach sich. Wie viele unserer Triebwünsche tatsächlich Erfüllung finden, hängt daher auch von gesellschaftlichen Normen und Tabus ab.
Heute leben wir in einer Zeit, in der Triebbefriedigung leichter möglich ist als früher. Der Wohlstand, den sich Österreich nach dem Krieg erwirtschaftet hat, und die freizügige Sexualmoral, die unser Klima prägt, begünstigen für viele Menschen rasche und vielfältige Wunscherfüllung. Noch in den fünfziger Jahren war es »unschicklich«, wenn Unverheiratete im gemeinsamen Hotelzimmer übernachteten. Heute ist es selbstverständlich, daß bereits Sechzehnjährige miteinander Verkehr haben. Aber es scheint, als ob das persönliche Glück des Einzelnen mit dieser Entwicklung nicht immer Schritt halten könnte. Gefühle der Leere, Sinnlosigkeit, Langeweile, wachsende Beziehungslosigkeit, Depressionen und ein ständig im Steigen begriffenes Sucht-

und Aggressionspotential sind die Kehrseite uneingeschränkter und möglichst unmittelbarer Triebbefriedigung.
Das ist nicht verwunderlich, wenn der Befriedigungsakt ohne die – mit Wartezeit verbundene – sinnliche Vorlust geschieht. Auch der Liebesakt verläuft ohne ein ausreichendes Vorspiel bald gleichförmig, schal und langweilig. Je länger die Vorlust dauert, um so durchdringender wird die anschließende Befriedigung erlebt.
Im Alltagsleben äußert sich die Vorlust als Vorfreude. Sie kennen diesen Vorgang aus eigener Erfahrung: Der persönliche Wert einer Anschaffung steigt, je länger Sie darauf sparen müssen. Bis zum Tag des Kaufes haben Sie sich das begehrte Stück oft vorgestellt und sich ausgemalt, wie es sein wird, wenn Sie es endlich besitzen. Die Vorfreude, die ja auch die Phantasie anregt, ist das Salz in der Lebenssuppe. Hier paßt der vielstrapazierte Spruch: Der Weg ist das Ziel. Es ist kein Zufall, daß Menschen, denen alle Wünsche sofort erfüllt werden, oft wunschlos unglücklich sind. Es entspricht zwar dem Wesen der Triebe, möglichst viele Wünsche rasch zu befriedigen, aber wenn die Phase der Vorlust verringert wird, sind um so intensivere Reize notwendig, um Lustspannung aufzubauen. Wen wundert es da noch, daß Menschen, die fast alles haben können, nur mehr so wenig Freude bereitet.
Wirkliche Genießer können auf unmittelbare Triebbefriedigung verzichten. Sie schieben den Befriedigungsvorgang zumindest eine Zeitlang bewußt hinaus, um das anschließende Lusterlebnis zu steigern. Wer seine Gier nicht zügeln kann, dem bleiben die wirklichen Genüsse des Lebens fremd.
Zu Beginn der Entwicklung sind es noch die Eltern, die die unbändige Triebhaftigkeit der Kinder einschränken. Im Normalfall setzen Eltern überall dort Grenzen, wo die ungezügelten kindlichen Wünsche mit Gefahren verbunden sind. Die verinnerlichten Gebote und Verbote der Eltern bilden schließlich den Kern unseres späteren Gewissens. Die zunehmende Beziehungs-

losigkeit in den Familien ist natürlich auch der Gewissensbildung abträglich. Oft sind die Kinder bei der Bewältigung ihrer Triebhaftigkeit weitgehend auf sich selbst gestellt, weil die Eltern zu wenig Zeit haben, sich mit ihnen auseinanderzusetzen. Menschen mit einem labilen, unterentwickelten Gewissen haben es auch im späteren Leben schwer, sich gegen ihre Triebimpulse zu wehren – sie ähneln oft verwöhnten Kindern, die auf nichts verzichten können. Alles, was sie sehen, müssen sie haben, und zwar sofort! Ihre Gier kennt im wahrsten Sinne des Wortes keine Grenzen. Sie sind haltlos und durch äußere Reize leicht verführbar. Es kommt nicht von ungefähr, daß Menschen, die sich nicht beherrschen können, so leicht süchtig werden.

Die Ursachen für die Entstehung von Suchten sind vielfältig. Die meisten Experten stimmen darin überein, daß mangelnde Impulskontrolle Suchtkrankheiten fördert. Von einer Suchtkrankheit ist dann die Rede, wenn ein Mensch unfähig ist, Spannungen zu ertragen, sich selbst nicht beruhigen und Wünsche langfristig aufschieben kann, geringe Frustrationstoleranz hat, leicht kränkbar und beziehungsunfähig ist. Vergleichbar mit Säuglingen, erscheinen Süchtige oft passiv, willenlos, gefügig oder im Gegenteil gierig, aussaugend, stur und egoistisch.

Das Suchtmittel ist der Schnuller des erwachsenen Säuglings. Gleichgültig, ob es sich dabei um Nikotin, Alkohol, Drogen oder bloß um Süßes handelt, es kann als Ersatz für die Lust, Sättigung, Wärme und Geborgenheit spendende Mutterbrust der frühen Kindheit gedacht werden. Tatsächlich haben sich viele Süchtige nie von ihrer Mutter lösen können. Gründe für die nie vollzogene Loslösung kann extreme Entbehrung von Nähe und Geborgenheit während der ersten Lebensjahre sein, übermäßige Verzärtelung oder ein ständiger Wechsel von beidem.

»Der Mensch ist nicht gut. Drum hau ihm auf den Hut. Hast du ihm auf den Hut gehaut, dann wird er vielleicht gut« läßt Berthold Brecht den Bettlerkönig Peachum in der Dreigroschenoper über die Wandlungsfähigkeit des Menschen philosophieren. Diese gewaltsame Methode, dem Menschen Triebverzicht oder Triebaufschub abzuverlangen, hat sich in der Vergangenheit als ebenso untauglich herausgestellt wie die umgekehrte, die einem Heranwachsenden überhaupt keine Grenzen setzt. Führt die Gewalt zu triebfeindlicher Verklemmtheit, Neurose und unterschwelliger Aggression, begünstigt der Verzicht auf Grenzen die Entstehung asozialer Verhaltensmuster. Wie so oft, ist auch hier wieder der goldene Mittelweg der richtige. Natürlich ist es notwendig, einem Heranwachsenden Entbehrungen, also Triebverzicht oder -aufschub abzuverlangen. Wenn dabei das rechte Maß nicht aus den Augen verloren wird, gelingt eine angemessene Frustrationstoleranz. Schon dem antiken König Midas brachte die Erfüllung seines sehnlichsten Wunsches – alles, was er berührte, sollte sich sofort in Gold wandeln – kein Glück. Er wäre an seiner Gier beinahe zugrunde gegangen, weil sich auch alle Speisen in Gold verwandelten: Midas drohte trotz seines ungeheuren Reichtums zu verhungern ...

Auswertung

Hätten Sie gedacht, daß der »gemütliche Österreicher« aufbrausend und unbeherrscht ist?

○ 43,5 Prozent der Österreicher neigen zu Jähzorn!

Typische Charakteristika: Ein »Häferl« verliert leicht die Beherrschung, gerät schnell in Wut und hat nur wenig Geduld mit anderen. Offensichtlich steht fast die Hälfte der Österreicher unter einem enormen inneren Druck. Sie sind mit Pulverfässern zu vergleichen, die beim geringsten Funken sofort in die Luft gehen. Ihre Meinung äußern sie lautstark. Sie sind dickköpfig, können nur schwer zuhören und lassen außer ihrem Standpunkt keinen anderen gelten. Österreicher dieses Schlages überrollen ihre Mitmenschen im wahrsten Sinne des Wortes und geben auch dann nicht nach, wenn sie erkennbar im Unrecht sind.

Unbeherrschtes Verhalten

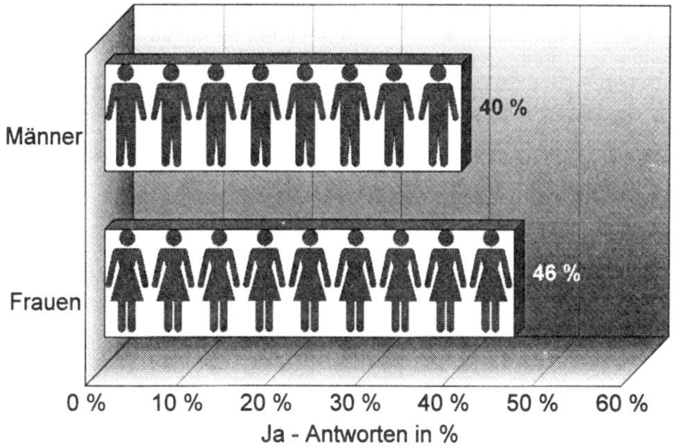

Dieses lautstarke, unbeherrschte, aggressive Gehabe dient nicht selten dem Selbstschutz. Wer sich derart aufführt, verhält sich so, als würde er fortwährend angegriffen werden und müßte dem Angreifer um jeden Preis zuvorkommen.
Unsere Studie zeigt auf, daß jähzornige Menschen in der Kindheit selbst Anfeindungen ausgesetzt waren. Ihr ungestümes Benehmen im Erwachsenenalter ist nur der Spiegel einer aggressiven Erziehungspraxis in der Kindheit. Für diejenigen, die unter dem Jähzorn eines Partners leiden, ist das aber nur ein schwacher Trost.

Frauen sind unbeherrschter
Es sind vor allem die Frauen, die leicht die Beherrschung verlieren:
○ 46 Prozent der Frauen und »nur« 40 Prozent der Männer beschreiben sich als unbeherrscht.
Daß Frauen häufiger die Beherrschung verlieren, ist verständlich. Nicht nur, daß Frauen schon in der Kindheit benachteiligt werden, sind sie auch im Alltag in der Regel stärker belastet als

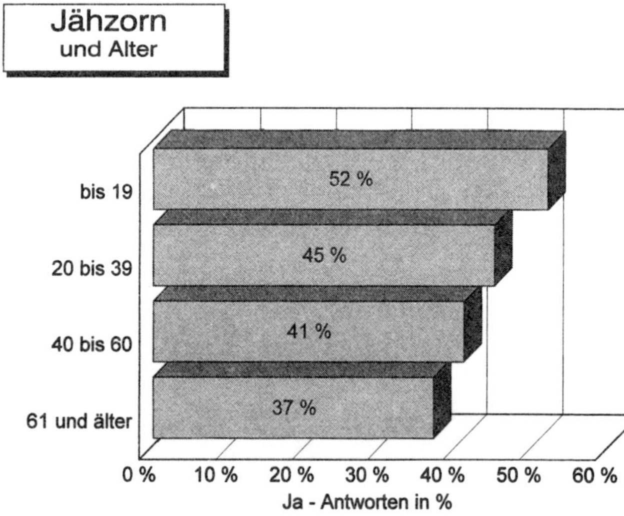

Männer. Die geringere Zuwendung, Anerkennung und permanente Überforderung äußert sich in erhöhter Reizbarkeit und Wutanfällen.

»Nur junger Wein stürmt«, sagt der österreichische Weinkenner. Dasselbe gilt für den Österreicher: Mit dem Alter nimmt auch die Besonnenheit zu.

○ 52,1 Prozent der unter 19jährigen können nur schwer die Kontrolle bewahren. Ab 40 geht der Anteil auf 41 Prozent zurück. Daß Jugendliche ungestümer sind als Menschen in der Mitte des Lebens, bedarf keiner weiteren Erklärungen. Auch Selbstkritik und Einsicht sind Tugenden der reifen Jahre. In seinem Gedicht »Mit Fünfzig« brachte der österreichische Dichter Josef Weinheber die Einsicht, zu der man mit dem Älterwerden gelangt, auf den Punkt:

»Blut, Mord, Frevel, Bezicht:
Das ist der Mensch – und ich
trage sein Angesicht.«

Die liebe Familie

»Die liebe Familie« scheint nur im Fernsehen ein Ort des Friedens zu sein:

Die Österreicher, die in Familien leben, sind ungeduldiger und unkontrollierter als Alleinstehende. Obwohl doch gerade das Zusammenleben in der Familie mehr Rücksichtnahme und Zurückhaltung jedes Einzelnen erfordern würde. Andererseits muß man bedenken, wie viele Einschränkungen Menschen in

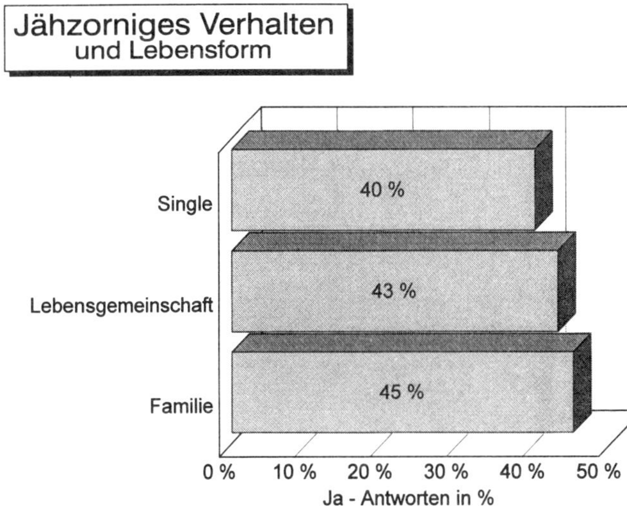

Familien im Vergleich zu Singles in Kauf nehmen müssen. Eltern opfern für ihre Kinder einen großen Teil ihrer Freiheit und Nervenkraft. In deutschen Magazinen (»Der Spiegel« Mai 1993) wurde sogar die Frage aufgeworfen, ob Elternschaft nicht eine »milde Form von Irrsinn« sei.

Alleinstehende leben ohne Zweifel nervenschonender. Wie viele ihrer Wünsche und Sehnsüchte müssen Eltern den Kindern zuliebe zurückstellen oder gar gänzlich aufgeben! Dieser dauernde Verzicht steigert natürlich die Frustration. Und unbefriedigte Menschen sind reizbarer, aufbrausender und aggressiver als zufriedene. Unsere Zahlen belegen die These »Frustration erzeugt Aggression«:

O 45,4 Prozent der Österreicher, die in Familien leben, aber nur 39,5 Prozent der Singles neigen zu jähzornigem, unbeherrschtem Verhalten.

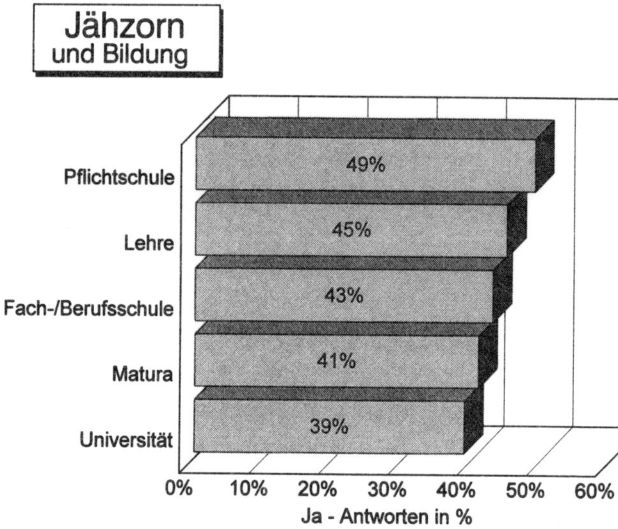

»Mundel« lebt

Die Ungeduld und die Unfähigkeit, aggressive Impulse zu kontrollieren, ist allerdings auch von der Schulbildung und dem Einkommen abhängig. Pflichtschulabsolventen (9,3 Prozent) und Österreicher mit niedrigen Löhnen (47,9 Prozent) tun sich am schwersten, ihre Emotionen im Zaum zu halten. Den »Mundel«, der seine Meinung mit körperlichen Übergriffen ausdrückt, gibt es also wirklich. Mit zunehmender Bildung und höherem Einkommen sinkt die Bereitschaft zu unbeherrschten, aggressiven Verhaltensweisen auf 36,7 Prozent. Immerhin: Fast jeder zweite Österreicher ist übermäßig aggressiv. Tröstlich ist nur, daß durch das Älterwerden auch die Aggressionen gedämpft werden.

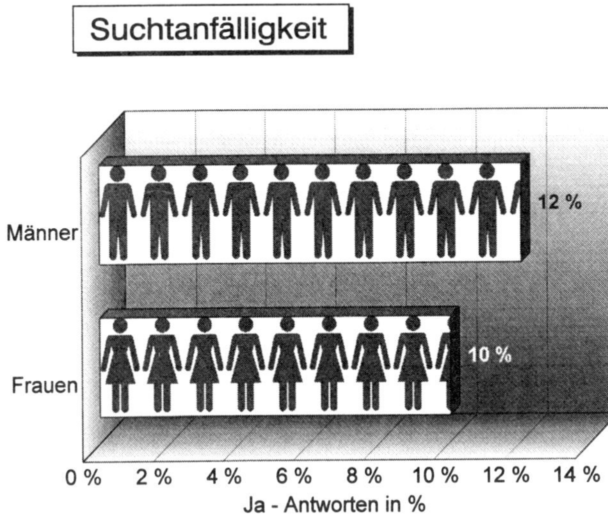

Suchtanfälligkeit
»Ich hab sonst nix, drum hab ich gern, ein gutes Papperl, meine Herrn«, sagt Josef Weinheber in seinem »Phäaken«. Es scheint, als ob der Österreichkenner und -dichter recht hätte. Österreicher sind auch im Ausland als Volk von Fressern und Säufern verschrien. Auch wenn wir es nicht wahrhaben wollen, trifft die Kritik zu: 300 000 Alkoholiker sind ein trauriger Rekord.
○ 11,1 Prozent der Österreicher sind suchtgefährdet oder süchtig. 32,4 Prozent sind Raucher. 12,1 Prozent geben an, Alkohol für ihr Wohlbefinden zu brauchen. Wie die Auswertung zeigt, sind Menschen mit Suchtproblemen unzuverlässig. Sie können schlecht mit Geld umgehen und neigen mehr als andere dazu, ihre Mitmenschen zu entwerten. Ihre Äußerungen wirken oft großspurig und überheblich. Typisch für diese Persönlichkeitsstruktur ist, daß Menschen mit Suchtneigung gleichzeitig auch

Größen- und Allmachtsphantasien entwickeln und ihr Sexualleben von sadomasochistischen Phantasien beherrscht wird.
Als konkrete Ursache für die Entstehung von Sucht wird Angst angegeben, die eine Folge des Gefühles der Ungeschütztheit und eines Geborgenheitsdefizites in der frühesten Kindheit ist. Ängstliche, schüchterne, gehemmte Menschen sind also eindeutig suchtgefährdeter.

Männer trinken, Frauen essen

Laut unserer Studie sind Männer (12,1 Prozent) nach wie vor unkontrollierter und daher suchtanfälliger als Frauen (10,4 Prozent). Dafür sind vorwiegend soziale Faktoren verantwortlich: Trinkende Männer in Gasthäusern sind selbstverständlich, trinkende Frauen nicht. Wenn Frauen trinken, tun sie es eher allein, in den eigenen vier Wänden. Frauen neigen auch eher zu Medikamenten- als zur Alkoholabhängigkeit.
GROSS (1990) weist darauf hin, daß die Reaktionsmechanismen, die Tier und Mensch in Konfliktsituationen zur Verfügung stehen, drei Entsprechungen in stoffgebundenen Suchtformen finden:

- Der Reaktionsform: »Kampf/Angriff« sind aufputschende Mittel analog
- Der Reaktionsform: »Flucht/Rückzug« dämpfende Mittel
- Der Reaktionsform: »Erstarren/innere Emigration« halluzinogene Mittel

Welches Suchtmittel eingesetzt wird (aufputschend oder dämpfend), bzw., wie welches Suchtmittel gebraucht wird (mit Nikotin und Alkohol kann sowohl Beruhigung als auch Erregung hergestellt werden), hängt von der Persönlichkeitsstruktur, den individuellen Bedürfnissen und der Steuerung des Suchtmittels ab. Ein unausgefülltes Liebesleben aktiviert bei beiden Geschlechtern Suchtverhalten:

- 36,5 Prozent der Frauen, aber nur 20,7 Prozent der Männer stillen ihre Liebessehnsucht mit vermehrtem Essen. 14,6 Prozent

der Männer füllen ihre innere Leere mit Alkohol auf (nur 8,6 Prozent der Frauen tun das).
Der Anteil der Suchtgefährdeten ist unter den 20- bis 40jährigen mit 13,3 Prozent am höchsten. Mit zunehmendem Alter sinkt er. Nur 4,2 Prozent der Menschen über Sechzig gehören zur Gruppe der Suchtgefährdeten. Wenn Sie bedenken, wie wenige Süchtige in Österreich überhaupt das Pensionsalter erreichen, wird Sie dieses Ergebnis kaum mehr überraschen.
Es ist klar, daß vor allem Alleinstehende – oft auch einsame Menschen – häufiger zum Glas greifen (16,7 Prozent): »Jede Sucht ist eine Sehnsucht« (Gross). Österreicher, die in Familien leben, sind weitaus kontrollierter und weisen demzufolge geringere Suchttendenzen auf. Menschen mit geringer Bildung tendieren vermehrt zu Suchtverhalten. Im Gegensatz zu 12,6 Prozent der Pflichtschüler sind nur 6,9 Prozent der Akademiker haltlos und suchtgefährdet.
Am zügellosesten leben in Österreich bessere Mittelverdiener. Sie neigen allerdings weniger zu Alkohol- als zur Konsumsucht: 14 Prozent sind im Umgang mit Geld leichtfertig. Bei der Einkommensgruppe unter S 10.000 verringert sich dieser Anteil auf 8,5 Prozent. Menschen mit niedrigem Einkommen können es sich verständlicherweise nicht erlauben zu prassen. Auch die Spitzenverdiener leben sparsamer als der Mittelstand – nur 11 Prozent der Einkommensklasse über S 30.000 sind verschwenderisch.

»Verbotene« Wünsche erzeugen Angst

Die Ergebnisse unserer Studie bestätigen die Behauptung, die Angst vor Kontrollverlust entspreche der Angst vor Triebimpulsen. Die aufgestauten Triebregungen drängen dauernd nach Abfuhr und bilden so die Grundlage für verschiedene Angst-Symptome. Tatsächlich hemmen Menschen, die unter Flugängsten, Angst vor U-Bahnen usw. leiden, ihre aggressiven und sexuellen Regungen mehr als andere.

8,1 Prozent aller Österreicher fürchten Situationen, in denen ihre Kontrollmöglichkeit eingeschränkt wird. Sie bevorzugen im Kino Eckplätze, weil sie dann jederzeit hinausgehen können. Warteschlangen in Supermärkten rufen bei ihnen ebenso panische Angstreaktionen hervor wie U-Bahnfahrten, Flüge oder hohe Geschwindigkeiten. Diese Situationen symbolisieren die inneren Vorgänge: Das Hochfahren des Liftes, das Aufsteigen des Flugzeuges, die Beschleunigung in der U-Bahn stehen für die ansteigende Erregung, die nach einem Höhepunkt verlangt, der aber gleichzeitig nicht erreicht werden darf. Man will, aber man darf nicht. Im Alltag kann man nicht aus dem Flugzeug oder der U-Bahn aussteigen, wann man will. In der Sexualität darf man – aus Gewissens- oder faktischen Gründen – eine sexuelle Regung nicht zulassen.

Insgesamt leiden 10,2 Prozent der Frauen, aber nur 5 Prozent der Männer unter solchen Beschwerden. Die Erklärung liegt auf der Hand: Trotz der Emanzipationsbestrebungen müssen Frauen heute – wie zu allen Zeiten – mehr Triebeinschränkungen in Kauf nehmen als Männer. Aggressiv-sexuelle, entfesselte Verhaltensweisen, die bei Männern geduldet, ja sogar bewundert werden, werden bei Frauen geächtet. Frauen sind triebgehemmter und daher mehr von Ängsten geplagt. Keine geschlechtsspezifischen Unterschiede gibt es bei den sonstigen Charakteristika triebgehemmter Menschen: Sie weichen im Alltagsleben Auseinandersetzungen aus, ordnen sich eher unter, haben Kontaktschwierigkeiten und klagen natürlich über ein unbefriedigtes Sexualleben.

Orgasmusangst = Angst vor Kontrollverlust

Da die Angst vor dem Kontrollverlust oft die Angst vor dem Orgasmus ist – den man ja bekanntlich nur dann erreicht, wenn man die Kontrolle aufgeben und sich fallen lassen kann – überrascht es nicht, daß diese Ängste mit der altersbedingten Sexaktivität fallen bzw. steigen. Im Alter zwischen 20 und 40, in

dem man sexuell am aktivsten ist, treten solche Angsterscheinungen mit 5,6 Prozent am seltensten auf. Mit den Jahren und fallenden sexuellen Aktivitäten nehmen sie zu. Bei den 40- bis 60jährigen beträgt ihr Anteil schon 13,5 Prozent.
In dieser Altersgruppe sind alleinstehende Frauen ohne Partner keine Seltenheit. Wer keinen Partner und keine Gelegenheit zur Triebabfuhr hat, hat natürlich starke Wünsche – auch verbotene. So z. B. kann eine alleinstehende Frau den Mann der Freundin begehren oder ein treuer Familienvater begehrt eine Arbeitskollegin. Beide kommen in den Konflikt des »Wollens und Nichtdürfens«. Daher sind auch Alleinstehende (11,8 Prozent) am stärksten von solchen Ängsten betroffen. Auch die Österreicher, die in Familien leben und ihr Sexualleben und ihre Triebimpulse wegen der Kinder oder Treueversprechen drosseln müssen, leiden vermehrt unter diesen Angstzuständen (8 Prozent). In Lebensgemeinschaften ohne Kinder, bei denen das Sexualleben im Normalfall am ungestörtesten verläuft, verringern sich Triebängste auf nur mehr 5,0 Prozent.
Auch für diesen Bereich lassen sich wieder schichtspezifische Einflüsse nachweisen. Pflichtschulabsolventen (11,9 Prozent) und Niedrigverdiener (11,5 Prozent) klagen überdurchschnittlich oft über solche Ängste. Bei Lehrberufen (5,6 Prozent), Maturanten (6,8 Prozent) sowie bei Besserverdienenden reduziert sich ihr Anteil bis auf 5,6 Prozent.
Tiroler sind von allen Österreichern am beherrschtesten. Sie sind langmütig, und es dauert, bis sie so richtig wütend werden. Auch die Niederösterreicher, Steirer und Burgenländer sind gut in der Lage, jähe Impulse zu kontrollieren. In diesen vier Bundesländern sind die Menschen durchwegs geduldig.
In Kärnten, Salzburg und Oberösterreich geraten Herr und Frau Österreicher schnell aus dem Häuschen. Geduld und die Fähigkeit zu warten, gehören nicht unbedingt zu den Stärken der Bürger.
In Vorarlberg, Wien, Kärnten, Salzburg und dem Burgenland ist

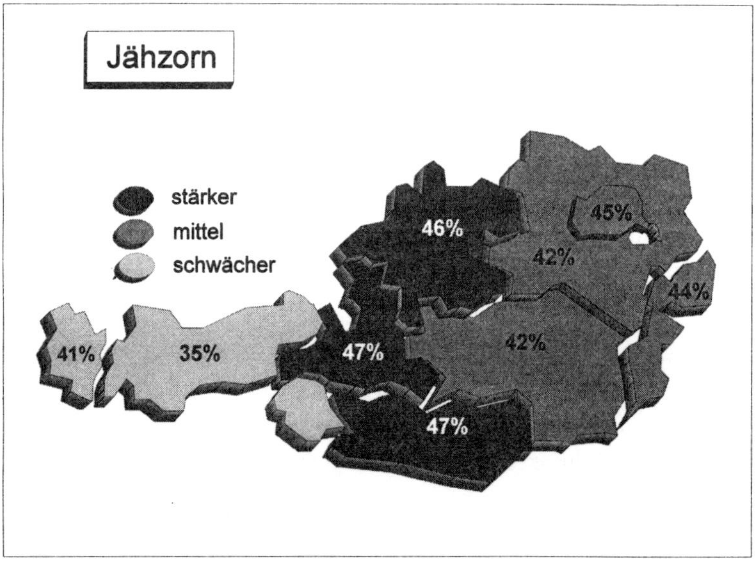

das Suchtpotential höher als in den anderen Bundesländern. Am geringsten ist es in der Steiermark und im heiligen Land Tirol. In Tirol scheint auch die Triebabfuhr am besten zu funktionieren. In Vorarlberg, Wien, Oberösterreich und dem Burgenland leiden die Menschen am häufigsten unter den Folgen unterdrückter Triebimpulse.

Aggression und Macht

Ein Mann steht vor Gericht, weil er seiner Frau den Unterarm gebrochen hat.
Schüler mißhandeln einen Außenseiter krankenhausreif. Warum?
Bis heute herrscht in der Psychologie keine Einigkeit darüber, ob Aggressionen angeboren sind oder erst im Laufe der Entwicklung erworben werden. KONRAD LORENZ (1966) nahm an,

Aggressionen seien ererbt und würden der Revierverteidigung dienen. Tierversuche zeigen, daß das Aggressionsverhalten tatsächlich hormonell gesteuert wird: Männliche Hormone steigern die Aggressionsbereitschaft, Weibchen sind weniger aggressiv.

Beim Menschen läßt sich allerdings kein direkter Zusammenhang zwischen physiologischen Prozessen und Aggressionen nachweisen. Schon deswegen nicht, weil Menschen lernen und fähig sind, ihr Verhalten zu steuern.

DOLLARD & MILLER (1939) gingen davon aus, daß sämtliche Aggression erworben ist und erst als Reaktion auf Enttäuschungen entsteht. Aber die Theorie »Frustration erzeugt Aggression« fand in der Realität keine Bestätigung. Es zeigte sich, daß vielen aggressiven Äußerungen keine Frustration voranging. Richtig ist allerdings, daß Frust die Aggressionsneigung erhöht.

FREUD meinte, daß der Aggressionstrieb grundsätzlich angeboren sei, seine endgültige Ausformung aber erst im Laufe der menschlichen Entwicklung erfahre. Die Aggression steigt um so mehr, je weniger sie ausgelebt werden kann. Gehemmte Aggressionen führen daher zu einer Aggressionszunahme. Andererseits verstärkt auch offenes aggressives Verhalten die Aggressivität.

Viele internationale Untersuchungen lassen vermuten, daß aggressives Verhalten durch soziales Lernen gefördert wird. Ob ein Kind nun täglich im Fernsehen mit Aggression konfrontiert, ob es dazu von den Eltern ermutigt (»Gebrauch doch deine Fäuste!«) oder ob es sich aggressiven Umgang von Vater oder Mutter als Modell abschauen kann – das Erleben von Gewalt begünstigt die Entwicklung von Aggression.

Mit dem Gespür des Künstlers skizziert KURT SOWINETZ die vielleicht wichtigste Ursache aggressiven Verhaltens – die Liebesunfähigkeit: »Alle Menschen san ma zwider, i mechts in die Gosch haun, Vater, Mutter, Schwester, Bruder und die ganze Packelrass ...« heißt es in einem seiner Couplets.

Menschen, die alle anderen widerwärtig finden, lieben nicht,

werden nicht geliebt und lieben sich auch selbst nicht. Ihre daraus resultierende Einsamkeit, ihre Unzufriedenheit und ihr Mißmut arten allmählich in zersetzende Aggression aus.
Es ist kein Zufall, daß Kurt Sowinetz die nächsten Angehörigen zur Zielscheibe seines »Grantscherms« macht. Die Familie ist, ob wir es wahrhaben wollen oder nicht, die Keimzelle jeder Aggressivität. Neid, Eifersucht, Rivalität und Haß gehören ebenso zum familiären Alltag wie Liebe und Zuneigung. Große Geschwister fühlen sich von den kleinen verdrängt, kleine von den großen bevormundet. Vier- bis fünfjährige Buben machen ihren Müttern Heiratsanträge und wünschen ihre Väter in die »Grube«. Im Gegensatz dazu wollen gleichaltrige Mädchen den Platz der Mutter einnehmen und mit ihrem Vater eine Familie gründen. Würden die frommen Wünsche der Kleinen in Erfüllung gehen, gäbe es bald keine Familie mehr. Nicht von ungefähr geschehen die überwiegende Mehrzahl der strafbaren Gewaltdelikte unter Familienangehörigen.
Letztlich liegt es in der Verantwortung der Erzieher, die ungehemmten egoistischen, aggressiven Strebungen der Heranwachsenden zu kanalisieren und gemeinschaftsfähig zu machen. Zum Zeitpunkt der Geburt ist das menschliche Wesen jedenfalls weder gut noch böse. Es ist schlicht und einfach hemmungslos triebhaft. Auch in seinen aggressiven Äußerungen. Bedürfnisse, die nicht sofort erfüllt werden, erzeugen bei einem Säugling heftige Wut. Schreien, Kratzen, Treten, Beißen, wildes Umsichschlagen gehören genauso zum Verhaltensrepertoire eines Kleinkindes wie das Werfen von Gegenständen, Zerstören von Spielzeug und selbstsüchtige Besitzansprüche.
Wie sich diese frühkindliche Aggressivität im späteren Leben weiter entwickelt, hängt von zwei Faktoren ab: Von der angeborenen Stärke der Aggression und von Erziehungseinflüssen. Es ist bekannt, daß gewalttätige Menschen in einem gewalttätigen Klima aufgewachsen sind. Prügelnde Eltern waren in ihrer Kindheit selbst geprügelte Opfer.

Die körperliche Mißhandlung »schlimmer« Kinder ist zwar die brutalste, bei weitem aber nicht die einzige Möglichkeit, das alttestamentarische Racheprinzip »Aug um Aug, Zahn um Zahn« auf das Kinderzimmer zu übertragen. Gesprächsverweigerung, Demütigungen, wüste Beschimpfungen als Antwort der Erziehungsverantwortlichen auf das Fehlverhalten ihrer Sprößlinge sind auch in Österreich noch selbstverständlich.

»Bist deppert!« oder »Wennst net aufpaßt, fangst ane!« Äußerungen dieses Kalibers können Sie täglich auf jedem Kinderspielplatz hören. Wenn sich ein Kind dann mit verstörtem Gesichtsausdruck abwendet, muß es auch noch einen demütigenden Kommentar einstecken: »Schau net so bled ...«

Es ist Erwachsenen oft nicht bewußt, wie sehr sie Kinder mit Worten und Verhaltensweisen kränken und wie nachhaltig sie ihr Selbstwertgefühl verletzen. Wer als Kind nicht geliebt wurde, hat es als Erwachsener schwer, liebesfähig zu werden, sich und andere zu respektieren und sich seiner selbst-bewußt aufzutreten.

Es liegt auf der Hand, daß aggressive, gewalttätige Erziehung nicht geeignet ist, die Aggressivität eines Kindes zu zähmen. Im Gegenteil. In den Gesichtern geschmähter Kinder spiegelt sich ihr Inneres: Lodernder Haß gegen die Peiniger. Ihnen zuliebe werden sie jedenfalls nichts mehr tun. Höchstens ihnen zufleiß.

Die erbarmungslose Dressur von Kindern, die zu Hause kuschen und ducken müssen, geschieht nicht zu ihrem Besten. Im späteren Leben fällt es diesen Menschen schwer, offen ihre Meinung zu vertreten oder selbständig Entscheidungen zu treffen. Sie neigen dazu, sich von anderen abhängig zu machen und sind leicht beeinflußbar. »Nach oben buckeln, nach unten treten« – mit dieser Devise ist ihr hervorstechendster Wesenszug treffend charakterisiert. Andererseits können auch Kinder, die ihre Aggressionen hemmungslos ausleben, im Erwachsenenalter Probleme haben. Sie sind nicht weniger aggressiv als unterdrückte Kinder. Dazu neigen sie oft zu asozialem Verhalten.

So wie die menschliche Entwicklung unterschiedlich verläuft, hat auch die Aggressionentfaltung Erwachsener viele Gesichter. Sie kann sich spontan, in jähen Zornesausbrüchen, entladen oder auf Umwegen von hinten herum erfolgen. Manche können wochenlang böse sein, bei anderen wiederum verraucht die Wut sehr schnell. Aggressionen können sich auf Worte beschränken oder zu körperlicher Gewalt ausarten.

Viele Menschen fressen ihre Aggressionen buchstäblich in sich hinein. Wenn der schwer verdauliche »Knödel im Hals« einmal hinuntergeschluckt ist, verursacht er oft Magengeschwüre oder andere Krankheiten. Schließlich können Aggressionen auch gehemmt werden. Aggressionsgehemmte Menschen tun sich schwer, nein zu sagen oder ihre Wünsche zu äußern. Nach außen hin ordnen sie sich ihrer Umgebung völlig unter und verhalten sich so, als würden sie nichts lieber tun als das, was von ihnen verlangt wird. Andererseits fühlen sie sich von der ganzen Welt ausgenutzt, würden das aber nie zugeben. Innerlich klagen sie jedoch über die Ungerechtigkeiten des Lebens. Sie können anderen Menschen auch dann nichts abschlagen, wenn ihnen deren Ansinnen gegen den Strich geht. Immer kommt ein freundliches »Das mache ich gerne!« aus ihrem Mund. So wie das farbenwechselnde Chamäleon passen sie sich in ihrem Verhalten völlig der jeweiligen Umgebung an.

Natürlich müssen seelische Vorgänge gehemmt werden, wenn sie außer Kontrolle zu geraten drohen. Aggressionsgehemmte Menschen fürchten früher oder – angesichts der Stärke ihrer aggressiven Regungen – eindringlicher als andere, die Kontrolle über ihre Aggressionen zu verlieren. Daher ziehen sie auch dort, wo es gar nicht notwendig wäre, überstürzt die Notbremse.

Wenn es darum geht, etwas »anzupacken« oder »in Angriff zu nehmen«, haben Aggressionen durchaus ihre positiven Seiten. Ohne ein gesundes Maß an Aggression im ursprünglichen Sinn des Wortes, nämlich »auf etwas zugehen«, ist eine ausgewogene Lebensgestaltung gar nicht möglich. Es ist daher kein Wunder, daß ein aggressionsgehemmtes Verhalten die Arbeitsfähigkeit und das Sexualleben negativ beeinträchtigt. Hinter übertriebener Schüchternheit, Impotenz, vorzeitigem Samenerguß und Orgasmusstörungen stecken vor allem dann gehemmte Aggressionen, wenn es der Betroffene heftig bestreitet...

Auswertung

In unserer lieblichen Alpenrepublik leben nicht nur friedliche Menschen, die das Herz am rechten Fleck haben. Die Aggression des Österreichers ist beachtlich und tritt in verschiedenen Masken auf.

- 42,5 Prozent aller Österreicher packt entsetzlich die Wut, wenn es nicht nach ihrem Kopf geht. Aber Aggression ist nicht gleich Aggression, sie tritt in verschiedenen Formen auf.
- 30,3 Prozent der Befragten sind impulsiv,
- 24,2 Prozent rachsüchtig und nachtragend,
- 31,6 Prozent aggressionsgehemmt.

Impulsivität: Den Gefühlen freien Lauf lassen

Die österreichischen Frauen sind impulsiver als die Männer. 32 Prozent der Frauen, aber nur 20,2 Prozent der Männer lassen ihren Gefühlen freien Lauf. Aber Frauen werden Gefühlsäußerungen eher zugestanden als Männern, von denen nach wie vor erwartet wird, daß sie stark und kontrolliert auftreten.

Jugendliche (33,8 Prozent) sind natürlich unbeherrschter als Erwachsene (29,5 Prozent). Im Alter verliert sich die Kontrollfähigkeit jedoch wieder. Über 60jährige (30,6 Prozent) verlieren die Beherrschung annähernd so schnell wie die ganz Jungen. Pflichtschulabsolventen (28,1 Prozent) und Lehrberufe (27,9 Prozent) gehören zu den wenig impulsiven Österreichern. Akademiker lassen (36,4 Prozent) ihren Gefühlen da schon freieren Lauf. In der Einkommensklasse zwischen S 10.000 und

S 20.000 finden sich die beherrschtesten Österreicher (28 Prozent).

Die Persönlichkeitsmerkmale impulsiver Menschen sind jedem bekannt: Sie reden schneller als andere, setzen ihre Ansichten vehement durch und sind schnell »in der Höhe«. Ganz offensichtlich stehen sie unter einem starken inneren Druck. Dieser rührt vermutlich aus einem unbefriedigenden Sexualleben, das sie als eher langweilig beschreiben. Viele ihrer – aggressiv gefärbten – sexuellen Phantasien bleiben unausgelebt. In ihrer unbeherrschten Art neigen sie dazu, andere zu verletzen.

Die positiven Eigenschaften der impulsiven Österreicher: Sie gehen leicht aus sich heraus, sind lebendig und kommen mit anderen schnell ins Gespräch. Entscheidungen zu treffen fällt ihnen nicht schwer. In ihren Tagträumen sind sie unbesiegbar und mächtig und identifizieren sich gerne mit bedeutenden Persönlichkeiten. Im Sozialleben bemühen sie sich aktiv um einen großen Freundeskreis. Bei Festen sind sie wegen ihrer Unterhaltungsgabe eine echte Bereicherung. Sie werden daher auch oft eingeladen und sind gern gesehene Gäste. In der Kindheit wurden sie zwar oft beschimpft, aber sie ließen sich nicht brechen.

Rache ist süß

Männer (26,5 Prozent) sind eindeutig nachtragender und vergeltungssüchtiger als Frauen (23,7 Prozent). Rachewünsche entstehen aus gekränkter Eigenliebe, verletztem Selbstbewußtsein oder aus ohnmächtiger, weil hilfloser Wut. Typisch ist die Blutrache in Sizilien. Das Motiv für das grausame Hinschlachten besteht darin, die verlorene Ehre wieder herzustellen. Aber wozu Siziliens Auffassung von Ehre zitieren? Schon Johann Nestroy wußte über die österreichische Ehre Bescheid:

»Ehre muß fleißig gewaschen werden; das geht aber nicht mit Wasser und Seife, nur mit dem Blute des Beleidigers wäscht man die Ehre ab.«

Rachsucht

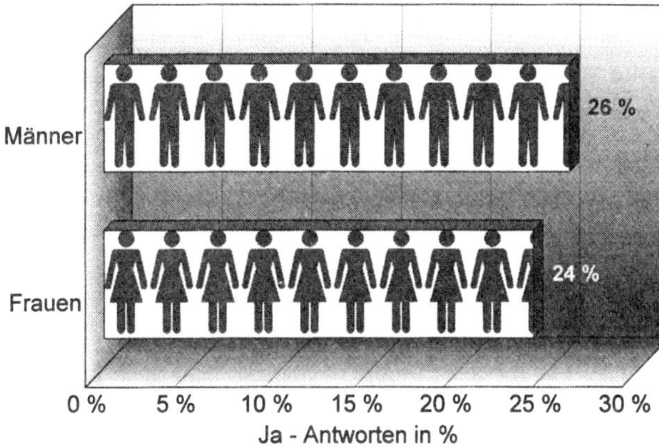

Übrigens zeigt die Geschichte, daß Frauen kaum das Blut anderer forderten, um die eigene Ehre wieder herzustellen. Vielleicht sind Frauen weniger selbstbezogen und verfügen darüber hinaus über die Fähigkeit, sich in das Schicksal und die Motive anderer einzufühlen. Junge Menschen unter 19 (33 Prozent) und ältere über 60 (25,6 Prozent) sind am nachtragendsten. Der Hang der Österreicher zu Vergeltungsaggressionen hängt nicht von ihrer Lebensform, wohl aber vom Bildungsgrad ab. Das Rachedenken ist bei den Pflichtschulabsolventen (27,6 Prozent) und Maturanten ohne weiterführendes Studium (26,1 Prozent) stärker ausgeprägt als bei Akademikern (23,4 Prozent) und Lehrberufen. Diese beiden Bildungsgruppen weisen ebenso starke Neid- und Entwertungstendenzen auf.
Zwischen Neid und Rachewünschen bestehen offenbar starke Zusammenhänge. Tatsächlich werden 72,6 Prozent der Neidischen gleichzeitig von Rachewünschen verfolgt. In der Mittelschicht (28,2 Prozent) und der Unterschicht (25,1 Prozent) ist das altbabylonische Prinzip »Aug um Aug, Zahn um Zahn« von der Tendenz her am stärksten ausgeprägt.

In der Sexualität unterdrücken Menschen mit Rache- und Vergeltungswünschen ihre stark ausgeprägten sadistischen Neigungen. Sie integrieren sie nicht einmal ansatzweise und spielerisch in ihr Sexualleben. Aus scheinbar moralischen Gründen sprechen sie sich gegen jegliche Form von Sadomasochismus aus. Gleichzeitig aber leben sie ihre sadomasochistischen Neigungen ungehemmt im Alltag aus, ohne sich dessen bewußt zu sein.

Der kreuzbrave Österreicher, der vehement die Todesstrafe fordert, ist ein verkappter Sadomasochist. Sadistische Verhaltensweisen dieses Kalibers verdienen am ehesten den Namen »moralischer Sadismus«. Es ist noch nicht lange her, daß Frauen, wenn sie ein uneheliches Kind erwarteten, von ihren Eltern verstoßen wurden. In Horvaths »Geschichten aus dem Wienerwald« erlitt die Marianne dieses Schicksal. Als ihr Vater von der »Schande« erfuhr, sagte er wörtlich: »Ich habe keine Tochter mehr.« Diese »Moral« hat mit Humanität nichts zu tun. Eher schon mit Sadismus.

Ein moralischer Sadist fühlt sich als das Maß aller Dinge. Nur wie er die Welt sieht ist richtig. Nur seine Moral ist gültig. Alle anderen haben sich diesem Wertesystem gefälligst zu unterwerfen. Moralische Sadisten sind in hohem Maß selbstgefällig und überheblich. An niemandem und nichts lassen sie ein gutes Haar. Der Neid ist ihre Kennmelodie. In der Entwertung anderer Menschen sind sie groß. Wenn es nach dem Willen der moralischen Sadisten ginge, müßten alle nach ihrer Pfeife tanzen. Widerspruch wird nicht geduldet. Kommt es dennoch dazu, gehen sie sofort in die Luft.

Güte, Toleranz, Einfühlungsvermögen und Verständnis kommen im Vokabular eines moralischen Sadisten nicht vor. Er ist unfähig zur Selbstkritik – eigene Fehler und Schwächen projiziert er auf andere. Es versteht sich, daß sich moralische Sadisten der extrem autoritären Erziehung verpflichtet fühlen. Kinder haben zu parieren und zu kuschen.

Der Sadismus, der sich hinter einem scheinbar moralischen

Verhalten verbirgt, kommt in Tagträumen völlig ungeniert zum Ausdruck: Dort werden Rachewünsche ungehemmt ausgelebt, anderen Leid zugefügt. Nur in ihren geheimen Phantasien dürfen sich moralische Sadisten das zugestehen, wonach sie sich die ganze Zeit sehnen: Andere sexuell zu erniedrigen oder selbst erniedrigt zu werden.

Österreicher, die im Erwachsenenalter diese sadomasochistischen Neigungen zeigen, waren in ihrer Kindheit extrem angepaßt, gehorsam und brav. Ihre Eltern haben sie überbehütet und eher eng an sich gebunden. Aber zu enge Beziehungen erzeugen ein psychisches Treibhausklima, das sadomasochistische Pflänzchen zur vollen Blüte bringt.

Die Kehrseite der Medaille: Die Aggressionshemmung

Aggressionen sind nicht nur negativ zu sehen. Um im Leben etwas in »Angriff« nehmen zu können, braucht man ein gewisses Maß an Aggressionen. Aggressionsgehemmte Menschen – 33,5 Prozent Frauen und 28,3 Prozent Männer – haben es also im Leben schwer. Wenn der aggressive Antrieb total gehemmt ist, fällt es dem Betroffenen schwer, mit anderen Kontakt aufzunehmen. Diese Hemmung tritt vor allem dann auf, wenn mit der Kontaktaufnahme gleichzeitig sexuelles Interesse verbunden ist. Kein Wunder also, daß sich Gehemmte so oft angespannt, dabei aber antriebs- und lustlos fühlen. Sie fürchten mehr als nötig Zurückweisungen, so daß sie aus dieser Angst heraus vieles erst gar nicht anpacken.

Der aggressionsgehemmte Österreicher schämt sich leicht und kann Rückschläge lange nicht verdauen. Entscheidungen fallen ihm nicht leicht. Er ist oft bedrückt und fürchtet sich übermäßig vor der Zukunft. Darüber hinaus leiden Menschen mit dieser Persönlichkeitsstruktur ständig unter Ängsten, deren Ursache ihnen unbekannt ist. Im Alltagsleben verhalten sie sich möglichst unauffällig. Sie reden leise und monoton und weichen Auseinandersetzungen prinzipiell aus.

Nachdem ein gewisses Maß an Aggressivität für ein erfülltes Sexualleben Voraussetzung ist, überrascht es nicht, daß der Sex aggressionsgehemmter Menschen langweilig ist. So, wie sie sich im Alltag verhalten, sind sie auch im Bett: gehemmt, verkrampft und nur wenig lebendig und temperamentvoll.
Von den Männern, die ihre Aggressionen nicht ausleben können, leiden 52,8 Prozent an Potenzstörungen! Diese Männer tragen massive Aggressionen in sich, hemmen diese aber gleichzeitig aus Furcht vor den phantasierten Folgen. Typisch ist auch, daß sie ihr erigiertes Geschlechtsorgan in der Phantsie mit aggressiven Eigenschaften ausstatten. Auch für diese Menschen gilt, was für die Rachsüchtigen gilt: Sie wurden in der Kindheit von zumindest einem Elternteil mit Fürsorge erstickt und womöglich vom anderen Elternteil aggressiv unterdrückt.
Die Aggressionshemmung verringert sich im Laufe des Lebens, und zwar durch die zunehmende Selbstsicherheit. Die stärksten Aggressionshemmungen haben Jugendliche unter 19 (32,7 Pro-

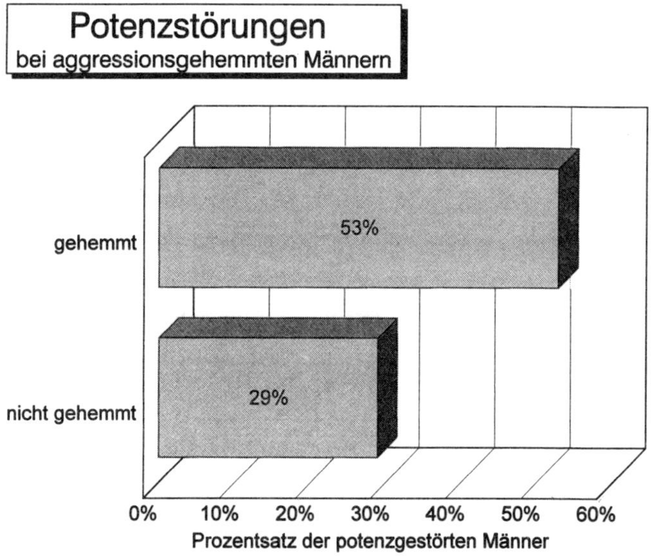

zent), während nur mehr 27,8 Prozent der über 60jährigen unter diesem Problem leiden.

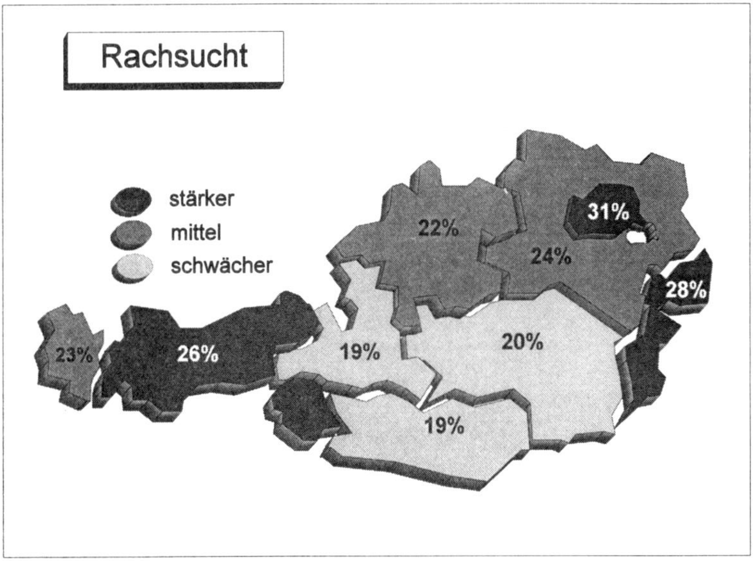

Rachsucht als Form von Aggression scheint den Wiener gut zu charakterisieren. Mit solchen Charakterzügen ausgestattet, geht ein echter Wiener nicht unter. Jedenfalls liegt Wien in punkto Rachsucht mit 30,8 Prozent im Spitzenfeld der Bundesländer. Etwas abgeschlagen folgen das Burgenland mit 28 Prozent und Tirol mit 26 Prozent. Wenig rach- und vergeltungssüchtig dürften die Kärtner, Steirer und Salzburger sein – sie übersteigen nicht einmal die 20-Prozent-Marke. Die restlichen Länder liegen im Mittelfeld.

In der Aggressionshemmung übertreffen die Burgenländer alle anderen. Danach kommen die Wiener, gleich darauf die Niederösterreicher und die Salzburger. Im Westen, in Tirol (28,9 Prozent) sind Aggressionshemmungen am geringsten ausgeprägt.

Das »Ländle« ist anders. Dort leben die dynamischsten, impulsivsten Menschen in ganz Österreich (35 Prozent). Die Wiener liegen mit 32,1 Prozent ebenfalls über dem bundesweiten Durchschnitt von 30,5 Prozent. Weniger impulsiv scheinen hingegen die Tiroler, Steirer und Niederösterreicher mit ca. 27 Prozent zu sein.

Originalzitate

Pensionist, 61, verheiratet
»Ich bin seit meinem 15. Lebensjahr Alkoholiker.«

Sachbearbeiter, 30, verheiratet
»Ich halte nichts davon, Böses mit Bösem zu vergelten. Das ist ja auch selten anwendbar. So, wie man mit den anderen Familienmitgliedern auskommen muß, weil man in einer Wohnung zusammenlebt, muß man sich auch mit den Nachbarn arrangieren, solange man mit ihnen unter einem Dach lebt. Wenn mich jemand ungerecht behandelt, bemühe ich mich um eine Aussprache. Wenn das keine Lösung ergibt, gehe ich dieser Person eher aus dem Weg. Leider habe ich selten den Mut, jemand zur Rede zu stellen.«

Selbständige, 40, geschieden
»Im Jahr nach meiner Scheidung (25 Jahre Ehe) war ich voller Haß und Rache, das Böse in mir war übermächtig.«

Angestellte, 32, geschieden
»Nie vergesse ich das Leben mit meinem Mann. Die Schläge, den Hunger und seine ordinären Worte. Hätte ich arbeiten gehen dürfen, hätte ich Geld gehabt. Aber leider – es wurde mir verboten. So hatte ich das meinen Kinder erzählt, o Gott, nur Gewisses sagte ich ihnen, denn ob Sie es glauben oder nicht – die Angst werde ich nicht los.«

Beamter, 33, verheiratet
»Ich vergesse Unrecht nicht. Aber darum räche ich mich doch nicht.

Ich verzichte darauf, um Schlimmeres zu vermeiden, aber ich vergesse es nicht – dann würde ich aus Fehlern anderer nie lernen können.«

Hausfrau, 32, verheiratet
»Ich weiß, daß mein Mann in der Arbeit wie bei seinen Vergnügen alles mit Alkohol erreicht. Er weiß – ein Rausch und er ist am Ziel.«

Arbeiterin, 26, verheiratet
»Mit 18 Jahren das erste Kind, die ersten Schläge. Mit 20 Jahren das zweite Kind und dann geheiratet. Die Feier nach der Hochzeit fand seitens meines Mannes bei zwei Damen mit Wein und Schnaps im Bett statt. Dann die nächste, da brachte er Syphilis heim. Von der nächsten Filzläuse, dann kam eine verheiratete Frau nach der anderen. Schwanger, Abtreibung. Der Lohn, daß ich den Dreck, den er machte, reinige, sind Schläge, verbunden mit sieben Verletzungen – Kopf, Hand, Fuß, Darm: ›Wehe, du sagst, es ist von mir, dann weißt, was los ist!‹ Auch zwei schwere Vergewaltigungen ergingen über mich. Weinte ich vor Schmerzen, war seine Antwort: ›Werde hin, du Hund, oder mach's, wie ich es will.‹.«

Angestellter, 58, verheiratet
»Meine Frau hat nach der Scheidung vom ersten Mann ihre Berufstätigkeit wieder angenommen. Sie wünscht eine Putzfrau und einen Gärtner (der Garten ist ca. 1300 m^2 groß), monatlich mehrmals ausgehen, einige Wochenendfahrten im Monat und im nächsten Jahr eine größere Reise. Wir waren im letzten Jahr rund 90 Tage in Fernost/Australien/Neuseeland, was mich ein Vermögen kostete! Wir haben zwei Autos auf Kredit gekauft. Wenn meine Frau weiterarbeitet, ist wegen ihres Stresses unsere Ehe in Gefahr. Aber sie bekommt einfach nicht genug.«

Arbeiter, 46, geschieden
»Meine jetzige Freundin trinkt. Sie nimmt auch stark zu und verspielt das liebe Geld.«

Beamtin, 52, ledig
»Ich war ein sogenanntes Fürsorgekind. Von Liebe habe ich in meiner

Kindheit nichts erfahren (Klosterschule). Da war jede körperliche Betätigung Sünde. In der Pubertät hatte man mich beim Masturbieren ertappt, das brachte mir 14 Tage Einzelhaft oder Trennung von den Kindern, da ich ja ›schlecht‹ war. Die letzte Folge war Einweisung in die Psychiatrie wegen abnormer sexueller Betätigung, was zu dieser Zeit stimmte: Immer, wenn ich ungerecht behandelt wurde, habe ich mich mit der Hand getröstet und wurde daher als sexsüchtig bezeichnet.«

Trafikantin, 27, ledig
»In meinem Frust esse ich unheimlich viel und nehme ständig zu. Ich kann keinen Tag ohne Schokolade auskommen. Ich möchte mich, glaub' ich, mit dem Essen trösten. Denn das frühe Aufstehen nervt mich, mein Job frustriert, meine wenige Freizeit, keine Freunde... einfach alles! Ich möchte schon gerne abnehmen, aber ich schaffe es nicht. Hobbies kann ich ja nicht haben, also bleibt mir als einzige Freude nur das Essen.«

Arbeiter, 31, ledig
»Ich kann mich einfach nicht richtig durchsetzen. Schon in der Schule, wenn mich die anderen Kinder ausgespottet haben oder mir mit ihrem Benehmen Angst machten, konnte ich mich nur wehren, indem ich voller Wut blindlings zuschlug. Das änderte sich leider bis heute nicht. Immer wieder reize ich irgend jemand dazu, mich zu ›treten‹.«

Beamter, 53, verheiratet
»In unserem Land wäre es viel besser, wenn es strengere Strafen gäbe. Am besten die Todesstrafe. Ich wüßte, wie man den Menschen beibringt, anständig zu leben.«

Angestellter, 38, ledig
»Wenn ich mit jemandem spreche, kann ich dem anderen nicht in die Augen schauen. Ich werde dann fürchterlich nervös, fühle mich wie durchsichtig und werde rot.«

Arbeiter, 42, verheiratet
»Im Streit gelingt es meiner Frau immer wieder, mich auf die Palme zu bringen. Ohne daß ich es will, rutscht mir dann die Hand aus.«

Arbeiterin, 38, verheiratet
»Ich leide darunter, daß ich nach Streitereien mit meinem Mann mich nicht versöhnen kann. Auch sonst kann ich mich lange nicht beruhigen, wenn mich jemand schlecht behandelt hat. Immer wieder muß ich daran denken und bekomme eine mordsmäßige Wut.«

Beamtin, 30, verheiratet
»Ich bin das älteste Mädchen von vier Kindern. Mein Stiefvater ist Alkoholiker, früher Quartalsäufer, jetzt Spiegeltrinker, und er hat mich ab meinem 6. Lebensjahr einmal wöchentlich sexuell mißbraucht – nicht vergewaltigt – bis zu meinem 13. Lebensjahr! Jahre später sagte er noch, wie schön es war und daß er nichts bereue. Ich bin mit 16½ Jahren ausgezogen. Wenn ich meine Eltern besuche, verhalte ich mich zu meinem Vater ganz normal, weil ich es meiner Mutter und auch mir nicht antun möchte, die Vergangenheit aufzurollen. Mein Vater versucht natürlich nichts mehr bei mir, und ich weiß auch nicht, wie er jetzt darüber denkt. Ich glaube (ich bin mir sicher), daß ich deshalb Schwierigkeiten in der Liebe, mit dem Sex und mit dem Orgasmus habe (erreiche keinen). Er hat mir damit viele große Steine auf meinen Lebensweg gelegt.«

Arbeiterin, 49, verheiratet
»Ich bin seit ca. 3 Jahren medikamentenabhängig und glaube, daß ich dadurch meine Orgasmusfähigkeit verloren habe. Das Medikament brauche ich, da ich von einer inneren Unruhe befallen bin und Angstzustände habe, die wahrscheinlich bis in meine Kindheit zurückreichen.«

Angestellte, 27, ledig
»Ich habe einen Freund, der in Haft ist. Und zwar schlug und quälte er mich. Der Arzt, zu dem ich ging, machte die Anzeige und an Hand seiner Vorstrafen, 22 sind es, bekam er eine hohe Strafe. Aber dieser

Mann ist einfach der Beste für mich gewesen. So brutal und grausig gemein er war, so zärtlich und einfühlsam war er im Bett. Da er jetzt in Haft ist, fehlt er mir so. Er brachte mich nach Jahren so weit, daß ich einen Orgasmus bekam und das so richtig verspürte, wie nie zuvor. Jede Nacht kam er bis zu zwölfmal. Sex mit ihm ist einfach wunderschön. Ich träume noch immer davon, obwohl er schon vier Monate in Haft ist, nur mit ihm Sex zu wollen.«

Hausfrau, 39, verheiratet
»Mein Mann ist seit Jahren Alkoholiker. Es fällt mir schwer, darüber zu schreiben. Es kommt immer öfter vor, daß er von mir Sex verlangt, ich aber möchte mit ihm nichts mehr zu tun haben. Es geht ohnehin nichts mehr, trotzdem muß ich, ob ich will oder nicht. Hinterher gibt er mir die Schuld bei seinem Versagen.«

Angestellte, 25, verheiratet
»Wenn ich mich wehre, werde ich überaus aggressiv. Das schafft mir für kurze Zeit Frieden.«

Selbstbewußtsein, Schüchternheit und Angst

Selbstbewußtsein und Schüchternheit

Warum ist ein Mensch schüchtern und der andere nicht? Warum wird der »geborene Verlierer« durch seine Unsicherheit in eine schmerzhafte Isolation getrieben, während der andere immer strahlender Mittelpunkt ist?
Es gibt viele Erklärungsansätze dafür, wodurch ein Mensch Selbstsicherheit bzw. Unsicherheit entwickelt.
Nach Auffassung der Verhaltenslehre kann ein Kind »lernen«, schüchtern zu werden. Am einfachsten geschieht das, indem es sich unsicheres, schüchternes Verhalten von den Eltern ab-

schaut. Man kann aber auch Unsicherheit lernen, indem man sich als Kind erfolglos darum bemüht, in einer Welt, die von Erwachsenen beherrscht wird, Anerkennung zu finden. Ein Kind, dem Eltern immer zu verstehen geben, daß es »ohnedies unbedeutend / unerwünscht / dumm ist«, wird sich diese Lehre fürs Leben merken. Anstatt als Erwachsener selbstsicher aufzutreten und sich durchzusetzen, wird der Betreffende verunsichert und verkrampft darauf warten, irgendeinen gesellschaftlichen oder geistigen Schnitzer zu machen. Er hat seine Lektion, nämlich sich nichts zuzutrauen, brav gelernt.
Der Vorteil der behavioristischen (gelernten) Sichtweise der Unsicherheit und Schüchternheit liegt auf der Hand: Gelerntes Verhalten kann – zum Beispiel durch positive, verstärkende Erfahrungen, aber auch durch gezieltes Üben, wieder verlernt werden.
Die psychoanalytischen Erklärungen führen Unsicherheit auf eine Störung der Persönlichkeitsentwicklung zurück. Es war bereits von dem Zusammenspiel der drei Instanzen »Ich«, »Es« und »Über-Ich« die Rede. Diese drei Grundaspekte der Persönlichkeit bestimmen das Handeln eines Menschen: Die leidenschaftliche, triebhafte Seite wird vom »Es« vertreten. Das »Über-Ich« ist der Hüter der Moral. Das »Ich« vermittelt zwischen diesen beiden Aspekten und nimmt die Wirklichkeit wahr. Wenn das »Über-Ich« oder das »Gewissen«, das ein Kind durch die mahnende Haltung der Eltern bildet, zu streng und unerbittlich ist, kann das »Ich« nicht mehr handeln, ohne ständige strafende Sanktionen zu befürchten. In diesem Sinne ist Schüchternheit ein Symptom dafür, daß bestimmte Wünsche zwar vorhanden sind, aber nicht befriedigt werden dürfen.
Auch wenn die Einsicht unangenehm und sogar schmerzhaft ist, ist es doch so: Die Wurzeln der Sicherheit bzw. Unsicherheit liegen in der Kindheit. Ob Sie sich Menschen mit Lust oder Angst nähern, ob Sie sich Aufgaben energisch stellen oder diesen lieber aus dem Weg gehen, hängt von Kindheitserfahrungen ab,

die bis zum Geburtserlebnis zurückreichen können. Wenn Sie nun einwenden, daß keinem Kind eine mehr oder weniger dramatische Zurückweisung oder Strafe erspart bleibt, haben Sie recht. Aber ein einzelnes Trauma verursacht keine Persönlichkeitsstörung. Da muß in punkto Akzeptanz schon mehr schiefgelaufen sein.

Mit der Geburt muß der Mensch die schützende Geborgenheit des Mutterleibes aufgeben. Gleichzeitig entsteht der tiefe Wunsch, wieder diese Verbundenheit und Verschmelzung mit einem Menschen zu erleben. Das Streben nach Akzeptanz, nach dem Angenommenwerden bleibt ein zentrales Lebensthema.

Man darf ohne Übertreibung behaupten, daß es letztlich vom ersten Atemzug an darum geht, angenommen und akzeptiert zu werden. In der frühen oralen Phase müssen Nahrungs- und Beziehungshunger ohne »Wenn und Aber« gestillt werden. In der analen Phase müssen die Belohnungs- und Bestrafungsmaßnahmen für die Kontrolle der Ausscheidung in einem sinnvollen Einklang mit der elterlichen Liebe stehen. Die genitale Phase, in der das eigene Geschlecht entdeckt und der andersgeschlechtliche Elternteil begehrt wird, müssen die Versagungen angemessen sein.

Es ist kein Geheimnis, daß viele Eltern vor dem »ungezügelten«, grenzüberschreitenden Wesen eines Kindes, das die rechten Bahnen des Lebens eben noch nicht kennt und auch nicht befolgt, Furcht empfinden. Diese Furcht machen sie unbewußt zum Erziehungsmittel und pflanzen sie dem Kind ihrerseits ein: »Wenn du nichts leistest, wirst du nicht geliebt.« »Wenn du dieses oder jenes nicht tust, darfst du nicht mit uns rechnen.«

Die Angst vor dem Verlust der Liebe, Zuneigung und Anerkennung ist jederzeit zu aktivieren. Wer schon in frühen Jahren mit dieser Angst leben muß, wird sie später nur schwer ablegen und weder sich selbst noch seiner Umwelt Vertrauen entgegenbringen können.

Egal welchen Lebensabschnitt ein Kind gerade durchmacht – es sollte von den Menschen, auf die es angewiesen ist, um überhaupt überleben zu können, akzeptiert werden, so wie es ist. Ein Kind, dem die Eltern Schutz und Geborgenheit vermitteln und dem sie signalisieren, daß es trotz seiner Schwächen vorbehaltlos geliebt wird, wird mit großer Wahrscheinlichkeit ein selbstsicherer Mensch.

Die Reifung und Entwicklung des Menschen setzt voraus, daß ein Kind mit einem natürlichen Streben nach Selbstbehauptung und Durchsetzung ausgestattet ist. Dieses natürliche Potential kann durch positive Erfahrungen vergrößert und gestärkt und durch negative Erfahrung reduziert werden. Verstärkung führt in eine Plus-Spirale, Ablehnung in eine Negativ-Spirale. So einfach ist das. Und so folgenschwer. Denn auch der Mensch, der in eine Negativ-Spirale geraten ist, hungert nach positiven Erfahrungen. Was tut er also? Er vermeidet alles, was eine negative Erfahrung bedeuten könnte.

Während der Mensch, der positive Erfahrungen sammeln durfte, jede neue Aufgabe mit Selbstsicherheit und Schwung angeht, vermeidet der »Versager« neue Herausforderungen. Er vergleicht sich ständig mit den Menschen in der Plus-Spirale, drückt sich vor Kontakten, traut sich beruflich nichts zu und probiert nichts Neues aus. So wird sein Leben enger und enger, bis er womöglich gänzlich vereinsamt und, auf sich selbst zurückgeworfen, zum Eigenbrötler wird. Ein Mensch, der diesen Weg geht, erspart sich vielleicht die eine oder andere Enttäuschung, aber er bringt sich selbst um die Freiheit, sein Leben positiv zu erweitern und damit innere Ängste und Unsicherheiten nach und nach zu überwinden.

Nahezu jedes Kind wird von den Eltern – meist in bester Absicht und zum Wohle des Kindes – »zurechtgestutzt« und mit Liebesentzug bedroht. Dementsprechend müßte es ausschließlich selbstunsichere, erfolglose Erwachsene geben. Daß das zum Glück nicht der Fall ist, kann unter anderem mit der Theorie ALFRED ADLERS erklärt werden.

Adler ging davon aus, daß jeder Mensch von einem Gefühl der Unzulänglichkeit geleitet wird, aber dieses Gefühl ein »positives Leiden« ist. Das Minderwertigkeitsgefühl eines Menschen kann sich auf eine soziale, körperliche oder seelische Minderwertigkeit beziehen und drängt nach einer »Plus-Situation«. Sie haben sicher schon davon gehört, daß ein tatsächliches oder vermeintliches Defizit »kompensiert«, also durch besondere Anstrengung wettgemacht wird. Es ist vielleicht kein Zufall, daß es im Leben vieler erfolgreicher Menschen eine tatsächliche oder eingebildete Minus-Situation gibt, die überwunden werden wollte. Der Betreffende ist dann nicht trotz, sondern wegen seines vermeintlichen oder tatsächlichen Defizites besonders erfolgreich.
Ganz so simpel wie sie klingt, ist diese Rechnung aber nicht: Seelische Ausgeglichenheit kann nicht mit materiellem Erfolg gekauft werden. Oft ist das Gegenteil der Fall – extrem erfolgreiche Menschen sind seelisch nicht stabil. Insofern ist also nicht materieller Erfolg anzustreben, sondern der »Lebenserfolg« im Sinne von Ausgeglichenheit, Arbeits- und Liebesfähigkeit. Ein Mensch, der so viel innere Sicherheit erwerben konnte, daß er sich selbst und andere lieben kann, wird auf dem materiellen Sektor meist ganz von selbst Erfolg haben ...

Auswertung

Wie selbstbewußt sind die Österreicher?
Es wird oft behauptet, daß wir Österreicher an Minderwertigkeitsgefühlen leiden und »Komplexler« seien. Als Beweis dafür wird gerne angeführt, daß unsere Sportler noch so gut vorbereitet sein können – im entscheidenden Augenblick schmeißen sie oft die Nerven weg und versagen.
Wir wollten feststellen, ob diese Behauptung auf Wahrheit beruht. Drei Kategorien sollten über das Selbstvertrauen des Österreichers Auskunft geben: Die Kategorien »Hemmung«

und »Entwertung« einerseits und die Kategorie »Selbstvertrauen« andererseits. Warum diese Kategorien? Selbstunsichere Menschen sind oft auffallend schüchtern und gehemmt. Sie entwickeln schnell Schamgefühle und weichen Schwierigkeiten aus, weil sie Angst haben, zu versagen. Oder aber Unsicherheit und Hemmungen werden durch großspuriges, überhebliches, entwertendes Verhalten überspielt. Menschen dieses Schlages – wie Qualtingers legendärer »Herr Karl« – lassen an nichts und niemandem ein gutes Haar. Hinter solchen Entwertungen verbirgt sich oft unbändiger Neid.

Wer neidisch ist, entwertet andere

Im Gegensatz zur Rivalität, bei der Rivalen kämpfen, besser sein und siegen wollen, ist beim Neid nie von Erfolg, Ehre oder Ansehen die Rede. Neidische Menschen begehren nichts für sich – ihnen geht es vor allem um Zerstörung. Mit mißgünstigen, giftigen Herabsetzungen wollen sie anderen Menschen alles das kaputt machen, worauf diese stolz sind und worüber sie sich freuen.

Charakteristisch dafür ist die Beziehung, die Johann Nestroy und der – damals nicht weniger bekannte – Schriftsteller Moriz Gottlieb Saphir hatten: Die beiden bewunderten einander, blieben sich aber an neidischen Angriffen nichts schuldig. In einem Brief an Saphir schreibt Nestroy:

> »... die dumme Hartnäckigkeit, mit welcher Sie Gelungenes, Halbgelungenes und Mißlungenes von mir in gleichem Maße begeifern, hat das Publikum auf die Idee gebracht, als wären Sie auf jeden neidisch, der bisweilen einen witzigen Gedanken hat ... mir thut das in der Seele weh, wenn ich sehe, daß ein Mann, der der Welt weismachen möchte, er sei ein großer Mann, sich so übler Nachrede aussetzt, und so kleinlich niedrige Gefühle zur Schau trägt. Muß ich Sie deshalb nicht bedauern, Sie armer Mann? – Ferners blamiert Sie noch das

auf die auffallendste Weise; – Sie belfern seit Jahren meine Stücke an, wie ein bissiger, an einem Schiebkarren gefesselter Wäscherpintsch die Vorübergehenden. Und wenn mich nun Jemand fragte: ›Hat Ihnen dieser M. G. Saphir mit seinem jahrelangen Gebelle Schaden zugefügt?‹ So müßte ich offen und ehrlich antworten: Nein, auch nicht den geringsten! – Möge Ihnen dies der sprechende Beweis Ihrer kritischen Nichtigkeit sein, Sie lächerlicher Vomkunstrichterstuhlherabdieleutevernichtenwoller.« (Programm Burgtheater, 1989, S. 147)

Neider sind heimliche Bewunderer

Tatsache ist: Neidische Menschen bewundern heimlich das, was sie bei anderen entwerten.

Wenn man auf die Texte österreichischer Dichter, Liedertexter und Kabarettisten achtet, kommt man zu dem Schluß, daß Neid und Mißgunst die hervorstechenden Merkmale des Durchschnittsösterreichers sind. Ist Österreich also wirklich ein Hort des Neides? Ganz so schlimm ist es nicht. Aber Grund zu frohlocken gibt es auch nicht:

○ 21,5 Prozent der Befragten, also jeder fünfte Österreicher gibt zu, andere häufig zu entwerten

○ 17,1 Prozent gelten in ihrem Bekanntenkreis als überheblich

○ Etwa ein Drittel der Österreicher, nämlich 34,2 Prozent schätzt sich selbst als starrköpfig, eigensinnig und rechthaberisch ein.

Im Alltag wirken solche Menschen oft unbeherrscht, ungeduldig und geraten leicht in Wut. Ihre Tagträume werden von Größenvorstellungen beherrscht, und sie neigen mehr als andere zu Rachewünschen.

Der Gebärneid des Mannes

Auffallend ist, daß arrogante, selbstgefällige Züge bei Männern weitaus öfter auftreten als bei Frauen. Offenbar haben es Frauen nicht so nötig wie Männer, andere Menschen herabzusetzen,

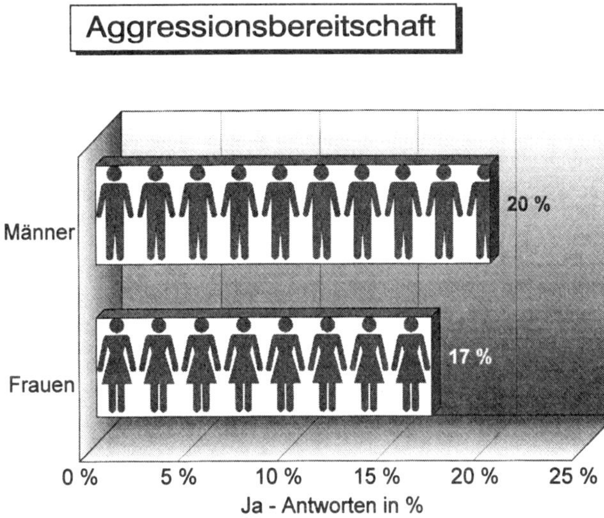

um ihre Größe und Macht zu unterstreichen. Fast scheint es, als ob der vielzitierte Neid der Frau eine Erfindung des Mannes sei. Aber warum sind Männer angriffslustiger als Frauen? Die Antwort liegt vermutlich in der stärker entwickelten Aggressionsbereitschaft des starken Geschlechtes. Es gibt psychologische Thesen, die die verstärkte Aggressionsbereitschaft der Männer mit dem Gebärneid erklären. Während die Frau durch ihre Gebärfähigkeit den Quell des Lebens in sich trägt, muß ein Mann seine Potenz immer wieder aufs Neue unter Beweis stellen. Der Gebärneid macht Männer angriffslustig und treibt sie dazu, ihr Unvermögen des Gebärens damit auszugleichen, daß sie sich anderswo, zum Beispiel im Beruf, Macht verschaffen.

Eine andere These erklärt die höhere Aggressionsbereitschaft des Mannes mit seinem höheren Testosteron-Spiegel. Männliche Hormone können also auch »Kriegs-Hormone« sein.

Österreicher zwischen dem 20. und 40. Lebensjahr, die sich ihren Platz im Leben noch nicht endgültig erkämpft haben, sind nicht zimperlich, wenn es darum geht, andere zu entwerten.

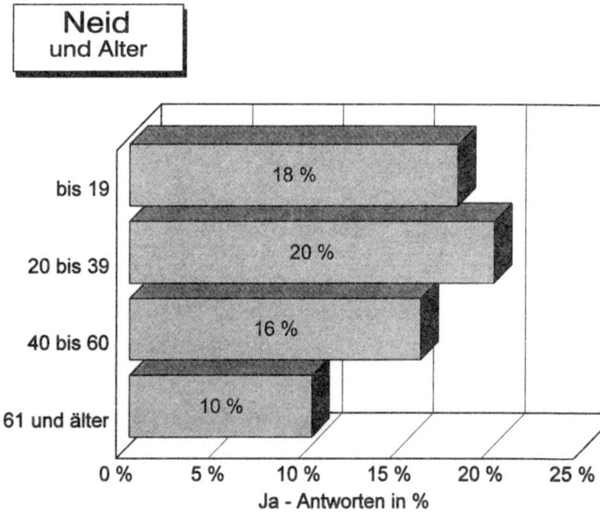

18 Prozent dieser Altersgruppe erhoffen sich persönliche Vorteile, indem sie andere herabsetzen. Bei den über Vierzigjährigen ist dieser Charakterzug nur noch bei 12,8 Prozent anzutreffen.

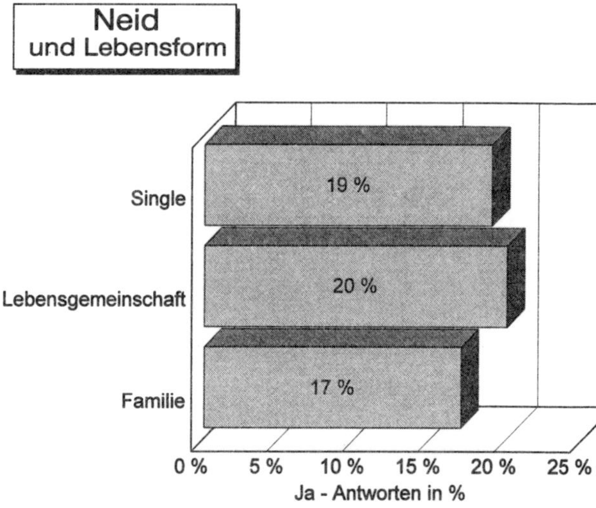

Mit den Jahren wird also der typisch österreichische Nörgler versöhnlicher...

Daß die Neigung zum Entwerten bei Frau und Herrn Österreicher abnimmt, sobald sie einen Partner gefunden oder eine Familie gegründet haben, überrascht kaum. Menschen auf Partnersuche ist oft jedes Mittel – auch das der Verunglimpfung – recht, um unliebsame Rival(inn)en aus dem Feld zu schlagen. Kein Wunder, daß jeder fünfte Single (19 Prozent) am gleichgeschlechtlichen Gegenüber kein gutes Haar läßt. Österreicher mit Kindern haben am wenigsten Freude daran, andere herabzusetzen. Kinder erlösen offenbar von der Angst vor der Vergeblichkeit des eigenen Lebenslaufes und damit von Neidgefühlen.

Neid ist der typische Mittelstandskomplex. Vor allem Maturanten ohne weiterführendes Studium sind von Neid gepeinigt (22 Prozent). Sie haben viel gelernt, ohne daß ihre Leistung im anschließenden Berufsleben honoriert wird. Besser geht es da ihren Fachschulkollegen, die mit der Schulausbildung gleichzei-

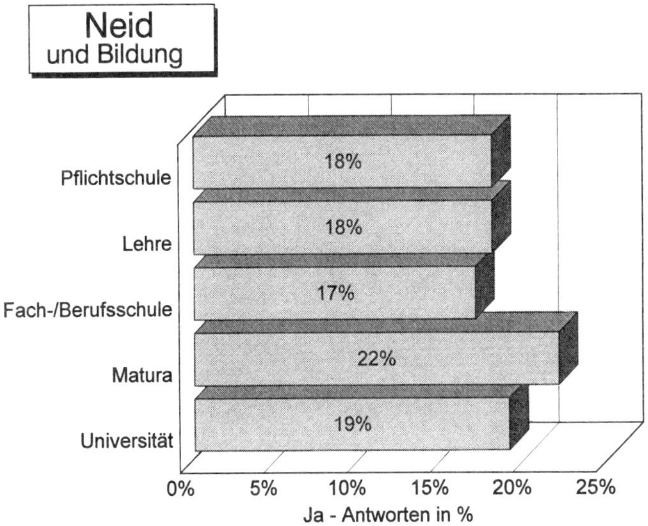

tig eine Berufsausbildung absolvieren. Mit 17,3 Prozent präsentieren sie sich weniger entwertend.
Ähnlich mißgünstig wie die Abgänger einer allgemeinbildenden höheren Schule stufen sich auch die Absolventen einer Lehre ein: Jeder 5. ist neidisch. Akademiker scheint es leichter zu fallen, andere gelten zu lassen.
Wenn Sie glauben, daß in Österreich Neid- und Entwertungstendenzen ein Privileg derjenigen sind, die schlecht verdienen, irren Sie. Die mißgünstigen Österreicher sind in der Einkommensklasse über S 30.000 zu finden! Hier sind Neid und Entwertung zu Hause. Wohlstand macht offensichtlich nicht selbstsicherer und toleranter. Im Gegenteil. Den Gehaltsempfängern zwischen S 10.000 und S 15.000 liegt Neid am fernsten. Stimmt womöglich der alte Volksglaube »Wer hat, der will noch mehr«? Ist es in Österreich leichter, mit weniger zufrieden zu sein als mit mehr?

Schüchternheit ist eine Volkskrankheit

Ist es um den Neid der Österreicher nicht ganz so dramatisch bestellt, so entpuppt sich schüchternes Verhalten als richtiggehende Volksneurose.
○ 36,4 Prozent leiden unter Hemmungen! Sie schämen sich leicht, trauen sich vieles nicht zu und haben große Schwierigkeiten, gelegentliche Rückschläge wegzustecken. Mehr als ein Drittel der Österreicher weichen Auseinandersetzungen aus, finden schwer Anschluß und fürchten Kritik. Aus Angst vor Zurückweisungen versuchen sie vieles erst gar nicht.
Daß gehemmte Menschen gleichzeitig ungeduldig und reizbar sind, unter Angstzuständen leiden und sich oft depressiv und antriebslos fühlen, paßt gut ins Bild. Das Sexualleben der schüchternen Österreicher ist natürlich alles andere als erfüllt: Ihre Wünsche und Sehnsüchte bleiben nicht selten ewig unerfüllt.
Die Ursachen für gehemmtes, schüchternes Verhalten sind ent-

weder in einer überbehütenden, erdrückenden oder in einer unterdrückenden, entmutigenden Erziehung zu finden. Ihren Eltern geben die Schüchternen keine guten Noten – sie werden als autoritär, beziehungsweise als kleinlich, überfürsorglich und besorgt beschrieben.

Der klassische österreichische »Schmäh« ist unterschwellig aggressiv distanzierend und verhindert, einander wirklich nahezukommen. Genau das ist das Ziel der weiblichen Kommunikation.

Daher rennt der berühmt-berüchtigte, »selbstbewußte«, österreichische Schmäh vor allem unter den österreichischen Männern. Die österreichischen Frauen sind deutlich zurückhaltender – 40,7 Prozent gegenüber 29,9 Prozent. Der Unterschied beträgt gute 10,0 Prozent! Das kommt nicht von ungefähr: Mädchen werden nach wie vor in der Kindheit stärker eingeschränkt als Buben. Was die Söhne dürfen, schickt sich für die Töchter noch lange nicht.

Zwischen 40 und 60 geraten die Österreicher in punkto Selbstsicherheit in eine Krise. Dahinter stecken u. a. die Angst, beruflich von den Jüngeren überrundet zu werden, die bevorstehende Pensionierung, die nachlassende Sexualität und Attraktivität. Dazu kommt, daß in unserem Kulturkreis das Altern tabuisiert wird.

Es ist kein Wunder, daß sich Ältere in einer profitorientierten Gesellschaft – nur das zählt, was Gewinn bringt – so oft als Menschen zweiter Klasse fühlen. Die Wertschätzung des Alters durch die Jugend ging verloren. Das Wissen, das die reifen Menschen früher weitergeben konnten, gibt es nicht mehr. Durch die Schnellebigkeit unserer Zeit sind die Erfahrungen, die sie gemacht haben, für die Jugend nur bedingt gültig.

Nestroy sah das voraus:

> »Mit der Zeit wird man alt, und im Alter geht gar nichts mehr. Ehemals wohl, da haben graue Haare gegolten, jetzt sind sie für den Dienstsuchenden nur die Garantie einer einschlägigen

Antwort: ›Was kann der alte Mann mir leisten, zu was lad' ich mir einen Pensionisten auf'n Hals?‹ – so kalkuliert unser merkantilistischer Zeitgeist. Das Alter ist nichts als Erfahrung, und die zählt nichts bei einer Generation, die nur Erfindung will. ›Neues! Frisches! ruft die Gegenwart, und das leistet nur die Jugend, die Kraft. Die Aussicht des Alters is dermalen keine andere als Bedauern, Spital und der Vorwurf: Warum hat der Mensch seine Epoche nicht besser benutzt?« (»Der Schützling«)

Der gehemmte Single

Obwohl wir in einer Single-Gesellschaft leben und die Singularisierung täglich zunimmt, haben die Alleinlebenden die stärksten Hemmungen (38,6 Prozent). Vielleicht wissen Sie selbst aus eigener Erfahrung, wie unangenehm es sein kann, wenn man als Single zum Abendessen eingeladen wird, und nur Paare anwesend sind. Man fühlt sich unerwünscht und als fünftes Rad am Wagen.

Vor allem Frauen – 40,5 Prozent, also fast jede zweite! – schämen sich noch immer, ohne Begleitung auszugehen. Nicht zu Unrecht, denn es wird nach wie vor gemunkelt: »Die hat sicher keinen gefunden.« Daß Single-Frauen in Lokalen von Männern als Freiwild angesehen werden, ist keine Erfindung rabiater Feministinnen, sondern Alltag in Österreich.

Wissen ist Macht

»Je geringer die Bildung, desto massiver die Hemmung.« Auf diese einfache Formel läßt sich der Einfluß der Schulbildung auf schüchternes Verhalten bringen. Die Hälfte der österreichischen Pflichtschulabsolventen leidet unter Hemmungen und mehr oder weniger schwer ausgeprägten Schamgefühlen! Sie gehören in Österreich zu den unsichersten Menschen. Die Gründe der mangelnden Selbstsicherheit liegen auch hier in der Kindheit. Unsere Studie zeigt, daß Österreicher mit Pflichtschulabschluß

am häufigsten auf ein unterstützendes, liebevolles Elternhaus verzichten mußten. Ihre Erziehung war durch Kränkungen und Beschimpfungen gekennzeichnet, und sie fühlten sich in der Kindheit am einsamsten und traurigsten.
Die Akademiker bestätigten wieder einmal das geflügelte Wort »Wissen ist Macht«. Mit 27,7 Prozent gegenüber 49,5 Prozent der Pflichtschüler sind sie wesentlich seltener schüchtern oder gehemmt.
Interessant ist auch, daß Österreicher mit höherem Einkommen die geringsten Hemmungen haben (20,8 Prozent). Damit stehen sie im krassen Gegensatz zu den Menschen mit niedrigem Verdienst, bei denen Hemmungen besonders stark ausgeprägt sind (44,5 Prozent). Wie heißt es doch so treffend? Geld macht zwar nicht glücklich, aber es beruhigt – und es stärkt das Selbstvertrauen.

Jeder fünfte Österreicher ist von sich überzeugt

21 Prozent der Österreicher verfügen über ein hervorragendes, 57 Prozent immer noch über ein gutes Selbstbild. Sie beschreiben sich als begabt, aufgeschlossen und kreativ. Darüber hinaus halten sie sich für selbständig, lassen sich von schwierigen Aufgaben gerne herausfordern und interessieren sich für die Vorgänge in der Welt. Sie halten sich beruflich am laufenden und sind mit ihrer beruflichen und gesellschaftlichen Position zufrieden. Ob die euphorische Selbsteinschätzung auch immer mit der Wirklichkeit einhergeht?

Die benachteiligte Frau

Daß die österreichischen Männer selbstbewußter als die Frauen sind, ist keine Überraschung. Die Gründe dafür kamen bereits mehrfach zur Sprache: Weibliche Säuglinge werden von Müttern benachteiligt. Auch in der späteren Entwicklung bekommen die Stammhalter sowohl von ihren Müttern als auch von ihren Vätern mehr Anerkennung und Bestätigung.

Die offensichtliche Benachteiligung der Frau reicht bis in die Anfänge menschlicher Kultur zurück. Schon bei den Shang-Chinesen 1650 v. Chr. wurde für Knaben das Wort »gut« und für Mädchen das Wort »nicht gut« verwendet. Bedauerlicherweise hat sich an dieser Einstellung dem weiblichen Geschlecht gegenüber bis zum heutigen Tag nicht viel geändert. Auch in Österreich nicht.

Wenn Österreicher einmal das Pensionsalter überschritten haben, fühlen sie sich wesentlich ungebundener und freier als arbeitende Menschen: 90 Prozent der Älteren empfinden so gegenüber 72,4 Prozent der Jüngeren. Ein anderer Grund, warum sich so viele Ältere unabhängiger als Jüngere einschätzen, ist der Verlust des Lebenspartners, der mit zunehmendem Alter immer häufiger eintritt. Aber in diesem Fall ist die Unabhängigkeit nicht freiwillig. Sie geht oft mit Gefühlen der Einsamkeit, Leere und Isolation Hand in Hand.

In unserem Fragebogen beschreiben sich die jungen, ungebundenen Österreicher mit 85,2 Prozent als unabhängig und selbstsicher. Sie brauchen auch viel Selbstvertrauen, denn sie müssen ihren Platz im Leben noch festigen. Ganz im Gegensatz zu den Familienmenschen (75,4 Prozent). Denn auf deren Schultern lastet neben der beruflichen auch die Verantwortung für den Lebenspartner und vor allem für die Kinder. Wen wundert es daher, daß sich Familienmenschen unfreier und abhängiger fühlen als Alleinstehende oder Personen in Lebensgemeinschaften ohne Kinder.

Gemessen am Bildungsgrad neigen 65,9 Prozent der Pflichtschulabsolventen im höchsten Maße zu Abhängigkeit. Die Sicherheit, die sie in sich selbst nicht finden können, suchen sie oft bei anderen. Aber mit ihren grundlegenden Bedürfnissen nach Schutz und Versorgung überfordern sie oft ihre Partner. Das ist erst recht der Fall, wenn diese ganz ähnliche Sehnsüchte haben wie sie selbst.

Auch in der Arbeit führen Pflichtschulabsolventen sehr oft

untergeordnete Tätigkeiten aus. Selbstbewußte Persönlichkeiten sind in diesem Fall nicht erwünscht. Hier heißt es tun, was angeschafft wird, ohne viel zu fragen.

Geld regiert die Welt

Im Gegensatz dazu sind 91,6 Prozent der Akademiker extrem selbstsicher und unabhängig. Der erworbene »Geistesadel« stärkt das Selbstbewußtsein offenbar so sehr, daß Akademiker in unserem »Land der Titel« und »Land der Ämter« leichter leben und angesehener sind als andere. Jeder, der schon einmal im Kaffeehaus mit »Herr/Frau Doktor« oder »Herr/Frau Professor« angesprochen wurde, weiß, daß die österreichische »Titelitis« keine realitätsferne Erfindung von Kabarettisten, sondern alltagsbestimmend ist.

Daß Selbstsicherheit und Unabhängigkeit mit der Höhe des Bankkontos zunehmen, ist einleuchtend. »Geld kann vieles in der Welt«, stellte schon Ferdinand Raimund fest. Auf jeden Fall

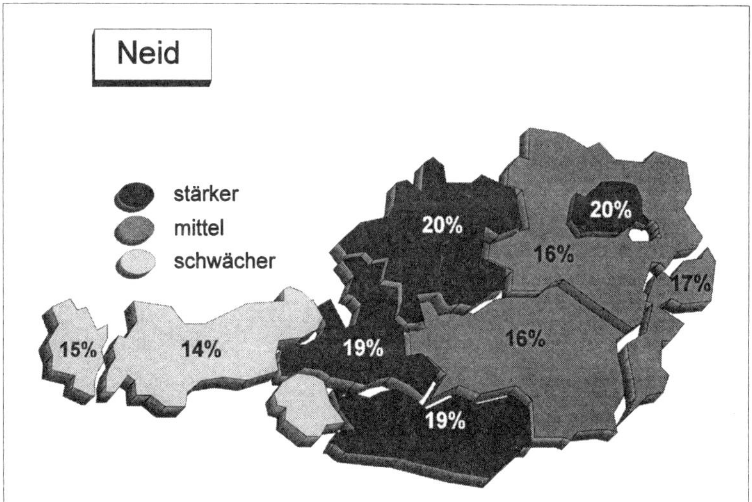

stärkt es das Selbstbewußtsein. Nur etwas mehr als 60 Prozent derjenigen, die unter S 10.000 verdienen, aber an die 90 Prozent der Spitzenverdiener verfügen über ein entsprechendes Selbstbewußtsein.
Unsere Untersuchung zeigt, daß in Oberösterreich, Wien, Salzburg und Kärnten die Bürger am deutlichsten dazu neigen, andere herabzusetzen. In den katholischen Hochburgen Tirol und Vorarlberg ist der Neid am schwächsten ausgeprägt.
Im Bundesländervergleich erweisen sich die Burgenländer, Salzburger, Kärntner, Steirer, Ober- und Niederösterreicher eher als schüchtern. Die Wiener, Vorarlberger und Tiroler beschreiben sich als am wenigsten gehemmt. Als unabhängig, begabt, kreativ und aufgeschlossen bezeichnen sich vor allem die Kärtner und die Wiener. Die Burgenländer, Salzburger und Vorarlberger verfügen diesbezüglich über weniger.

Phobie und Depression

Einer Frau, die nachts in einer einsamen Gasse Schritte hinter sich hört, stockt der Atem.
Ein junger Mann wird in einem Lokal von Rowdies angepöbelt und bekommt Herzklopfen.
Daß ein Mensch bei realer Bedrohung Furcht empfindet, ist nicht verwunderlich. Aber auch unheilbare Krankheiten, drohende Arbeitslosigkeit und hohe Schulden können Ursachen für peinigende Angstzustände sein. Solche Ängste werden von Psychologen »Realängste« genannt, weil ihnen eine sichtbare, reale und für jeden nachfühlbare Bedrohung zugrunde liegt.

Phobien

Obwohl Kinderängste weniger realistisch sind, lassen sie sich ebenfalls gut nachvollziehen. Jeder weiß, daß Kinder zwischen Realität und Phantasie, zwischen Innen- und Außenwelt noch nicht so gut unterscheiden können. Darüber hinaus fürchten sie sich, wenn sie alleine gelassen werden. Diese Angst ist im Kindesalter keine Seltenheit. Im Gegenteil. Die Vorstellung, die Mutter auch nur für eine Zeitlang entbehren zu müssen, gehört zu den Grundängsten des Menschen. Schließlich behütet eine Mutter ihr Kind nicht nur vor den realen Gefahren des Lebens. Ihre Anwesenheit schützt ein Kind eben auch vor den eingebildeten, ungreifbaren, daher aber um so unheimlicheren, erschreckenden Bedrohungen: Dem »schwarzen Mann«, wilden Tieren, grauenvollen Gespenstern, dämonischen Hexen, Ungeheuern oder anderen Schreckgestalten. Die Verlassenheitsangst kleiner Kinder wird auch Trennungsangst genannt. Sie ist die früheste, bei weitem aber nicht die einzige Angst, die Menschen peinigt.

Neben den Realängsten und den Kinderängsten gibt es noch eine dritte Kategorie von Ängsten, deren Ursache für viele im dunkeln liegt. Denken Sie doch nur an die unangemessenen Ängste vor engen Räumen, weiten Plätzen, vor Fahrten mit der U-Bahn, Sesselliften, Seilbahnen, bestimmten Tierarten wie z. B. Spinnen, Schlangen etc., vor Höhen, Krankheiten oder an unvermittelt auftretende Panikattacken ohne ersichtlichen äußeren Anlaß.

Kein Wunder, daß Psychologen, Mediziner und Philosophen dem Phänomen der Angst so große Aufmerksamkeit schenken. Auf den ersten Blick haben die scheinbar unbegründeten Angstzustände – im Fachjargon »Angsthysterien« oder »Phobien« – große Ähnlichkeit mit Kinderängsten. Aber im Gegensatz dazu sind die angstvollen Vorstellungen Erwachsener keine reinen Phantasieprodukte.

Menschen, die Brücken meiden, werden zum Beispiel mit Fug und Recht darauf hinweisen, daß die Reichsbrücke ja wirklich eingestürzt sei. Dennoch muten die meisten dieser Ängste übertrieben an: Im Normalfall kann man darauf vertrauen, daß Brücken nicht einstürzen. Angstkranke verwechseln ganz offensichtlich die Möglichkeit, daß ein Ereignis eintreten kann, mit der Wahrscheinlichkeit, daß es tatsächlich geschieht.

FREUD fand heraus, daß Menschen auf eingebildete Gefahren ganz ähnlich reagieren wie auf real gegebene: Sie wollen flüchten. So sehr sich dieser Fluchtmechanismus bei äußeren Gefahren bewähren mag, so untauglich ist er gegenüber inneren Gefahren. Aber was kann uns »von innen« schon gefährden, werden Sie jetzt fragen. Es sind vor allem verdrängte Wünsche, auf deren Erfüllung wir unter dem Druck der gesellschaftlichen Anforderungen verzichten mußten und müssen. FENICHEL (1987) geht sogar soweit zu behaupten: »... wovor einer sich ängstigt, das wünscht er unbewußt herbei.«

Kinder lernen schon früh, daß es besser ist, bestimmte triebhafte Verhaltensweisen zu unterlassen. Wenn z. B. ein zweijähriges Kind auf dem Wickeltisch liegt und der Mutter ungezügelt und lustvoll in den Bauch tritt, erntet es mit diesem Verhalten sicher nicht die liebevolle Bestätigung wie sonst. Um sich die Liebe der Mutter zu erhalten, wird also das Kind sein ungestümes Gebaren unterdrücken. Das heißt aber noch lange nicht, daß auch der Wunsch danach für immer beseitigt ist.

Es gehört nicht viel Phantasie dazu, sich auszumalen, daß es unzählige Wünsche gibt, deren Befriedigung wir zugunsten unserer Gemeinschaftsfähigkeit nur »zurückgestellt« haben. Feindselige Regungen und verbotene sexuelle Begierden werden aus dem Bewußtsein verbannt und unterliegen – wie FREUD es nannte – der Verdrängung. Dieser psychische Mechanismus ist nichts anderes als das reale Fluchtverhalten in der Außenwelt.

In Anlehnung an FREUD können Sie sich diesen Vorgang in einem bildhaften Vergleich etwa so ausmalen: Ein Betrunkener beginnt in einer Gaststube zu randalieren. Daraufhin wird er von den übrigen Gästen unsanft aus dem Raum gedrängt. Die Tür wird hinter ihm verschlossen, und die Verbleibenden meinen, nun endlich wieder Frieden zu haben. Aber der Störenfried will sich mit seinem Rausschmiß nicht abfinden. Er trommelt mit den Fäusten gegen die versperrte Tür. Damit signalisiert er nicht nur seine fortwährende Anwesenheit, sondern auch seine unverbrüchliche Absicht, zurückzukehren, sobald die Tür nachgibt.

Auf den Punkt gebracht, heißt das: Angstkranke fürchten in bestimmten Situationen, die Kontrolle über ihre verdrängten Wünsche zu verlieren. Allen Ängsten gemeinsam ist daher die Angst vor dem Kontrollverlust. »Angst wird hier nur in Situationen empfunden, auf die jemand, der nicht gehemmt ist, entweder mit sexueller Erregung oder mit Wut reagieren würde« (FENICHEL, 1975).

Ein Mensch mit einer Phobie will also die Herrschaft über seine unterdrückten sexuellen oder aggressiven Regungen behalten. Er projiziert seine inneren Konflikte nach außen, und zwar in Situationen, in denen es ihm gelingt, das, was er fürchtet, zu vermeiden. Stellen Sie sich dazu einen Diaprojektor vor und die Leinwand, auf die die Bilder geworfen werden. Der Angstkranke ist der Projektor, die Umwelt die Projektionsfläche. Daher eignen sich äußere Bedingungen, die die Kontrollmöglichkeiten einschränken, so gut als Auslöser für Angstanfälle.

Kein Phobiker glaubt ernsthaft, daß Brücken einbrechen, Flugzeuge, Seilbahnen oder Sessellifte abstürzen könnten. Die Angst vor engen Räumen ist nur »vorgeschoben«. Tatsächlich fürchten Phobiker Situationen, aus denen sie nicht jederzeit »flüchten« können. Sie werden zum Beispiel in U-Bahnen, Eisenbahnen oder Bussen deswegen von Angst überwältigt, weil sie nicht immer dann aussteigen können, wenn sie es wollen. Aus demselben Grund meiden sie im Kino oder Theater Innenplätze und Warteschlangen in Supermärkten treiben ihnen den Schweiß aus den Poren.

Sogar bei den sogenannten Höhenängsten geht es in Wirklichkeit um die Angst vor dem Kontrollverlust. Die innere Versuchung, »loszulassen«, sich »fallen zu lassen«, wird hier direkt auf die Außenwelt übertragen.

Ängste können sich auch in Form von Hemmungen äußern. Diese Hemmungen können die gesamte Persönlichkeit oder nur einzelne Verhaltensweisen, z. B. die Kontaktaufnahme betreffen. Gehemmte oder schüchterne Menschen haben es schwer. Sie haben Schwierigkeiten, im Zusammensein mit anderen das Wort zu ergreifen. In Gesellschaft sitzen sie meist stumm da und fürchten nichts mehr, als angesprochen zu werden. Passiert das doch, werden sie rot und wissen nicht, was sie antworten sollen. Am liebsten würden sie fluchtartig den Raum verlassen. Ihre Redehemmung führt in den meisten Fällen dazu, daß sie Geselligkeiten meiden und oft völlig isoliert leben.
Viele Frauen und Männer sind sexuell frustriert und einsam, weil sie Hemmungen haben, Menschen des anderen Geschlechts anzusprechen. Obwohl sie nichts sehnsüchtiger wünschen als das! Haben sie sich endlich einmal durchgerungen, einen Versuch zu wagen, haben sie Herzklopfen, der Mund wird trocken und die Kehle ist wie zugeschnürt. Nicht wenige Alkoholiker haben deshalb zum Glas gegriffen, weil sie schüchtern und gehemmt sind.
Auch wenn die Erklärung für unbegründete Ängste unbequem klingt und von vielen Menschen nicht gerne akzeptiert wird, sind sie – zumindest nach Auffassung der Psychoanalyse – immer ein Hinweis für unausgelebte Wünsche, die aus dem Unbewußten nach Erfüllung drängen. Die Verhaltenslehre ist der Auffassung, daß dieses unangemessene Verhalten einmal in einer bestimmten Situation auftritt und durch Reizkoppelungen genauso »gelernt« wird, wie angemessenes Verhalten.
Aber gehen wir von der seit vielen Jahren vertretenen psychoanalytischen Angsttheorie aus, nämlich daß hinter unangemessenen Ängsten verdrängte Wünsche oder Impulse stecken. Was dann?
Wenn Sie sich Ihren heimlichen Wünschen stellen, werden Sie dabei auch die weniger schönen Seiten Ihrer Seele entdecken – und vielleicht akzeptieren. Sobald diese Schattenseiten der Seele

einmal bewußt sind, können Sie recht gut mit ihnen leben: Jetzt haben Sie sie ja wirklich unter Kontrolle. Darüber hinaus stärkt die Bewältigung von Ängsten das Selbstbewußtsein und fördert die persönliche Reife.
Der Wiener Allrounder André Heller bringt in seinem Angstlied beide Möglichkeiten, mit der Angst umzugehen – zu flüchten oder sich ihr zu stellen – auf den Punkt:
»Es gibt eine Angst, die macht klein. Die macht einen krank und allein. Und es gibt eine Angst, die macht klug. Mutiger, freier vom Selbstbetrug...«

Depressionen
Die Depression wird nicht zu Unrecht das »Leiden des 20. Jahrhunderts« genannt: Jeder Mensch war oder wird einmal depressiv (niedergedrückt). Diese ›normale‹ Depression ist aber situationsspezifisch und vorübergehend. So können zum Beispiel Liebeskummer, chronische Frustration oder Streß zu einer Depression führen, die mit Behebung der Ursache ein Ende hat. Auch scheinbar ›ohne Grund‹ kann es zu einer Depression kommen. Man nimmt an, daß auch biochemische Faktoren mitverantwortlich sind. Wenn die niedergedrückte Stimmung (Depression) chronisch und in schwerer Form verläuft (Realitätsverlust, Schlafstörungen, das Gefühl von Wertlosigkeit, negative Erwartungen, Selbstvorwürfe, Selbstmordgedanken, Verlust sexueller und allgemeiner Interessen), ist therapeutische Hilfe notwendig.
In der sogenannten »biologischen Rückbildungsphase« zwischen dem 45. und 50. Lebensjahr kommt es gehäuft zu Depressionen. Entlastende Situationen – zum Beispiel das Fertigstellen eines Hauses oder der Studienabschluß des Sohnes und sein Weggehen vom Elternhaus – können eine Depression auslösen. Träume sind ausgeträumt, man muß sich mit dem abfinden, was man hat, und man muß mit Verlusten leben lernen. In dieser Lebensphase sterben Eltern, der eine oder andere Freund, viel-

leicht sogar der Partner – oder er geht eigene Wege. Diese Verluste von Menschen, aber auch Verluste, die die eigene Person betreffen (Attraktivität, Fortpflanzungsfähigkeit usw.) lösen häufig Ängste aus.
Diesen Ängsten sollte man sich stellen und nicht versuchen, ihnen mit Mechanismen auszuweichen. Auch ausgelebte Trauer über Verluste jeder Art hilft, Depression zu beenden. Jedes »Fluchtverhalten«, egal ob nun bei Ängsten oder in Situationen der Trauer, begünstigt eine chronische Depression! Gelingt es nicht, sich einer Angst oder einer Trauersituation zu stellen, sollte man therapeutische Hilfe in Anspruch nehmen.

Auswertung

Jedem zehnten Österreicher sitzt die Angst im Nacken. Manchmal sind es dumpfe, inhaltslose Angstzustände, die völlig unvermittelt, scheinbar aus heiterem Himmel hervorbrechen. In anderen Fällen handelt es sich um Panikattacken, die von körperlichen Symptomen wie Herzrasen, Urinflut, Schwindel- oder Ohnmachtsgefühlen begleitet werden. Viele Angstkranke entwickeln sogar Ängste vor den Angstzuständen. Die Angst vor der Angst kann soweit gehen, daß die Betroffenen sich weigern, ihre Wohnung zu verlassen. Depressionen gehen ebenfalls häufig mit Angstzuständen einher. Dabei handelt es sich meist um unbegründete Existenz- und Zukunftsängste.

Frauen sind ängstlicher
Ängste sind oft an äußere Umstände geknüpft: Sie treten in engen Räumen, auf freien Plätzen, Brücken oder angesichts bestimmter Tierarten wie Spinnen, Schlangen, Ratten etc. auf. Manchmal steigern sich Ängste zu Panikattacken.
11,1 Prozent der Österreicher leiden unter unbestimmten Ängsten. Sie sind bedrückt, pessimistisch und Zauderer. Für die

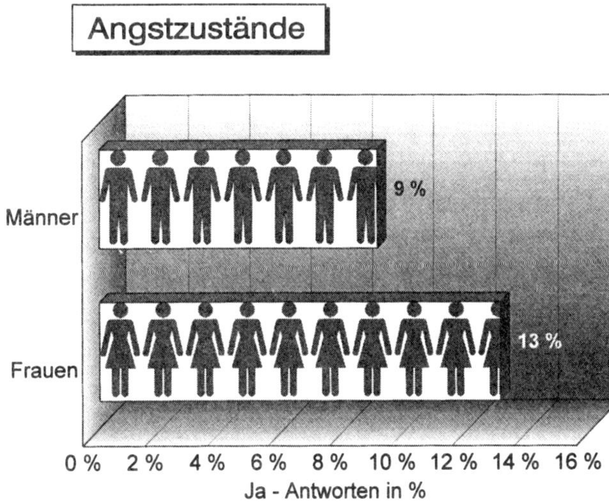

Zukunft sehen sie schwarz. Ihr auffallendster Charakterzug: Sie sind schüchtern, gehemmt und extrem suchtgefährdet.
Menschen mit Ängsten sind unfähig, Aggressionen zuzulassen. Ihre Phantasien sind von Krankheit und Tod beherrscht.
Männer (8,5 Prozent) leiden seltener an Angstzuständen als Frauen (12,8 Prozent). Nach der Freudschen Triebtheorie hängt diese Tatsache mit der stärkeren Triebeinschränkung der Frauen zusammen. Vielleicht sind die verstärkten weiblichen Ängste aber auch historisch zu erklären.
In unserer Entwicklungsgeschichte haben und hatten die Männer nicht die Last der Kinderaufzucht zu tragen. Dafür waren sie auf Grund ihrer stärkeren körperlichen Ausstattung diejenigen, die Gefahrensituationen entgegentraten. Dieses archaische Verhaltensmuster ist nach wie vor in unseren Genen verankert. Die Frau ist die Lebensspenderin, diejenige, die den Fortbestand der Spezies sichert. Um diesen Fortbestand nicht zu gefährden, hat sie durch Millionen Jahre hindurch gelernt, Angst als Gefahrensignal aufzufassen und sich in Sicherheit zu bringen.
Der Zusammenhang zwischen der Frau als Lebensspenderin

und ihrer daraus resultierenden Angstneigung wird bereits in einem Bibelspruch festgehalten: »Ihm wird so angst und bange werden wie einer Frau in Kindsnöten« (Jeremias).
Darüber hinaus wird ein gewisses Angstverhalten von Frauen geradezu erlernt. Etikettierungen wie »männlicher Mut« und »weibliche Angst« entstehen durch bestimmte Verhaltensweisen, die Erwachsene Babies und Kleinkindern gegenüber zeigen. Der ängstliche Blick, den eine Mutter oder ein Vater auf ein kleines Mädchen wirft oder der ermutigende Blick, der auf einen kleinen Jungen in einer bestimmten Situation geworfen wird, die Art und Weise, wie mit einem kleinen Mädchen und einem Jungen gesprochen wird – all dies sind die Kriterien für spätere Wachstumsmuster und Verhaltensweisen.
Frauen sind auch deshalb ängstlicher, weil Ängste durch Überforderung entstehen können und Frauen heute mehr denn je überfordert sind, bzw. sich selbst überfordern.
Die Angst nimmt mit dem Alter zu. Nur 6,9 Prozent der Jugendlichen unter 19, aber 12,9 Prozent der 40- bis 60jährigen klagen über Angstzustände. Kein Wunder – der eigene Tod bekommt mit den Jahren zunehmend Realität. Daß ältere Menschen ihre Zukunft nicht mehr ganz so rosig sehen wie junge und daß sich ihre Gedanken häufiger um Krankheit oder Tod drehen, liegt auf der Hand.

Weniger Sex – viel Angst

Unabhängig davon besteht allerdings auch ein starker Zusammenhang zwischen der Zunahme von Ängsten und der nachlassenden Sexualität nach dem 40. Lebensjahr. Die große Zahl der Alleinstehenden in der Altersgruppe der 40- bis 60jährigen, die kein regelmäßiges Sexualleben haben, verzerren das Ergebnis daher leicht. Daß Singles mit 15,1 Prozent zu den ängstlichen Österreichern gehören, kommt nicht von ungefähr. Ungebundene Angstzustände kommen in Familien am seltensten vor (10,2 Prozent).

Auch deutliche schichtspezifische Unterschiede lassen sich feststellen. Menschen mit geringer Bildung (18,5 Prozent) und niederem Einkommen (14,5 Prozent) neigen vermehrt zu Angstzuständen.

Jeder zehnte Österreicher hat eine Phobie

10,3 Prozent der Österreicher leiden unter krankhaften Ängsten vor bestimmten Situationen oder Lebewesen. Sie fürchten sich vor engen Räumen, benützen nur ungern Aufzüge, Sessellifte oder Brücken. In ihren Träumen peinigen sie Vorstellungen, in denen sie die Kontrolle zu verlieren drohen. Oder sie werden von Schlangen, Spinnen etc. in Angst und Schrecken versetzt. Auch im Wachleben fürchten sie Situationen, die sie nicht kontrollieren können (z. B. Flüge, Bahnfahrten). Nach außen erscheinen sie gespannt und getrieben. Sie haben es schwer, ihre Wünsche auszudrücken oder sich für eine Sache zu entscheiden. In diesem Fall überlassen sie die Entscheidung (»Sag du, was du willst«) gerne anderen. Wie zu erwarten, ließen sich geschlechtsspezifische Unterschiede nachweisen: Frauen klagen über Phobien weitaus öfter (14,5 Prozent) als Männer mit 3,9 Prozent.

Wie die »ungebundenen« Ängste, also Ängste ohne deklariertes Ziel, treten auch die phobischen Beschwerden gehäuft (12,4 Prozent) in der Altersgruppe der 40- bis 60jährigen auf (im Vergleich zu 3,7 Prozent bei den unter 19jährigen). Unter ihnen leiden vor allem Familienmenschen (11,3 Prozent), dagegen nur 9,1 Prozent der Singles.

Geheime Trennungswünsche machen Angst

Dieses fürs erste »unerklärliche« Ergebnis ist leicht zu deuten: Die erotische Anziehung in langen Partnerschaften läßt häufig nach. Dementsprechend steigt die Sehnsucht nach anderen sexuellen Kontakten. Diese Spannung führt häufig zu Trennungswünschen. Aber heimliche Trennungswünsche gefährden eine bestehende Beziehung und setzen Ängste frei. Das ist vor allem dann der Fall, wenn eine starke Abhängigkeit zwischen den Partnern besteht. Je stärker der sexuell motivierte verdrängte Trennungswunsch wird, desto stärker werden die daraus resultierenden Trennungsängste.

Phobische Beschwerden treten in der Unterschicht öfter auf. Unter ihnen leiden 20 Prozent der Pflichtschulabsolventen (im Vergleich zu 5,9 Prozent der Akademiker) und 16 Prozent der Menschen mit niedrigem Einkommen (im Vergleich zu 4,5 Prozent der Spitzenverdiener). Auch hier zeigt sich wieder, daß die Angst als Symptom vom Ausmaß der Triebspannung abhängt – in der Unterschicht gelingt es nicht so leicht, Triebe auf andere, z. B. kulturelle, Ziele zu lenken.

Bei den allgemeinen Ängsten sind die Burgenländer, Vorarlberger, Kärntner und Wiener Spitzenreiter. Die Steirer und Salzburger werden hingegen weniger von Ängsten geplagt.

Phobische Ängste treten ebenfalls im Burgenland (15 Prozent) am häufigsten auf. Danach folgen die Tiroler (13,1 Prozent) und die Steirer (11,5 Prozent). Die Vorarlberger (8,8 Prozent), Oberösterreicher (9,5 Prozent), Niederösterreicher (9,7 Prozent) und Wiener (10 Prozent) geben solche Ängste seltener an. Es scheint so, als würden phobische Ängste ansteigen, wenn im gleichen Maße ungebundene Ängste eine rückläufige Wendung nehmen.

Nach der Lebensmitte kommt oft die Depression

Die sprichwörtliche Schwermut gibt es wirklich und jeder Zehnte der Befragten leidet an depressiven Symptomen. Gefühle der Leere und Sinnlosigkeit fallen genauso darunter wie Antriebslosigkeit, Zukunftsängste, Bedrücktheit und Schlafstörungen. Bestimmte Formen der Depression können sich auch in Angstzuständen äußern. Charakteristisch für Depressive ist, daß sie die Welt durch einen Graufilter sehen.

Auch die Annahme, daß Frauen depressiver gestimmt seien als Männer, wird durch unsere Untersuchung bestätigt.

Von den österreichischen Frauen leiden 13,4 Prozent an depres-

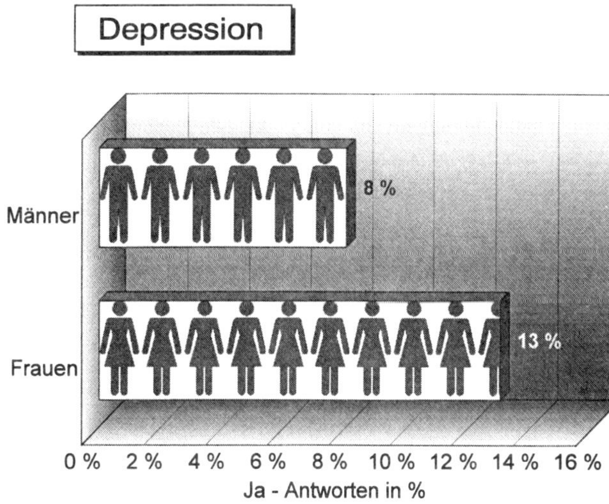

siven Verstimmungen. Bei den Männern sind es nur 8 Prozent – das ist jeder fünfte. Unsere Studie zeigt auch altersspezifische Unterschiede: Die meisten Depressionen gibt es in der Altersgruppe der über 40jährigen. In diesem Lebensabschnitt verlie-

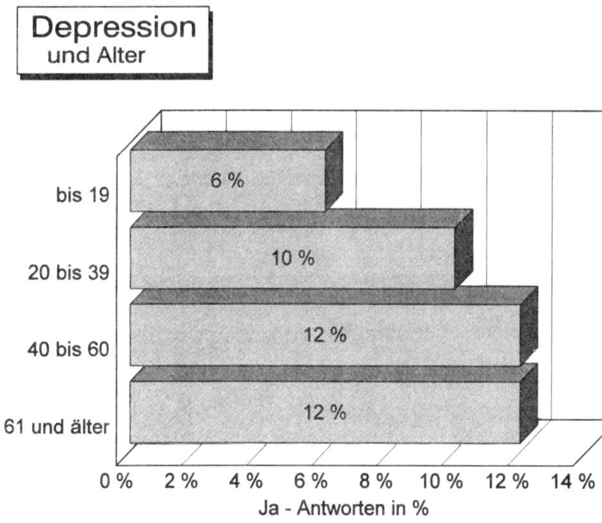

ren 12 Prozent der Österreicher zumindest vorübergehend ihre Lebensfreude.
Alarmierend ist der Unterschied zwischen niedrigerem und höherem Bildungsniveau: 12,4 Prozent der Pflichtschulabsolventen leiden im Gegensatz zu nur 6,3 Prozent der Akademiker an Depressionen. Daß Alleinstehende in mittleren und reiferen Jahren oft depressiver sind als in Familien lebende (12,8 Prozent), ist einleuchtend.
Die höchste Depressionsrate gibt es in Wien. 12,2 Prozent der Wiener sinnieren nicht ohne Grund wehmütig beim Heurigen vor sich hin. Das ganz besondere Verhältnis des Wieners zur Schwermut einerseits und Lebenslust andererseits, drückt sich auch in vielen Heurigenliedern aus: »Erst wann's aus wird sein, mit aner Musi und an Wein.«
Auch das Burgenland mit seinen traurigen Zigeunerweisen liegt mit 11,6 Prozent über dem nationalen Durchschnitt. Am wenigsten depressiv (6,1 Prozent) zeigten sich die Steirer: »Lustig sa' ma ...«

Originalzitate

Hausfrau, 44, verheiratet:
»Ich war nie wirklich lustig. Seit ich mich erinnern kann, habe ich immer die Schattenseiten des Lebens gesehen. Es fällt mir auch schwer, etwas daran zu ändern.«

Angestellter, 36, ledig:
»Wenn ich eine Spinne in meinen Räumlichkeiten erblicke, drehe ich durch.«

Beamter, 23, ledig:
»Mit 19 erkannte ich, daß in unserer Welt nur materielle Dinge und Selbstbewußtsein zählen.«

Hausfrau, 28, verheiratet:
»Seit meiner Kindheit bin ich verklemmt.«

Sekretärin, 42, verheiratet:
»Als ich im richtigen Alter war, wollte mein Mann keine Kinder. Ich eigentlich auch nicht. Aber jetzt schießt mir jedesmal, wenn ich eine Frau sehe, die zärtlich zu ihren Kindern ist oder mit ihnen lacht und spielt, das Blut ins Gesicht. Ich bekomme fast keine Luft mehr und beruhige mich erst wieder, wenn ich mir ausmale, was dieser Familie Schreckliches zustoßen kann. Ich träume auch oft von blutüberströmten Kinderleichen, die aus zertrümmerten Autos gezogen werden.«

Angestellte, 44, verheiratet:
»Da ich immer Angst vor Fehlern habe, beschwöre ich sie förmlich herauf. Und wenn ich daraufhin getadelt werde, fühle ich mich schuldig und unfähig. Ich widerspreche selten und ducke vor der Autorität eines Vorgesetzten.«

Angestellter, 33, ledig:
»Habe Jahrzehnte sehr viel Selbstbefriedigung betrieben, habe auch noch nie ein Mädchen für längere Zeit als Freundin gewinnen können, da mir in meiner Kindheit von anderen Menschen sehr viel Angst eingejagt wurde. Habe deshalb Kontaktschwierigkeiten, bin sehr schüchtern, lebe ziemlich zurückgezogen und einsam.«

Angestellte, 52, verwitwet:
»Auf einer Busreise lernte ich einen netten Herrn kennen. Wir gefielen uns auf Anhieb. Wir waren so voneinander angetan, daß bei jedem Blickwechsel Blitze einschlugen! Ich war überglücklich, aber zu gehemmt, um auf ihn zuzugehen, was er durch Blicke erwartete. Mit hochrotem Kopf saß ich wie angebunden auf meinem Stuhl. Ich bin im richtigen Moment plötzlich völlig verkrampft und schüchtern, was von jedem Mann als Ablehnung empfunden wird, besonders dann, wenn dieser selber sehr sensibel und zurückhaltend ist.«

Beamter, 38, geschieden:
»Sobald die Frauen spüren, daß ein Typ innerlich unsicher ist und

Angst vor einer weiteren Niederlage hat, ist es mit dem Interesse sofort vorbei! Frauen stehen nur auf ›Winner‹, also auf ›Siegertypen‹. Die Schüchternen müssen ein Leben lang mit Pornoheften und -filmen vorlieb nehmen. Ich glaube, daß es vielen Männern so geht wie mir.«

Angestellte, 25, ledig:
»Ich hatte noch nie intime Kontakte mit einer männlichen Person. Wenn ich mich verliebte, war es so, daß ich der Person gegenüber unheimlich verlegen und schüchtern wurde. Hat dann jemand versucht, nur meine Hand zu nehmen oder seinen Arm um mich zu legen, wurde ich ganz starr und entzog mich ihm.«

Angestellte, 24, ledig:
»Ich frage mich, was andere Frauen haben, das ich nicht habe, die von Männern umworben werden und die ohne Mühe neue Männer und auch ganz allgemein neue Menschen kennenlernen und auf sich aufmerksam machen können.«

Großhandelskaufmann, 44, verheiratet:
»Ich bin der Willkür meines Chefs total ausgeliefert. Kollegen, die weniger lang im Betrieb sind und weniger leisten als ich, werden befördert, und ich sitze seit Jahren auf demselben Posten. Ich kann an nichts anderes mehr denken, als daß man mir jetzt auch noch einen Jüngeren vor die Nase setzen will, der mich dann herumkommandieren darf. Ich könnte ihn umbringen.

Student, 19, ledig:
»Ich bin schüchtern und habe Kontaktschwierigkeiten mit Mädchen. Jedesmal, wenn mir ein Mädchen imponiert und ich sie ansprechen will, weiß ich einfach nicht, was ich mit ihr reden soll. Ich spreche dann nur banales Zeug, welches sie sowieso nicht interessiert. So manche Mädchen, die mich nicht kennen, drehen sich nach mir um, da ich kein schlechtes Aussehen habe. Sobald sie etwas von meinen charakterlichen Mängeln erahnen, wenden sie sich immer von mir ab. Nach jeder gescheiterten Kontaktaufnahme werde ich traurig und manchmal sehr depressiv, so daß ich in meinem Beruf oft nicht voll da bin. Es überkommt mich Angst, bei mir wird das wohl nie was werden.«

Büroangestellte, 22, ledig:
»Seit einem Monat habe ich eine neue Arbeitskollegin. Sie war mir von Anfang an unsympathisch, aber ich habe versucht, mit ihr auszukommen. Doch wenn ich Tag für Tag sehe, wie super sie sich fürs Büro anzieht und mit welchen Hundeaugen die Männer sie anstarren, wird mir ganz schlecht.«

Angestellte, 41, ledig:
»Ich schaffe es nie, einen Mann an mich heranzulassen. Ich habe mehrmals erfahren, daß da sehr wohl Männer wären, die sich für mich interessieren und ich mich auch für sie. Aber ich vertreibe sie immer wieder, sobald mich diese Panik überfällt.«

Pensionistin, 72, verwitwet:
»Meine Freundin und ich, wir haben immer gerne gehandarbeitet und gestrickt. Aber seit bald einem Jahr tun meine Hände nicht mehr mit. Meine Freundin zeigt mir immer ganz stolz, was sie macht, und sie redet auch von nichts anderem. Sie müßte doch begreifen, daß mich das kränkt. Ich will nicht mehr hören, was sie alles schafft und was ich alles nicht mehr kann.«

Arbeiter, 28, ledig:
»Ich bin in meiner jetzigen Lage sehr unglücklich, denn ich wechsle im Gesicht sehr viel die Farbe, wenn ich die Gelegenheit habe, mit einem Mädchen zusammen zu sein.«

Buchhalterin, 24, verheiratet:
»Mein Bruder durfte alles, ich durfte nichts. Obwohl er dümmer und fauler war als ich und im Gymnasium zweimal wiederholen mußte, war es selbstverständlich, daß er studieren würde. Ich wurde gegen meinen Willen in die Handelsakademie gesteckt, damit ich gleich nach der Schule Geld verdienen würde. Mein Bruder ist älter als ich und lebt immer noch vom Geld meiner Eltern. Damit er studieren kann, geht meine Mutter weiter arbeiten. So hat sie natürlich keine Zeit, auf meine dreijährige Tochter aufzupassen. Ich hoffe, daß sie noch einmal einsieht, wie ungerecht sie mich behandelt hat. Denn an meinem Bruder wird sie bestimmt nicht viel Freude erleben.«

Selbständiger, 43, ledig:
»Mir mangelt es nicht an Bekanntschaften, auch nicht an Kontakten, aber ich habe auf Grund von Enttäuschungen und Verletzungen Bindungsängste, die mir oft nicht bewußt sind, da ich oft Frauen, die mir näher kommen, ausweiche oder sie erst gar nicht an mich heranlasse.«

Friseurin, 35, geschieden:
»Zu uns kommen viele Kundinnen, die ziemlich gut situiert sind. Ich rede dann immer sehr freundlich mit ihnen, weil ich hören will, daß sie auch Probleme haben. Wenn sie mir dann erzählen, daß es in der Ehe nicht klappt oder daß ihnen die Kinder Sorgen machen, freue ich mich im stillen und denke mir: Geschieht dir recht, daß du nicht alles mit Geld kaufen kannst, was du dir vom Leben wünschst.«

Student, 20, ledig:
»Ich habe Schwierigkeiten, neue Menschen kennenzulernen und mit neuen Menschen schnell in ein zwangloses Gespräch zu kommen. Außerdem habe ich Angst, daß sich niemand für mich interessiert.«

Technischer Angestellter, 37, geschieden:
»Mein Nachbar hat zwei- oder dreimal in der Woche Gäste. Die machen dann immer die halbe Nacht lang laute Musik und Lärm, so daß ich nicht schlafen kann. Wenn ich an die Wand klopfe, höre ich, wie die Gesellschaft drüben mich auslacht. Er erzählt auch allen seinen Freunden, daß ich ein einzelgängerischer Sonderling bin, aber mit solchen Menschen wie mein Nachbar würde ich mich nie im Leben abgeben. Bei der nächsten Gelegenheit zeige ich ihn wegen nächtlicher Ruhestörung an.«

Angestellter, 31, ledig:
»Wenn ich mit einer Frau oder einem Mädchen liiert bin, habe ich einen Kloß im Hals und kann nicht mehr weiterreden, wenn es um Sex oder Heirat geht.«

Studentin, 22, ledig:
»Ich würde seit Jahren so gerne mal schwimmen oder mich sonnen

gehen. Traue mich aber nicht, weil ich mich schäme. Deswegen habe ich sehr große Minderwertigkeitskomplexe. Leider schaffe ich es nicht, trotz der gut gemeinten Sprüche meiner Eltern und Freunde, mich mit meinem kleinen Busen abzufinden.«

Taxilenker, 43, verheiratet:
»Unser Geschäft wird immer härter. Da arbeitet man beinahe Tag und Nacht und dann hat man von dem wenigen, das man verdient, auch noch jede Menge Steuern und Sozialabgaben zu entrichten. Und dann reden die Politiker nur davon, wieviel Flüchtlinge wir noch hereinlassen wollen und was man für die Arbeitslosen tun will und daß das Karenzgeld erhöht wird. Alles auf dem Rücken der Leute, die brav arbeiten und nicht faulenzen. Dabei kenn ich genug Arbeitslose, die sich von mir chauffieren lassen, weil ihnen das Straßenbahnfahren zu mühsam ist. Die sitzen tagelang im Kaffeehaus und spielen Karten, während unsereins schwer arbeitet.«

Angestellte, 36, geschieden:
»Ich bin schon lange geschieden und habe einen zwölfjährigen Sohn. Ich bin nicht häßlich, auch nicht dumm, eine gute (das kann ich ruhig behaupten) Hausfrau und habe viele Interessen. Aber bei einem Treffen bin ich so aufgeregt, daß es mir kaum möglich ist, ein Glas, eine Tasse zu halten. Ich werde deshalb als Trinkerin abgestempelt. Bin noch nicht in Panikstimmung, aber sollte mein Sohn mich demnächst verlassen, glaube ich, dann werde ich verrückt.«

Beamter, 42, geschieden:
»Ich bin eher ein Einzelgänger, fühle mich in sehr vielen Bereichen meines Lebens am wohlsten mit mir selber. Meine Arbeit kommt mir dabei zugute, ich bin größtenteils auf mich allein gestellt, auch mein Hobby (Kanuwandern mit Natur- und Tierfotografie) übe ich am liebsten alleine aus, da ich dazu ganz einfach Ruhe und Unabhängigkeit brauche.
Daraus hat sich ergeben, daß ich private Probleme, wie auch Problemstellungen am Arbeitsplatz am liebsten und auch am besten alleine löse.«

Speditionskaufmann, 39, geschieden:
»Bei unserer Scheidung vor drei Jahren wurde unsere damals fünfjährige Tochter meiner Frau zugesprochen. Anfangs war das Kind sehr verstört, aber dann bemerkte ich, daß meine Ex-Frau und das Kind immer fröhlicher und glücklicher wurden und daß sie mich gar nicht brauchten. Sie wollten nur mein Geld.
Jetzt hat meine Ex-Frau wieder geheiratet, meine Tochter sagt zu einem fremden Mann ›Papi‹. Dafür benimmt sie sich bei mir wie bei einem Fremden, wenn ich sie einmal im Monat übers Wochenende zu mir nehme. Sie will auch gar nicht mehr auf meinem Schoß sitzen und lehnt meine Zärtlichkeiten ab. Wer weiß, was dieser Stiefvater mit dem Kind anstellt. Wenn ich Beweise hätte, würde ich vor Gericht gehen.«

Student, 21, ledig:
»Ich bin scheinbar reserviert und werde anfangs als überheblich eingeschätzt, was aber auf meine Unsicherheit zurückzuführen ist.«

Angestellter, 24, ledig:
»Ich habe die größten Hemmungen, mit jemandem zu reden, den ich neu kennenlerne. Mein Lebensinhalt beschränkt sich auf zu Hause sitzen, nachdenken und spazierengehen.«

Verkäuferin, 29, geschieden:
»Seit mein Mann mich vor vier Jahren verlassen hat, finde ich am Leben keinen Sinn mehr. Alles um mich herum ist nur trostlos und grau. Mich freut nichts, und ich gehe nie aus. Den ganzen Tag grüble ich nur – am liebsten liege ich im Bett. Wird es mit mir jemals wieder aufwärts gehen?«

Arbeiter, 28, verheiratet:
»Ich habe Schwierigkeiten, mit anderen Menschen offen, natürlich und ungezwungen zu sein.«

Floristin, 29, verheiratet:
»Ich kann arbeiten soviel ich will, ich werde nie soviel haben, daß ich glücklich sein könnte. Mein Mann verdient nicht schlecht als Chauf-

feur. Wir haben eine nette Wohnung und ein Auto, und wir machen jedes Jahr eine Ferienreise. Aber wenn ich eine Illustrierte aufmache oder ins Kino gehe oder den Fernseher einschalte, dann sehe ich dauernd Leute, die viel mehr haben als wir und die nicht annähernd soviel arbeiten. Und dann reden die Politiker noch von sozialer Gerechtigkeit!«

Angestellte, 22, ledig:
»Ich habe rote Haare, bin ziemlich blaß, zudem sehr kurzsichtig – also Brillenträgerin. Meine Figur ist alles andere als schlank, dafür habe ich keinen Busen. Also im großen und ganzen bin ich keine Frau zum Herzeigen, und auf Grund meines Sprachfehlers lasse ich mich auch nicht gerne herumzeigen, bin sehr zurückhaltend. Ich hasse es, wenn ich auf Grund meiner Behinderung gehänselt oder mitleidig angeschaut werde – besonders im Beisein von anderen. Ich bin total verunsichert und traurig.«

Hausfrau, 52, verwitwet:
»Es ist unrecht und ich schäme mich deswegen, aber ich kann mir nicht helfen: Ich neide meiner Tochter ihre Jugend und die Chancen, die es nicht gegeben hat, als ich so alt war wie sie. Früher hatte ich meinen Mann, da haben wir auch manches unternommen. Jetzt sitze ich allein zu Hause, wenn sie ausgeht, und ärgere mich. Manchmal habe ich Kopfschmerzen und fühle mich krank. Gelegentlich übertreibe ich ein wenig, damit meine Tochter auf ihr Vergnügen verzichtet und bei mir bleibt. Schließlich ist sie jung und hat später noch genügend Zeit, und ein wenig Dankbarkeit hat man als Mutter doch verdient.«

Arbeiter, 30, ledig:
»Immer wenn ich ein Mädchen anspreche, ist es bereits vergeben oder distanziert. Dabei erfordert das Ansprechen ohnehin so viel Mut! So viele Freunde von mir haben schon einen Partner, andere schon mit 18 oder früher. Ich immer noch nicht. Dabei behaupten einige Bekannte, daß ich eigentlich fesch bin.«

Angestellte, 28, ledig:
»Ich bin von Natur aus ziemlich schüchtern. Ich bin lesbisch und lebte

mit einer Frau zusammen. Meiner Freundin war Sex sehr wichtig, aber die letzten Jahre unserer Beziehung waren für mich eine Qual, denn ich spürte, daß sie mir im Bett häufig einen Höhepunkt vorspielte. Danach hatte ich jedesmal Zweifel, ob ich überhaupt noch in der Lage bin, einer Frau das zu geben, was sie sich wünscht. Es ging dann soweit, daß ich jedesmal eine Ausrede erfand, um bloß nicht mit ihr schlafen zu müssen, weil die Angst zu groß war, daß es doch nicht klappt. Nun habe ich mich vor einiger Zeit von ihr getrennt, auch weil sie mich unter Zwang ins Bett holte. Nun möchte ich gern ganz langsam eine neue Beziehung eingehen. Ich habe auch vor kurzem eine liebe Frau kennengelernt. Sie mag mich auch sehr, und sie hatte viel Geduld mit mir. Es lief auch alles gut. Nur wenn sie mich zu sich nach Hause einlud, habe ich zwar immer zugesagt, im letzten Moment aber immer gekniffen, aus Angst, ich könnte gar nicht mit einer Frau schlafen. Obwohl ich mich nach Zärtlichkeit und Liebe sehne, kann ich das Mißtrauen nicht abbauen, daß sie mir aus Mitleid einen Orgasmus vorspielt. Diese Beziehung ist dadurch in die Brüche gegangen. Ich konnte es ihr einfach nicht sagen, daß ich in Sachen Sex wohl Minderwertigkeitskomplexe habe.«

Arbeiter, 35, verheiratet:
»Wenn mich jemand anspricht, bekomme ich einen hochroten Kopf und was eigentlich noch schlimmer ist, ich bekomme einen Schweißausbruch am ganzen Körper. Ich wage es eigentlich nicht mehr, in die Öffentlichkeit zu gehen.«

Angestellter, 36, verheiratet:
»Ich spiele oft den Clown und reiße oft unaufgefordert Witze, um meine Unsicherheit wegzublödeln.«

Tischler, 49, verheiratet:
»Vor mehr als zehn Jahren habe ich mich selbständig gemacht. Der Betrieb ging gut. Aber vor drei Jahren hat im gleichen Häuserbock eine andere Tischlerwerkstatt aufgemacht. Der Neue hat einen fremdländischen Namen und ist ziemlich dunkel. Er hat sich bei mir vorgestellt und sich bei mir alles angeschaut. Seitdem habe ich das Gefühl, er macht mir meine Kundschaft abspenstig. Ich habe auch Angst vor

seinem finsteren, stechenden Blick. Ich passe genau auf, ob er nicht einmal gegen die Gewerbeordnung verstößt.«

Angestellte, 23, ledig:
»Ich leide seit meiner Kindheit unter Ängsten. Schon in der Schule hatte ich Zukunftsängste in Bezug auf Arbeitslosigkeit. Jetzt macht mir alles Angst, was neu ist. Manchmal leide ich unter Panikanfällen.«

Angestellte, 32, verheiratet:
»Ich kann es nicht ertragen, wenn sich die Frauen so an meinen Mann heranschmeißen. Ich glaube nicht, daß ich ihm in diesem Moment egal bin, aber durch die Art, wie er sich benimmt, habe ich das Gefühl, ich bin so fehl am Platz. Wenn man mich sieht, würde man auf Anhieb nicht glauben, daß ich innerlich ein Wrack, ein ganz unsicheres Häufchen bin. Nach außen sehe ich selbstbewußt aus, aber alles nur Schale. Ich beneide die Frauen, die nicht nur nach außen frei und selbstbewußt sind, die es auch innerlich sein können.«

Arbeiterin, 36, ledig:
»Ich bin seit acht Jahren in psychotherapeutischer Behandlung, habe aber nur ziemlich kurze Gespräche jede Woche einmal, und über das Problem von mir konnte ich bis jetzt nicht genügend Lösungsvorschläge erhalten. Ich habe jetzt Angst, daß ich in der nächsten Zeit (es muß nicht jetzt sein) keinen Partner finde, der mir sympathisch ist und der sich für mich interessiert und daß ich allein bin, während viele meiner Freundinnen einen Freund haben.«

Chemikerin, 31, ledig:
»Als ich ein Kind war, hat meine Mutter zwischen meiner zwei Jahre jüngeren Schwester und mir Neid und Mißgunst gesät. Wahrscheinlich wollte sie genau das Gegenteil erreichen, wenn sie zu uns sagte: »Du bist die Kluge, sie ist die Hübsche.« Aber ich habe seither nicht nur an einem schweren Minderwertigkeitsgefühl bezüglich meines Aussehens gelitten, sondern habe auch den Kontakt zu meiner Schwester abgebrochen, sobald ich alt genug dazu war. Wenn meine Mutter von ihr erzählt, muß ich mich schrecklich zusammennehmen, damit ich keine bösen Bemerkungen mache.«

Schüler, 19, ledig:
»Dinge, die mich total entmutigen, sind: Wenn meine Schulkollegen angeben, mühelos zehn Minuten und länger durchzuhalten; wenn ich einen Sexfilm sehe, wo die Darsteller ihr großes Glied sooo lange steif halten, daß mir vor Neid die Tränen kommen. Deshalb meide ich solche Filme auch wie die Pest. Wenn ich im Hallenbad sehe, daß bereits Zwölfjährige besser bestückt sind als ich. Wenn ich Inserate lese, wie ›Interessenten sollten mindestens mit einem 20/5 Lustspender bestückt sein ...‹. Wenn ich höre, wie sich Frauen beklagen, daß sie nach einer Schwangerschaft nichts spüren oder ältere Frauen, die schon etwas ›ausgedehnt‹ sind, das Gleiche bemerken. Wie wird das bei mir sein, wenn ich nur 12 oder 11 cm vorweisen kann? Wenn in der Sauna alle Blicke auf meine Leibesmitte gerichtet sind und ich mir einbilde, daß über mich getuschelt wird. Natürlich gehe ich freiwillig nicht mehr in die Sauna. Wenn ich mir vorstelle, daß es wohl kein vernünftiges Mädchen gibt, das mich als Freund möchte.«

Studentin, 23, ledig:
»Ich liebe einen jungen Mann, er sieht mich auch gerne an, wir trauen uns aber nicht, uns anzusprechen. Bei Männern, die ich liebe, bin ich immer schüchtern.«

Verkäuferin, 27, ledig:
»Bei uns wurde eine Studentin als Teilzeitkraft angestellt. Sie ist lange nicht so hübsch und schick wie ich, aber wenn sie sich mit den Kunden unterhält, frißt mich der Neid. Was die alles weiß und wie sie sich ausdrücken kann, werde ich in meinem Leben nicht mehr lernen. Weil ihre Art auch vielen Männern gefällt, habe ich versucht, sie nachzuahmen. Aber ich wirke dann eher komisch, glaube ich. Ich hasse sie.«

Arbeiterin, 32, geschieden:
»Wenn ein Kind nie unter Menschen kommt, nur wenn die Mutter mal gute Laune hat und will es los sein, läßt sie es runter. Traktiert es von morgens bis abends. Eltern verstehen sich auch nicht. Wird aus dem Kind etwas? Ich glaube, wenn man nie menschliche Beziehungen gehabt hat, findet man nie seinen Partner und kann nie mit Menschen umgehen.«

Student, 24, ledig:
»Ich bin zwar nicht schüchtern und komme auch leicht mit einem Mädchen in Kontakt, habe aber immer Angst, mit einem Mädchen schlafen zu müssen und mich dadurch der Lächerlichkeit preiszugeben. Dabei sehne ich mich aber so sehr nach etwas Zuneigung und Liebe. Abgesehen vom Sexuellen glaube ich auch ein guter Freund sein zu können. Ich scheue Mädchen eben nur aus dem Grund, um mich nicht in die Lage zu bringen, Sex zu haben und mich als Verlierer zu entlarven.«

Angestellter, 29, ledig:
»Wenn ich in der Schule ein Referat halten mußte, bekam ich vor der Klasse einen Schweißausbruch. Dies ging immer so weiter und wurde immer schlimmer.«

Beamtin, 32, verheiratet:
»Bei einem Zusammentreffen mit einem freilaufenden Hund bekomme ich massive Schweißausbrüche. Ich versuche solchen Ereignissen aus dem Weg zu gehen, so gut es nur geht.«

Pflegehelfer, 34, ledig:
»Ich arbeite in einer Privatklinik, wo nur reiche Patienten liegen. Wenn ich sehe, was die sich alles leisten können und wegen welcher Lappalien sie sich behandeln lassen, kriege ich echte Aggressionen. Obwohl ich dazu angestellt bin, ihnen zu helfen, wünsche ich ihnen richtige Krankheiten auf den Hals – manchmal sogar den Tod.

Angestellte, 23, ledig:
»Ich bin ein ziemlich empfindsamer, manchmal schüchterner Mensch. Mir fällt es nicht leicht, aus mir herauszugehen, offen zu sein und z. B. ein Gespräch anzufangen. Besonders in der Gegenwart von Männern, die mich interessieren. Außerdem habe ich Angst, daß, wenn ich z. B. mit einem Mann ein Gespräch anfange, er dann merkt, daß ich mich für ihn interessiere, und dann würde ich mich schämen. Ich fände es dann unangenehm, wenn er das bemerken würde, daß ich mich für ihn interessiere, aber keine Reaktion darauf zeigt, vielleicht weil er nicht begeistert ist von mir. Ich denke manchmal, daß die meisten Männer

nur Frauen bewundern, die sehr selbstbewußt, aktiv und selbständig sind.«

Angestellte, 41, geschieden:
»Ich habe vor vier Jahren 31 Kilo abgenommen und habe geglaubt, mit meinem neuen Aussehen wird sich alles von allein bessern. Das war ein Irrtum. Inzwischen habe ich längst wieder zugenommen und habe Angst vor der Ablehnung und Mißbilligung meiner Person.«

Student, 30, ledig:
»Seit ich mit meiner Diplomarbeit begonnen habe, geht nichts mehr weiter. Ich starre oft stundenlang auf das leere Papier, und mir fällt nichts ein. Obwohl ich bei Tag nichts leiste, liege ich nächtelang wach und beschäftige mich mit meinen Problemen. Dazu kommt, daß ich als Mann nichts darstelle. Auch bei den Frauen habe ich kein Glück.«

Arbeiterin, 49, verheiratet:
»Nach 25jähriger Ehe würde ich am liebsten auf und davon rennen. Zwischen meinem Mann und mir gibt es keine Liebe. Die Kinder sind aus dem Haus, und alles um mich herum ist leer und dunkel. Seit ich allein in der Wohnung mit meinem Mann bin, habe ich oft unerklärliche Ängste. Ich weiß nicht, was ich dagegen tun soll, denn ich war früher immer so lebensfroh. Mein Mann darf gar nicht wissen, wie schlecht ich dran bin. In letzter Zeit muß ich öfter in Krankenstand gehen, so elend ist mir zumute.«

Beruf und Alltag

Arbeit ist nicht nur ein Mittel zum Gelderwerb. Arbeit gibt einem Menschen Identität. Da wir in einer Arbeitsgesellschaft leben, ist es nahezu unmöglich, dieser Persönlichkeitsformung zu entrinnen.
Man darf davon ausgehen, daß zwischen einer personalen und sozialen Identität unterschieden werden kann. Das heißt, daß

die Identität eines Menschen zwei grundlegende Dimensionen enthält, nämlich das lebensgeschichtlich gewordene Ich mit den Bereichen des Selbstkonzeptes und das von der Umwelt mit ihren gestellten Erwartungen konstituierte soziale Ich.

Von dieser Sicht aus bestimmen zwei Grunderfahrungen das Lebensgefühl der Menschen unserer Gesellschaft.

1. »Ich muß mich am Arbeitsmarkt verkaufen«
2. »Mein individueller Wert wird von meiner Leistung bestimmt«

In einer kapitalistischen Gesellschaft wird also der Mensch auf den Wert seiner Arbeitskraft reduziert. Lohnarbeit wird anerkannt, dagegen kommt jeder anderen Form des Tätigseins und Herstellens nur Hobbycharakter, aber keine öffentliche Akzeptanz zu. Gleichzeitig steht aber fest, daß durch die Produktionsautomatisierung Arbeitsplätze vernichtet werden: Die permanente Kürzung der Arbeitszeit entspricht der Verknappung der Arbeitsplätze.

Durch die immer geringer werdende Chance auf Arbeit erhebt sich natürlich die Frage, inwieweit der herkömmliche Arbeitsbegriff noch gültig ist, beziehungsweise ob es angesichts des soziokulturellen Wandels nicht notwendig wäre, den Arbeitsbegriff neu zu fassen: Nicht nur Lohnarbeit, auch andere Formen menschlicher Tätigkeiten bedürfen der gesellschaftlichen Anerkennung als wertvolle Arbeit.

Mit diesem Problem setzte sich bereits BETTY FRIEDAN vor zwei Jahrzehnten auseinander. Bedenkt man das »cultural lag«, dann kommt ihren Aussagen aktuelle Bedeutung zu. Gerade für Frauen ist das Problem »Identität und Arbeit« in hohem Maße aktuell.

»Ich habe festgestellt«, schreibt Betty FRIEDAN, »... daß Frauen, wenn sie das Malen oder Töpfern nicht ernst genug nehmen, um es berufsmäßig zu betreiben – sich also für ihre Arbeit bezahlen lassen oder andere darin unterrichten ... früher oder später mit dieser Liebhaberei aufhören; das in Sonntagsmalerei entstandene Bild und die in den Mußestunden verfertigte Keramik verleihen nämlich nicht das erforderliche Selbstgefühl, wenn es Produkte sind, die für einen Dritten keinen Wert haben.«

Es ist eine unübersehbare Tatsache, daß in den westlichen Industrieländern nach wie vor soziale Ungleichheit besteht. Soziologen wie WERNER LENZ oder ULRICH BECK sprechen von einer »gespaltenen Gesellschaft« mit unterschiedlichen Arbeitschancen, unterschiedlichen Lebensbedingungen und unterschiedlicher Lebensqualität.

Diese Entwicklung widerspricht dem Grundgedanken des Bildungsbegriffes, dessen Kristallisationspunkt vor rund 200 Jahren emanzipatorischer Natur war. Mit Hilfe von Bildung sollte die Zugehörigkeit zu einem Stand und später die Zugehörigkeit zu einem Geschlecht überwunden werden. Diese humane Einstellung ließ sich aber in der Realität nicht durchsetzen.

In dem Streben nach Sicherung der internationalen Konkurrenzfähigkeit kommt es innerhalb der Arbeitnehmer zu einer Ausgrenzung von Randgruppen oder Problemgruppen der Gesellschaft, zu denen Frauen, Ausländer, Jugendliche und ältere Arbeitnehmer gehören. Charakteristisch für sie sind

- Häufige oder länger dauernde Arbeitslosigkeit
- Geringe Grundausbildung
- Niedriger Qualifikationsstand
- Arbeitstätigkeit mit geringer Selbständigkeit

Da der Arbeitsgesellschaft die Plätze ausgehen, wurde Arbeitslosigkeit zum großen Problem der Industriegesellschaft. Zu den Auswirkungen der Arbeitslosigkeit gehört nicht nur die massive Identitätsproblematik derer, die keine Arbeit haben und daher »nichts sind«, sondern auch die mangelnde Solidarität jener, die Arbeit haben. Sie klassifizieren die Arbeitslosen als faul und untüchtig und distanzieren sich von ihnen.

Bedenkt man in diesem Zusammenhang, daß Identität und Selbstgefühl über zwischenmenschliche Beziehung, also das

Echo des anderen entstehen, dann wird das Ausmaß der Identitätskrise aller jener vorstellbar, die entweder arbeitslos sind oder auf Grund unzureichender Qualifikationen mit der Mißachtung und mangelnden Solidarität der anderen fertig werden müssen.

Wenn die Deutschen uns Österreicher ärgern wollen, sind sie schnell mit dem Vorurteil vom faulen, schlampigen, österreichischen »Drückeberger« zur Hand. Aber auch im eigenen Land klagen Unternehmer über die mangelnde Arbeitsbereitschaft der Arbeitnehmer. Von »Sozialschmarotzern« ist die Rede, von unberechtigten Krankenständen, ja sogar von Arbeitsverweigerung.

Das Klischee vom »Obezahrer« ist genauso lebendig wie die pauschale Verurteilung derer, die »oben« sind. Auch wenn mit Vorurteilen der ohnedies schon ausreichend vorhandene Neidkomplex der Österreicher angeheizt werden kann, heißt das noch lange nicht, daß diese Meinungen inhaltlich richtig sind.

Tatsache ist: Die Arbeitsmoral in Österreich ist besser, als allgemein behauptet wird. Es sind nur ein paar schwarze Schafe, die am Montag lieber krankfeiern als mit schwerem Kopf zur Arbeit zu gehen. Was die freiwillig Langzeitarbeitslosen anlangt: Sie fühlen sich in ihrer Haut nicht so wohl, wie sie bei Stammtischen immer wieder behaupten. Die meisten »Tachinierer« schämen sich heimlich wegen ihres geringen sozialen Ansehens. Auch sie hätten lieber einen Beruf, der ihnen neben Einkommen Anerkennung schenkt. Aber dazu sind sie vorwiegend aus psychischen Gründen nicht fähig. Arbeitsfähigkeit setzt nämlich nicht nur den Arbeitswillen voraus.

Eine regelmäßige Berufsausübung ist ohne ein gewisses Maß an psychischer Stabilität nicht möglich. Verwahrloste und Süchtige haben diese psychische Stabilität nicht. Es ist ein Irrtum zu glauben, daß es diesen Menschen besser geht oder daß sie ihr »arbeitsloses Dasein« genießen. Genausowenig wie sie Belastungen ertragen können, sind sie zum Genuß fähig. Die Arbeitslosigkeit wird nur nach außen als smarte Tugend dargestellt. Menschen, die damit angeben, daß sie vom Stempelgeld leben, während die Dummen »hackeln«, ähneln Schulschwänzern, die ihre lernwilligen Mitschüler verspotten. Doch wer zuletzt lacht, lacht auch in diesem Fall am besten. Zwanzig Jahre später sieht alles anders aus. Wie sagte doch Brecht so treffend? »Wie man sich bettet, so liegt man. Es deckt einen da keiner zu...«

Am stärksten trifft die Arbeitslosigkeit Frauen und Männer, die sich dem Leistungssystem tief verpflichtet fühlen. Denken Sie doch nur an die vielen Arbeitnehmer in den österreichischen Krisenregionen. Viele von diesen Menschen würden liebend gerne jede Arbeit annehmen, wenn es nur welche gäbe! Mehr als unter dem notwendigen Verzichten und Sparen leiden sie an den psychischen Auswirkungen der Arbeitslosigkeit: Sie fühlen sich minderwertig und schämen sich wegen ihrer Abhängigkeit von der sozialen Wohlfahrt. Als »Leistungsmenschen« spüren sie deutlich, daß in unserer leistungsorientierten Gesellschaft auch unverschuldet Erwerbslose geringgeschätzt werden.

Ein Arbeitsloser, der in einem Lokal eine Bekanntschaft macht, wird vermutlich verlegen schweigen, wenn das Gespräch auf seine berufliche Situation kommt. Umgekehrt kann derjenige, der beruflich erfolgreich ist, damit Eindruck schinden. Erfolgsmenschen sind nicht nur gern gesehen, sie bekommen auch Vertrauensvorschuß. Noch nie zuvor war das gesellschaftliche Ansehen eines Menschen so sehr vom Beruf und vom Einkommen abhängig wie heute. Nicht was der Mensch ist, scheint zu zählen, sondern was er tut und was er verdient. Nur ein gutes Einkommen ermöglicht Restaurantbesuche und kostspielige Hobbies. Um »mithalten« zu können, ist dieser Lebensstandard notwendig. Aber da der ständig wachsende Lebensstandard erst verdient werden muß, stürzen sich viele Männer in Überstunden oder gehen nach der regulären Arbeit pfuschen, um ihren Familien etwas bieten zu können. Daß die Frauen neben ihrem Beruf

Kinder und Haushalt allein versorgen müssen und mehr Kommunikation mit Fernsehapparaten als mit ihren Männern haben, liegt auf der Hand. Daß Kinder ihre Väter – wenn überhaupt – nur mehr am Wochenende sehen, ebenso.

Es sind vor allem die Frauen und die Kinder, die die Nachteile der Wohlstandsgesellschaft spüren. Nur wenige Frauen werden mit der Dreifachbelastung »Kinder, Beruf, Haushalt« ohne körperliche oder seelische Nebenwirkungen fertig. Sie hetzen nach einem anstrengenden Berufsalltag in den Kindergarten, dann mit einem oder zwei Kindern in den Supermarkt und anschließend nach Hause. Nun schnell kochen, anrichten, essen, die Küche wieder in Ordnung und die Kinder ins Bett bringen. Dann noch bügeln und zum Schluß, vor dem Einschlafen, nur noch eine einzige Frage: Und wo bleibe ich?

Die Forderung nach dem Ausbau der Krabbelstuben, wie sie von einigen Radikalfeministinnen immer wieder gestellt wird, ist keine adäquate Antwort auf die Überbelastung der Frau. Frauen, die Kinder in die Welt setzen, um sie danach möglichst schnell wieder abzuschieben, tun weder ihren Kindern noch sich selbst etwas Gutes.

Kinder vor Vollendung des dritten Lebensjahres brauchen noch sehr engen Anschluß an die Mutter. Eine zu frühe Trennung von der Mutter überfordert das Kind mit Sicherheit und erhöht das Risiko späterer psychischer Erkrankungen. Besser wäre es – analog zum Besuchsdienst bei alten Menschen – einen qualifizierten Babysitterdienst einzurichten, der Müttern bei Bedarf kostenlos oder gegen geringes Entgelt zur Verfügung steht. Auch Gleitzeit und Teilzeitbeschäftigung für Frauen und Männer würde zur Entlastung berufstätiger Mütter beitragen.

Nicht nur Frauen, auch den Männern wird – trotz verkürzter Arbeitszeiten – wesentlich mehr abverlangt als je zuvor. Davon, daß sich die Arbeit aus dem einst so lustvollen Kinderspiel entwickelt hat, ist nicht mehr viel zu merken. Vielen Menschen ist sogar der Sinn aus ihrer beruflichen Tätigkeit verlorengegangen. Im vorigen Jahrhundert konnte ein Schuster sein Erzeugnis vom Entwurf bis zur Fertigstellung selbst gestalten und auf ein gelungenes Stück stolz sein. Der Mensch der modernen Industriegesellschaft ist oft nur ein Rädchen in einem vielschichtigen, für den einzelnen nicht mehr durchschaubaren Produktionsprozeß. Welche Befriedigung und Anerkennung soll jemand denn aus einer Arbeit beziehen, die sich auf die – über Jahre gleichbleibende – Verrichtung ein und desselben Arbeitsvorganges beschränkt?

Daß die für die Regeneration notwendigen Ruhe- und Entspannungsphasen immer kürzer werden, macht das Problem nicht kleiner. Nehmen Sie sich zum Beispiel genügend Zeit, um Ihre »Seele baumeln zu lassen« oder einfach vor sich hinzuträumen? Die Stille zu genießen oder sich auf sich selbst zu besinnen? Finden Sie noch Muße für die Lektüre eines guten Buches?

Eine hochgezüchtete Unterhaltungsindustrie sorgt mit immer vielfältigeren, immer verlockenderen Angeboten dafür, daß Sie nach der Arbeit noch »auf Touren« bleiben. Fernsehen, Videos, Computerspiele, Spielautomaten, ohrenbetäubender Lärm in Diskotheken, Fitneßcenter gehören genauso zum modernen Freizeitvergnügen wie stundenlanges Stehen im Stau. Bis ins Unerträgliche gesteigerter Leistungsdruck, Berufs- und Freizeitstreß haben zu einer fortschreitenden Entfremdung der natürlichen menschlichen Bedürfnisse geführt. Kein Wunder, daß sich heute immer mehr Menschen ausgebrannt, erschöpft, kraftlos und leer fühlen und innerlich vereinsamen. Die Selbstverwirklichung, die im Beruf nicht mehr gefunden werden kann, wird nun in esoterischen Sekten, fernöstlichen Religionen oder Drogen gesucht. Der ungeheure Psychoboom mit so verführerischen Angeboten wie »Tauche in den Ozean deiner Lust, in den Rausch deiner Glückseligkeit« ist auch Österreich nicht erspart geblieben.

Arbeit ist aber nicht nur für die eigene Selbstachtung wichtig. Oft flüchten sich Menschen auch in die Arbeit, um unterschwel-

ligen Konflikten aus dem Weg zu gehen. Für die sogenannten »Workaholics« ist Arbeit eine Droge.
Arbeitssüchtige unterscheiden sich in ihrer Persönlichkeit kaum von anderen Süchtigen. Daher verwundert es nicht, daß viele ehemalige Alkoholiker oder Heroinabhängige nach einem erfolgreichen Entzug eine regelrechte Arbeitswut entwickeln.
Workaholics verdecken mit ihrem enormen Arbeitseinsatz oft Gefühle der Leere, Langeweile und Leblosigkeit. Viele spüren sich erst, wenn sie bis an die Grenze ihrer Leistungsfähigkeit gehen. Manche vermeiden Freizeit, weil sie mit sich selbst nichts anzufangen wissen. Wenn sie sich einmal nicht mit Arbeit »zumachen«, wirken sie unruhig, lustlos und angespannt.
Daß mit Arbeitswut auch die Unlust bemäntelt wird, mit dem/der Partner(in) Sex zu erleben, wird bestritten. Wie allen Süchtigen ist auch Workaholics der Blick getrübt. Nur mit ihrem Realitätsverlust ist zu erklären, daß sie für ihre zerstörerische Lebenshaltung auch noch Anerkennung erwarten ...

Auswertung

Johann Nestroy konnte den Österreichern tief in die Seele schauen: »Es sitzt keiner in ein' Wirtshaus, der nicht sein' Hirn sich denkt, wie das schön wär', wann er tät regier'n.« Stimmt – der Österreicher ist ein politischer Mensch.

In vielen Österreichern steckt ein Politiker
Laut unserer Studie nimmt die überwiegende Mehrzahl der Österreicher – 79,9 Prozent – an den politischen und gesellschaftlichen Vorgängen in unserem Land Anteil. Entgegen so mancher Persiflage scheint demnach der Österreicher ein politischer Mensch zu sein. Immerhin: mehr als drei Viertel der Bevölkerung hält sich auch beruflich auf dem laufenden, bildet sich weiter und kann sich auch in andere Menschen einfühlen.

Politisches Interesse

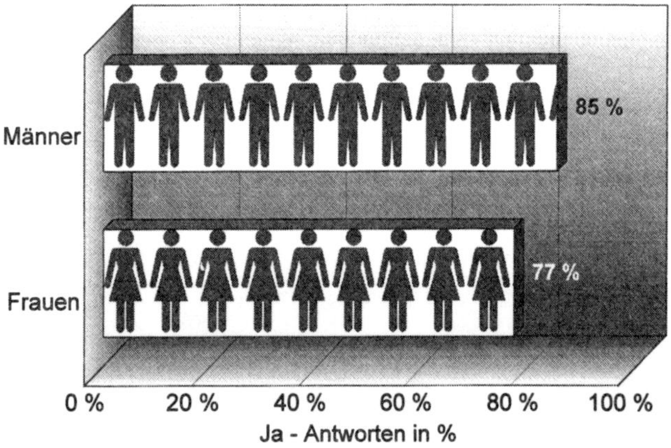

Menschen mit diesen Eigenschaften waren in der Kindheit weder traurig noch einsam. Wie zu erwarten, konnten sie auf ein unterstützendes Elternhaus vertrauen. Diese Menschen sind ungehemmt und dynamisch, verlieren aber schnell die Geduld. Sie geben nicht leicht auf und fürchten nicht die Rivalität mit anderen. Bei einer Zurückweisung geht die Welt für sie nicht unter.

Jüngere haben weniger Interesse

85,3 Prozent der Männer, aber nur 76,5 Prozent der Frauen interessieren sich für die aktuellen Geschehnisse in unserem Land und bilden sich weiter. Ist Politik also noch immer nur Männersache? Sind Frauen weniger engagiert? Die Ursache für die geschlechtsspezifischen Unterschiede liegen vermutlich darin, daß Frauen von der aktiven Politik nach wie vor so gut wie ausgeschlossen sind: Im österreichischen Parlament gibt es nur wenige weibliche Abgeordnete. Außerdem werden Frauen durch andere Themenbereiche berührt als Männer. Frauen interessieren sich zum Beispiel mehr für Fragen aus dem zwischenmenschlichen Bereich oder für ökologische Probleme.

Daß das politische und gesellschaftliche Interesse bei jüngeren Menschen kontinuierlich abnimmt, sollte zu denken geben: Von den 20- bis 39jährigen sind nur 77,6 Prozent interessiert. 89 Prozent der Sechzigjährigen, aber nur noch 77,6 Prozent der Menschen unter 19 zeigen Interesse für politische und soziale Einrichtungen. Ob sich dieser Trend nur mit dem vielzitierten Schlagwort von der Politikverdrossenheit erklären läßt, ist fraglich. Vermutlich sind daran auch noch andere Faktoren beteiligt – zum Beispiel erhöhte Selbstbezogenheit, Bildungsmüdigkeit etc.

Die kleine Welt der Familie macht gegenüber der großen Welt gleichgültig. Alleinstehende (84 Prozent) sind an den Vorgängen in der Welt interessierter. Sie investieren auch mehr Engagement in berufliche Fortbildungen als Personen, die in Familien oder Lebensgemeinschaften eingebunden sind (79 Prozent). In den meisten Fällen haben sie mehr Zeit, um sich weiterzubilden und sich über das tägliche Geschehen zu informieren.

Das politische und soziale Interesse steigt mit Bildungsgrad und Einkommen. Nur 58,8 Prozent der Grundschulabsolventen, aber 96,1 Prozent der Akademiker machen sich ein Bild über das tägliche Weltgeschehen oder bilden sich weiter. Dasselbe gilt für Spitzenverdiener (89 Prozent) und Menschen mit geringem Einkommen (73 Prozent).

Zufriedenheit im Beruf

Insgesamt sind 79 Prozent der Österreicher mit ihrer beruflichen und gesellschaftlichen Stellung zufrieden. Sie fühlen sich in der Arbeit angesehen und geschätzt, von ihrer beruflichen Tätigkeit ausgefüllt und gesellschaftlich anerkannt. Sie schätzen sich aktiv, aufgeschlossen und kommunikationsfreudig ein. Schwierige Situationen fordern sie heraus. In ihren Familien herrscht ein tolerantes Klima. Im Umgang mit anderen sind sie offen und dazu bereit, auf ihre Mitmenschen zuzugehen. Kontaktaufnahme bereitet ihnen wenig Schwierigkeiten. Wenn andere

Menschen sie interessieren, sprechen sie sie an. Daß sie sich in ihren Tagträumen eher mit mächtigen Rollen identifizieren, verwundert kaum.

Für die Berufszufriedenheit ließen sich keine geschlechtsspezifischen Unterschiede nachweisen. 78,8 Prozent der Frauen zeigten sich mit ihrer beruflichen Situation annähernd so zufrieden wie die Männer (79,5 Prozent). Zumindest in beruflichen Bereichen scheint die Gleichberechtigung der Frauen langsam Früchte zu tragen.

Jüngere Berufstätige (73,1 Prozent) sind mit ihrer beruflichen Situation weniger zufrieden als Personen zwischen 40 und 60 (80 Prozent), die ihre beruflichen Ziele zumindest schon erreicht haben. Die Jungen stehen ja erst am Beginn ihrer beruflichen Karriere.

Ein ähnliches Verhältnis wurde auch zwischen Familienmenschen (81,3 Prozent) und Alleinstehenden (76 Prozent) errechnet. Alleinstehende sind mit ihrer beruflichen Situation entscheidend unzufriedener als die, die in Familien leben. Auch hier erklärt sich der Unterschied in der Berufszufriedenheit wieder aus dem hohen Anteil junger Menschen unter den Singles. Vermutlich ist es nach wie vor so, daß Menschen erst dann Familien gründen, wenn sie sich beruflich stabilisiert haben.

Je höher die Bildung und das Einkommen, desto größer ist die Zufriedenheit mit dem Beruf. 91 Prozent der Akademiker und der Spitzenverdiener sind mit ihrer beruflichen und gesellschaftlichen Stellung zufrieden. Sie fühlen sich durch das, was sie machen, ausgefüllt. Im Gegensatz dazu fühlen sich nur 70 Prozent der Pflichtschulabsolventen und der Menschen mit niedrigem Einkommen beruflich und gesellschaftlich anerkannt.

Frauen sind kontaktfähiger

Menschen, die sich um einen großen Freundeskreis bemühen, häufig eingeladen werden und sich für gute Gesellschafter halten, sind selten autoritär. Im Gegenteil. Sie zeigen sich weltoffen, extravertiert und beziehungsfreudig. Im Umgang mit Kindern sind sie tolerant und verständnisvoll. Die soziale Kontaktfähigkeit ist stark altersabhängig und wird auch von der Ausbildung beeinflußt.

Frauen (59,6 Prozent) unternehmen in der Freizeit mehr als Männer. Sie bemühen sich um ein gut funktionierendes soziales Netz. Sie werden häufiger eingeladen und sind gern gesehene Gäste. Obwohl Männer nicht gerade Einsiedler sind, hapert es doch ein wenig mit ihrer Kontaktfreude: Mit 55 Prozent hinken sie hinter den Frauen nach. Die Kontaktfreude der Frauen könnte nicht nur mit der unterschiedlichen Sozialisation von Bub und Mädchen, sondern auch mit deren kommunikativen Fähigkeiten erklärt werden. Eine These der Hirnforschung besagt, daß bestimmte Fähigkeiten in der linken bzw. rechten Gehirnhemisphäre angesiedelt sind. Dieser Annahme zufolge setzen Frauen vermehrt die rechte Gehirnhemisphäre ein, in der Emotionalität, Empathie und Mitteilsamkeit angesiedelt sind.

Junge Frauen (61,1 Prozent) bemühen sich besonders aktiv um einen großen Freundeskreis. Sie sind oft noch auf der Suche nach einem Lebenspartner, gehen oft aus, besuchen viele Veranstaltungen, Feste und bemühen sich, möglichst viele Menschen kennenzulernen. Bei den 20- bis 39jährigen sinkt das Bemühen um einen großen Freundeskreis schon auf 58,8 Prozent. Das stimmt mit der Praxis überein, nach der mit zunehmendem Lebensalter die Anzahl der Freunde geringer wird.

Die aktiven Singles (61 Prozent) sind natürlich mehr als Familienmenschen um einen großen Freundeskreis bemüht. Nur 57 Prozent der in Familien oder Lebensgemeinschaften lebenden Menschen zeigen diesbezügliche Aktivitäten. Singles haben auch keine andere Wahl. Um nicht zu vereinsamen, müssen sie sich möglichst viele Beziehungen aufbauen. Zusätzlich bleibt ihnen für gesellschaftliche Aktivitäten mehr Zeit als zum Beispiel Eltern, die Kinder versorgen müssen.

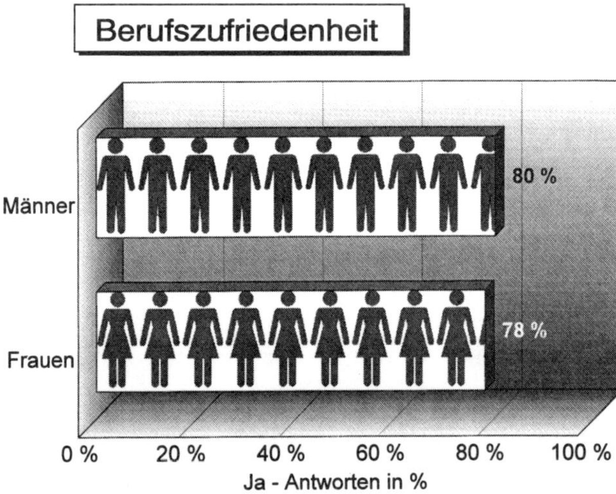

51,7 Prozent der Pflichtschüler und 57,1 Prozent der Akademiker legen auf gesellschaftliches Leben Wert. Die Mittelschicht ist mit 61,3 Prozent für soziale Kontakte am aufgeschlossensten. Schlecht ausgebildete Personen mit geringem Einkommen ha-

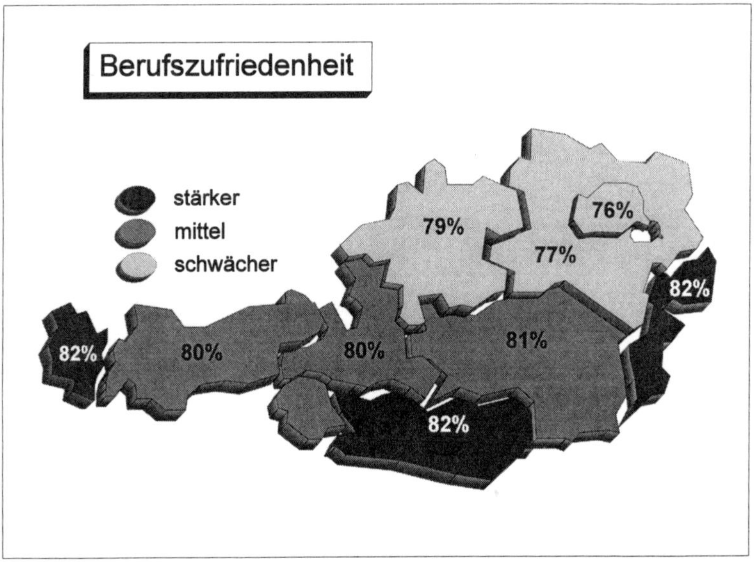

ben einen eher kleinen Freundeskreis. Sie werden nicht oft eingeladen und schätzen sich auch nicht als gern gesehene Gesellschafter ein. Auch zu diesem Thema wußte Nestroy Passendes zu sagen: »Wenn die reichen Leut', nicht wieder Reiche einladeten, sondern arme Leut', so hätten alle genug z'essen.«
Politisch-gesellschaftlich interessiert sind Kärnten, Salzburg, Wien, Steiermark und Niederösterreich. Im Burgenland, in Vorarlberg, Tirol und Oberösterreich nimmt das Interesse ab.
Berufszufriedenheit ist in Vorarlberg, Kärnten, Burgenland, Steiermark, Salzburg und Tirol gegeben. Am schlechtesten ist es um die Berufszufriedenheit in Wien bestellt.
Die Vorarlberger, Wiener und Burgenländer gehören zu den geselligsten Österreichern. Sie bemühen sich aktiv um einen großen Freundeskreis, werden häufig eingeladen und halten sich für gerngesehene Gäste. Diesbezüglich unterscheiden sich von diesen drei Bundesländern die Tiroler und Kärtner am stärksten.

Originalzitate

Beamtin, 30, ledig:
»Wenn es mir beruflich schlecht geht, habe ich fast keinen Bedarf an Sexualität. Geht es mir gut, erwacht meine Lust.«

Angestellte, 34, verheiratet:
»Als berufstätige Hausfrau möchte ich einmal den Tag erleben, wo meine Arbeit wirklich geschätzt und gelobt wird. Denn meine Tätigkeiten, in Familie oder Beruf, werden ohnehin mehr oder weniger für selbstverständlich angesehen. Funktioniert etwas mal nicht so, wie es sein müßte oder sollte, dann wird mir das Gefühl vermittelt, total versagt zu haben (es kommt mir allenfalls so vor). Dabei gebe ich mir die größte Mühe, alles perfekt zu machen, und falle oft todmüde ins Bett und möchte nur noch meine Ruhe haben. Es ist dann verständlich, daß ich dann keine Lust mehr auf Sex habe, sondern nur noch nach Zärtlichkeiten (sprich Streicheln).«

Angestellte, 38, verheiratet:
»Ich habe den Mann, den ich liebe, geheiratet, weil es für mich wichtig ist, verheiratet zu sein. Ich mag meinen Beruf, aber die Familie ist wichtiger.«

Hausfrau, 35, verheiratet:
»Da mein Mann nur Arbeit sieht, auch nebenbei noch mauern geht, nimmt er sich keine Zeit für mich. Abends schaut er lange fern. Wir gehen nie zusammen ins Bett.«

Angestellte, 40, ledig:
»Mein Freund arbeitet täglich 14 Stunden, auch samstags. Wir telefonieren zwei- bis dreimal die Woche, sehen uns aber selten, weil ihm die Arbeit wichtiger ist.«

Angestellter, 37, verheiratet:
»Ich fürchte mich vor einem Chef, der mir nicht gut gesinnt ist. Ich habe auch Angst vor hinterhältigen Kollegen, die einen ausrichten, stänkern und mir ihre Stärke beweisen wollen.«

Angestellte, 37, verheiratet:
»In seinem Beruf reißt mein Mann das Maul groß auf. Aber wenn ich nicht zu reden anfange, reden wir oft eine Woche nichts. Dieser Mangel, der am Anfang einer Beziehung noch nicht so sehr auffällt, da man sich ja genug zu erzählen hat, wird im Laufe der Jahre zu einer Qual.«

Angestellte, 25, ledig:
»Ich stehe täglich um 4 Uhr 30 morgens auf und komme abends zwischen 19 Uhr und 20 Uhr nach Hause. Insgesamt bin ich vier Stunden (zwei Stunden hin und zurück) in Verkehrsmitteln unterwegs. Da bin ich natürlich abends dementsprechend k. o. Trotzdem komme ich aber nicht so bald ins Bett, denn ich muß meine ganzen Sachen für den nächsten Tag herrichten. Samstags stehe ich morgens schon ziemlich bald auf, denn ich muß für die ganze Woche meine Lebensmittel einkaufen. Unter der Woche komme ich nicht dazu, zumal ich die Sachen auch nicht von meinem Arbeitsplatz bis zu meinem Wohn-

ort rumschleppen will. Also zuerst S-Bahn, dann Zug und zuletzt noch im Bus. Hobbies kann ich da nicht haben, also bleibt mir als einzige Freude nur das Essen!«

Angestellte, 29, verheiratet:
»Seit sechs Jahren lebe ich mit meinem Mann (26) in harmonischer Eintracht zusammen. Vor drei Jahren wurde unsere Tochter geboren. Seit dieser Zeit nahm mein schon einige Zeit vorher gestörtes Sexualleben mehr und mehr ab. Leider muß ich sagen, daß ich noch nie einen Orgasmus hatte. Wir haben nichts unversucht gelassen, z. B. ein Pillenwechsel, Literatur über Liebe und Sexualität, doch das Resultat ist und bleibt Null. Ab und zu kommt die Lust zurück, und meistens ist es dann sehr schön, obwohl da oft Schmerzen sind beim Einführen des Gliedes. Besonders zeigt sich das Verlangen nach ›Wochenend-Erlebnissen‹ wie Disco oder ein gemütlicher Gaststättenabend, also nach Abwechslung vom täglichen Streß und Alltagsproblemen.«

Traum und Tagtraum

Alle Menschen träumen – Frauen, Männer, Kinder, sogar Ungeborene. Der Vorhang zum großen Traumtheater geht Nacht für Nacht auf. Und zwar nicht nur einmal, sondern vier- bis fünfmal.

Der nächtliche Traum
Im weitesten Sinne kann der Traum als eine Art Bildersprache verstanden werden, in der seelische Abläufe zur Darstellung gelangen. Unerfüllte Wünsche, die als erfüllt dargestellt werden – das ist der Stoff, aus dem die Träume sind. Der Inhalt, an den Sie sich im Wachzustand erinnern, ist das Kleid, zu dem sie verarbeitet werden.
Schlafstörende körperliche Spannungen – das sind Hunger, Durst, Schmerz, Harndrang, sexuelles Verlangen – oder äußere

Reize – laute Geräusche, Licht- und Temperaturveränderungen, Berührungen etc. – werden oft in den Trauminhalt »eingebaut«. Und zwar geschieht das in der Form, daß sie entweder als erfüllt bzw. beseitigt oder als belanglos und unerheblich dargestellt werden. Es besteht dann kein Grund mehr, zu erwachen. Nicht von ungefähr bezeichnet FREUD den Traum deswegen als »Hüter des Schlafes«.

Wenn Träume Wunscherfüllungen zum Inhalt haben, wie Freud behauptet, wie ist es dann möglich, daß sie so selten auf den ersten Blick zu erkennen sind?

Das liegt einerseits am Charakter der Wünsche, andererseits an den vielschichtigen Prozessen, die an der Traumbildung beteiligt sind. Die Denkvorgänge im Traum entsprechen nicht dem logisch-abstrakten Denken im Wachzustand. Während des Traumes erfolgt das Denken auf einer entwicklungsgeschichtlich sehr frühen Ebene. Auf dieser Ebene werden die bildhaften Vorstellungen nicht in eine logische Beziehung gebracht, sondern im Sinne der Gleichheit bzw. Gleichzeitigkeit, Ähnlichkeit, Unterschiedlichkeit und Gegensätzlichkeit vernetzt, verschmolzen, ersetzt oder durch geeignete Symbole vertreten. Dieser Vorgang ist dem frühkindlichen Denken sehr ähnlich. So werden zum Beispiel Vater und Mutter gerne als König und Königin und die Geschwister durch Insekten oder Kleingetier dargestellt. Frauen und das weibliche Genitale werden durch alle Arten von Gefäßen, Kästchen, Schachteln, Zimmern, aber auch Höhlen und Schiffen symbolisiert.

Landschaften, Hügel, Täler und Schluchten stehen im Traum oft für den weiblichen Körper als Gesamtes. Lange, spitze oder dehnbare Gegenstände symbolisieren das männliche Genitale.

Wasser symbolisiert häufig die Geburt – daher der Mythos vom Storch – oder den Tod, indem wir dorthin zurückkehren, von wo wir unseren Ausgang genommen haben. Doch auch Abreisen stehen im Traum häufig für den Tod – auch dazu existiert eine passende Redewendung: »Die letzte Reise antreten.«

Der Geschlechtsakt wird im Traum durch Stiegensteigen – Schritt um Schritt Emporsteigen, sich rhythmisch dem Höhepunkt nähern – durch Bergsteigen, Überrollt-, Überfahren- oder Überflutetwerden dargestellt. Hier ist die Analogie zur »Woge der Erregung«, die einen Menschen beim Orgasmus von innen her überflutet, nicht zu übersehen.

Im Traum verläuft nicht nur das Denken auf einer archaischen Stufe. Auch jene frühen egoistischen, aggressiven, sexuellen Begierden kommen zum Vorschein, auf deren Befriedigung die Menschheit im Laufe ihres mühevollen und schon Jahrmillionen dauernden Zivilisationsprozesses – zumindest im Wachzustand! – verzichten gelernt hat.

Würden diese Wünsche direkt und unentstellt in den Traum eingehen, hätte das sofort ein Erwachen zur Folge. Daher unterliegen diese »verbotenen« Wünsche einer beschönigenden Bearbeitung. So wie im Wachzustand gibt es auch im Schlaf eine Zensur, von Freud »Traumzensur« genannt.

Neben den »individuellen« Träumen, in denen Tagesreste verarbeitet werden, gibt es andere, die vermutlich jeder von uns schon einmal geträumt hat. Zu den typischen Träumen gehören Nacktheitsträume. Unter Nacktheitsträumen versteht man Träume, in denen Sie in völlig unpassender Umgebung – zum Beispiel im Theater – nur spärlich bekleidet oder ganz nackt auftreten. Menschen, die sich im Traum nackt zeigen, erfüllen sich damit unüberwundene exhibitionistische Wünsche aus der Kindheit. Die Scham, die gleichzeitig die ursprüngliche Lust am Zeigen hemmt, ist wiederum das Werk der Zensur.

Prüfungsträume treten im Zusammenhang mit bestandenen Prüfungen auf. Wie alle Träume werden auch sie durch unverarbeitete Tagesreste ausgelöst, meist durch Befürchtungen in Verbindung mit kommenden Ereignissen.

Freud spricht dem Prüfungstraum tröstenden Charakter zu: »Fürchte dich doch nicht vor morgen...« Viele Träumer verdanken einen Prüfungserfolg mehr der Gunst eines ehemaligen

Prüfers als dem eigenen Wissen. In diesem Fall wären Prüfungsträume auch die Folge unbewußter Selbstbestrafungswünsche, die vorwiegend dann auftreten, wenn der Träumer neue, aber unentdeckte Schuld auf sich geladen hat.
Träume vom Tod geliebter Personen sind als Ausdruck zwiespältiger Gefühlsregungen gegen sie zu deuten. Keine Beziehung ist frei von Zwiespältigkeit. Am stärksten sind davon die Beziehungen zu den nächsten Angehörigen – Vater, Mutter, Geschwister, Kinder, Partner usw. – betroffen. Im Wachzustand unterliegen die feindseligen Tendenzen natürlich der Verdrängung. Während des Schlafes, wenn die Verdrängung wesentlich herabgesetzt ist, können sich diese »bösen« Wünsche den Weg zum Bewußtsein bahnen.
Auch Alpträume gehören zum nächtlichen Traumtheater. Die meisten handeln von der Angst vor dem Kontrollverlust, unabhängig davon, ob es sich um aggressive oder sexuelle Wünsche handelt, die außer Kontrolle zu geraten drohen. Es sind vor allem Fallträume oder Träume von wilden Tieren, die diese Angst zum Ausdruck bringen. Tiere eignen sich durch ihre Unberechenbarkeit gut zur Darstellung verdrängter Triebwünsche.
Die Angst vor dem Kontrollverlust kann mit der Angst vor verbotenen Triebregungen gleichgesetzt werden. Als Traumerreger gelten verdrängte homosexuelle, sadomasochistische, exhibionistische und inzestuöse Wünsche. Die Erfüllung dieser Wünsche ist aber nicht einmal im Traum möglich. Dafür sorgt schon die Traumzensur...

Phantasien und Tagträume

Obwohl der Tagtraum mit dem nächtlichen Traum viel gemeinsam hat, ist es nicht ein und dasselbe Geschehen. Der richtige Traum ist ein Produkt des Schlafes. Der Tagtraum gehört dem Wachleben an. Von einem nächtlichen Traum werden Sie überwältigt. Der Tagtraum kann auch bewußt produziert, gesteuert und auf ein bestimmtes Ziel hin gestaltet werden.

Tatsächlich unterscheiden sich Tagträume von ihren nächtlichen Verwandten vor allem durch den Grad der Bewußtheit und das Wirklichkeitsempfinden. Beim »Tagträumen« sind Sie durchaus wach und wissen das in der Regel auch. Es ist Ihnen auch jederzeit bewußt, daß die Vorstellungen, die vor Ihrem inneren Auge ablaufen, nur Phantasieprodukte sind.
Wie der Nachttraum verdanken auch Tagträume ihre Existenz einem inneren Spannungszuwachs. Leider haben sich nur wenige Autoren außerhalb der Psychoanalyse mit dem Phänomen des Wachtraumes und seiner Funktion für das seelische Gleichgewicht beschäftigt.
Die meisten Psychologen stimmen jedoch mit FREUD überein, daß unerfüllte Wünsche der Antrieb zu Tagträumen sind.
Bis auf seltene, krankhafte Ausformungen haben Tagträume therapeutischen Wert. Obwohl der Tagtraum oft ein heilender Kunstgriff der Seele ist, hat er einen schlechten Ruf: In einer Leistungsgesellschaft sind Tagträume hinderlich. Wer ihnen dennoch nachhängt, gilt als undiszipliniert, schwach oder unreif.
Auch wenn Sie die eine oder andere Phantasie belächeln oder davon sogar beunruhigt werden – wehren Sie sich nicht dagegen. So mancher Tagtraum entschädigt Sie für Dinge und Erlebnisse, die im täglichen Leben unerreichbar sind.

Auswertung

»Sich selbst so nah zu ruhn!
So fern sich selbst, zu schweben:
O Leben ohne Tun!

O Singen ohne Sinn!
O süßes Tor der Freiheit –
Ich schwinde sanft dahin ...«

Der Schlaf ist nicht für alle Menschen so ein seliger Zustand, wie ihn der österreichische Dichter Josef Weinheber beschrieb: Ca. 20 Prozent der Österreicher werden in ihren Träumen regelmäßig von Ängsten verfolgt. Kein Wunder, daß sich viele vor dem Einschlafen fürchten. Auch der »Herr Karl«, die fleischgewordene Inkarnation aller österreichischen Untugenden, findet nicht immer die ersehnte Ruhe. Aber selbst in dieser Situation ist er noch zu schwarzen Gedanken fähig. »Ich schlaf ja guat. Net immer natürlich. Manchmal, wenn i so lieg, hör i de Rettung vorbeifahrn ... tatüüü ... tata ... dann denk i ma nur: Karl, du bist as net ...«

Fallträume: Angst »vor dem Loslassen«

Von den unzähligen Alpträumen, die Menschen plagen, sind für Österreicher zwei Formen typisch: Fallträume und Träume, in denen eine Bedrohung immer näher kommt, ohne daß Flucht möglich wäre.

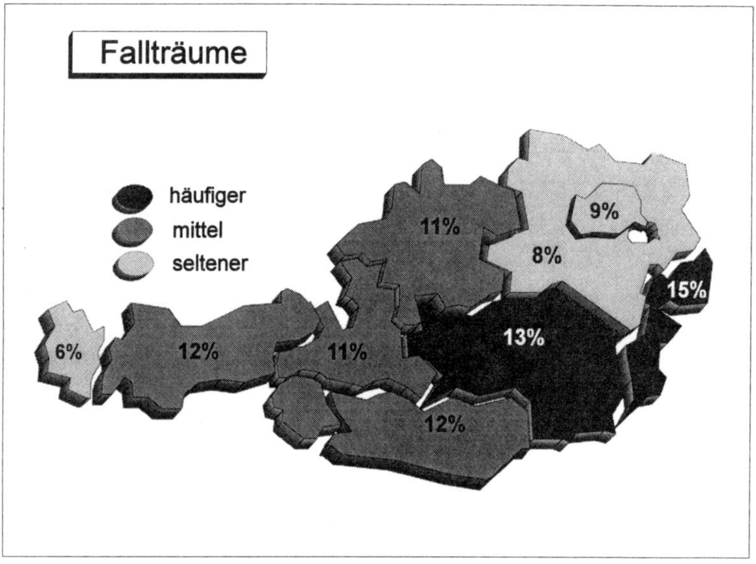

An Verfolgungsträumen leiden insgesamt 9,5 Prozent der Österreicher. An Fallträumen oder Höhenängsten im Traum 10,2 Prozent. Verfolgungsträume kommen in Vorarlberg (12 Prozent), Tirol und Salzburg (jeweils 12,6 Prozent) besonders häufig vor. In Niederösterreich (6,5 Prozent), Wien (6,9 Prozent) und Oberösterreich (8,6 Prozent) sind sie seltener.

Fallträume, in denen die Angst vor dem Loslassen enthalten ist, sind für das Burgenland und die Steiermark typisch. Der Vorarlberger, Wiener und Niederösterreicher kann sich offenbar besser dem »freien Fall« überlassen. (Mehr über die Hintergründe solcher Träume lesen Sie im theoretischen Teil dieses Abschnittes.)

Unter Bedrohungen im Traum leiden vor allem Menschen, die im Wachzustand von ungerichteten Ängsten gemartert werden – Frauen (11,4 Prozent) mehr als Männer (6,5 Prozent) und Jüngere (14,4 Prozent) mehr als Ältere (6,3 Prozent). Singles werden weitaus häufiger von Bedrohungsträumen heimgesucht (11,7 Prozent) als Menschen, die in Familien leben (8,5 Prozent).

Angst vor großen Höhen im Traum sowie vor rasanten Fahrten oder Flügen, die außer Kontrolle zu geraten drohen, haben vor allem Menschen mit unterschwelligen Aggressionen und depressiven Ängsten. Zwischen den Geschlechtern bestehen keine nennenswerten Unterschiede. Bei den älteren Menschen verhält es sich diesmal gerade umgekehrt: Sie träumen öfter vom Kontrollverlust. Bei den über 60jährigen sind es 13,5 Prozent, bei den Jüngeren nur 5,4 Prozent. Singles werden von diesem Alptraum seltener geplagt (9 Prozent) als Menschen mit Familie (11,2 Prozent).

Wie bei den Wachängsten bestehen auch bei den Alpträumen auffällige Unterschiede zwischen den gebildeten und den weniger gebildeten Schichten. Pflichtschul- und Berufsschulabsolventen und Menschen mit Mindesteinkommen (rund 15 Prozent) sitzt der Alp nächtens weitaus öfter auf der Brust als z. B.

Akademikern (rund 4 Prozent) und Spitzenverdienern (6 Prozent).

Wenn Träume Wünsche erfüllen

Träume von stürmischen Gewässern, turbulenten Gefühlsregungen und unerfüllten Wünschen, die im Traum als erfüllt dargestellt werden, haben 16,7 Prozent der Österreicher. Am häufigsten treten die Träume in Kärnten (23,4 Prozent), Salzburg (20,5 Prozent) und Burgenland (19,7 Prozent) auf. In Vorarlberg (11,5 Prozent), der Steiermark (14,5 Prozent) und Oberösterreich (15,7 Prozent) sind sie weniger bekannt. Träume dieser Sorte sind typisch für selbstbezogene, ehrgeizige, mitunter sogar machthungrige Personen. Während ihre sexuellen Tagträume oft von sadomasochistischen Vorstellungen beherrscht werden, zählen sie im Leben eher zu den ängstlichen Zeitgenossen.

Wasserträume sind auch für Frauen charakteristisch. Wasser symbolisiert im Traum oft die Geburt – oder im umgekehrten Fall den Tod. Daß sich die Gedanken von Frauen auch im Traum häufiger mit dieser Thematik beschäftigen, ist leicht nachvollziehbar. So haben 19,3 Prozent der Frauen, aber nur 12,8 Prozent der Männer Wasser-Träume.

Offen wunscherfüllende Träume, Träume vom Wasser oder heftigen Gefühlen sind eher der Jugend (23,2 Prozent) vorbehalten. Nur 12,9 Prozent der über 60jährigen haben noch wunscherfüllende Träume.

Auch Bildung und Einkommen hängen mit dem Trauminhalt zusammen. Wie nicht anders zu erwarten war, kommen wunscherfüllende Träume bei Ungebildeteren (21,6 Prozent) und Schlechterverdienenden (25,2 Prozent) öfter vor als bei Akademikern (15,1 Prozent) und Spitzenverdienern, denen es eher gelingt, ihre Wünsche in der Wirklichkeit zu erfüllen.

Wenn man davon ausgeht, daß man sich in Tagträumen mit den verborgenen Zügen seines Wesens auseinandersetzt, dann präsentieren sich die Österreicher als Menschen mit einer depressiven Grundhaltung.

Gedanken an Krankheit oder Tod

beschäftigen 40,7 Prozent der Österreicher! Es ist kein Zufall, daß in so vielen Heurigenliedern der Tod besungen wird. Der Österreicher ist mit dem Tod auf Du und Du. Das Vertrauensverhältnis des Österreichers zum Tod hat Tradition. Die Legende vom schönen Augustin gehört ebenso dazu wie der Begriff der »schönen Leich«.

Es sind vor allem depressive, ängstliche Menschen, die von solchen Phantasien geplagt werden. Wenn sie von Bedrohungen träumen, denen sie nicht entkommen können, sind das vermutlich auch Anspielungen auf den eigenen Tod.

Gedanken an Krankheit und Tod beschäftigen – wahrscheinlich auf Grund ihrer lebensspendenden Fähigkeiten – Frauen mehr (45,8 Prozent) als Männer (32,9 Prozent). Sie sind auch in den von der »Middle-life-crisis« geplagten Altersjahrgängen am stärksten vertreten (42,6 Prozent). Mit zunehmender Realität des Todes wird dieser aber erfolgreich verleugnet: Die über 60jährigen beschäftigen sich damit am seltensten (34,1 Prozent).

Alleinstehenden (42 Prozent) und Familienmenschen (41,4 Prozent), Pflichtschulabsolventen (48,2 Prozent), Lehrberufe (42,2 Prozent) und Schlechterverdienenden (48 Prozent) ist der Gedanke an die eigene Sterblichkeit gegenwärtiger. Akademiker (32,9 Prozent) und Spitzenverdiener (33,9 Prozent) leben da schon weitaus unbeschwerter.

Ein Blick auf die Statistik zeigt, daß der Tod nicht unbedingt ein Wiener sein muß, wie Georg Kreisler in einem Couplet vermutet hat. Wenn schon, dann ist er eher im Burgenland (46,6 Prozent) oder in Oberösterreich (44,5 Prozent) zu Hause. Die geringsten Sorgen diesbezüglich machen sich die Vorarlberger (37,7 Prozent), die Niederösterreicher (38,2 Prozent) und die Salzburger (38,4 Prozent). Die Wiener liegen mit rund 40 Prozent im Mittelfeld.

Größen- und Allmachtsphantasien
kommen überwiegend bei überheblichen, aggressiven Menschen vor. (In den Träumen werden vergleichbare Neigungen in Form von stürmischen Gewässern, z. B. reißenden Flüssen, zur Darstellung gebracht.) Insgesamt entwickeln 13,5 Prozent der Österreicher geheime Machtvorstellungen!
Diese Art von Tagträumen ist altersabhängig. Sie kommen bei Jungen (19,9 Prozent) und Singles (17,7 Prozent) häufiger vor als bei Alten (4,5 Prozent) oder Menschen in festen Beziehungen (12,2 Prozent). Das Geschlecht spielt dabei keine Rolle. Wohl aber bestehen schichtspezifische Unterschiede. Bei Maturanten (20,8 Prozent) und Akademikern (14,7 Prozent) läßt sich ein nicht zu übersehender Hang zu Größenphantasien nachweisen.

Rache- und Vergeltungswünsche
erfüllen sich insgesamt nur 4,3 Prozent der Österreicher bewußt in ihren Tagträumen. Sie treten – wie sollte es auch anders sein – bei nachtragenden Menschen auf. Gleichzeitig besteht eine enge Verbindung zu sadomasochistischen Sexualpraktiken.
Am häufigsten werden Tagträume mit Rache- und Vergeltungswünschen in Vorarlberg (7,8 Prozent) und im Burgenland (7,7 Prozent) angegeben. Sie sind eher für Männer charakteristisch (5,6 Prozent). Darüber hinaus finden sie sich vermehrt bei Alleinstehenden (6 Prozent), Akademikern (7,2 Prozent) und in der Einkommensklasse zwischen S 20.000 bis 30.000 (9,5 Prozent).

Sexuelle Phantasien
Unter den sexuellen Phantasien nehmen voyeuristische Vorstellungen den ersten Platz ein: 35,1 Prozent der Österreicher lassen sich von dem Gedanken, andere beim Sex zu beobachten, erregen. Platz zwei auf der Hitliste der Scharfmacher: Frauen beim lesbischen Liebesakt – 32,4 Prozent delektieren sich daran. Sexuelle Machtphantasien haben 18,9 Prozent. Die Vorstellung, sich an Gruppensex zu beteiligen, erregt 18,5 Prozent.
Zu sexuellen Phantasien kommt es bei Frauen eher dann, wenn sie keine depressiven Neigungen haben. Männer halten sich in ihren Phantasien für das, was sie im Alltag nicht erleben, schadlos.

Originalzitate

Beamtin, 45, verheiratet:
»In meinen Tagträumen bin ich reich und kann mich den Dingen widmen, die ich liebe, meine Wünsche und die der anderen erfüllen. Einen Garten anlegen und pflegen. In einer Hängematte liegen und mich nicht hetzen müssen. Kleine Kinder und alte Leute betreuen. Reisen. Meine Katzen und viele andere Tiere um mich haben.«

Angestellter, 53, geschieden:
»Häufig fahren mir Züge davon. Ich werde mit dem Packen nicht fertig und habe am Airport meinen Paß nicht mit. Ich möchte manchmal davonlaufen und kann mich nur mühsam bewegen.«

Angestellter, 34, verheiratet:
»Ich habe lautstarke Auseinandersetzungen mit meiner Mutter und beschimpfe sie dabei aufs Ärgste.«

Angestellter, 34, verheiratet:
»Die wenigen Nachtträume, an die ich mich erinnern kann, schließen meist nahtlos an meine Tagträume an, die aber nichts mit Gewalt,

Angst oder sonstigen Kampfthemen zu tun haben, sondern die sich meistens auf aktuelle Themen (sei es aus meiner Berufs- oder Freizeitwelt) konzentrieren. Ich gehe auch nicht immer als ›Sieger‹ (oder ähnliches) hervor, meistens ereignen sich recht realitätsgetreue Dinge, die mir dann tatsächlich widerfahren (z. B. berufliche Erfolge oder auch Mißerfolge). Eher selten entgleite ich diesen Tagträumen auf meine ›Insel der Seligen‹, mit meinem Kanu in die Donau-Auen, wo mich Ruhe, Frieden und Geborgenheit umgibt.«

Angestellte, 32, ledig:
»Ich träume, ich habe Flügel und kann mich über andere und anderes erheben. Es ist anstrengend, aber toll. Leider lassen aber oft die Kräfte nach, und ich muß zurück zu Mutter Erde.«

Angestellte, 35, verheiratet:
»Ich denke oft über den Tod und auch über mein eigenes Sterben nach, aber das ist keineswegs angstbesetzt. Ich stelle mir den Tod als ›die große Ruhe‹ vor, für mich ein sehr friedliches Bild von endgültiger Geborgenheit.«

Hausfrau, 35, verheiratet:
»Ich weine oft im Schlaf und werde dadurch munter. Dabei handelt es sich um Träume, in denen ich ungerecht behandelt werde oder jemand anderer.«

Studentin, 21, ledig:
»In meinen Tagträumen bin ich begehrenswert, stark und werde bewundert.«

Angestellte, 28, ledig:
»Wenn es mir beruflich schlecht geht, habe ich sehr häufig Gewaltphantasien (Fesselungen, Sklavenspiele etc.), wobei ich immer in der Opferrolle bin.«

Angestellter, 35, geschieden:
»In meiner Phantasie schreibe ich oft meiner Traumgeliebten: Ich fühle immer noch Deine weichen Arme um mich. Ich fühle Deinen

heißen, etwas dunstigen Atem. Aus Deinen Poren kommt ein Duft, der eher betäubt als erfrischt. Aber es ist Dein Duft. Der Duft Deiner Seele, Deines Herzens. Deine eher kindliche, etwas magere Brust habe ich noch in meinen Händen. Ich liebe sie und zeige das durch das weiche Streicheln, so wie die sanften Wogen des Meeres im heißen Sommer die Füße, manchmal die müden Füße, umfangen. In Güte, in Liebe, ich möchte fast sagen in mütterlicher Art. Deine Brustwarzen, Du weißt, sie sind eine Freude besonderer Art, weil sie noch so mädchenhaft klein sind. Weil sie mich an das Bild des wilden und unruhigen Saugens als Baby erinnern. Ja, wenn ich manches Mal so dahinträume, dann scheint es mir, als hätte ich dieses Organ noch auf meiner Zunge, um es zu liebkosen. Und je länger wir getrennt sind, desto bedürftiger werde ich für diese unendlich feine Liebkosung, die ich Dir reiche und die auch mir dient.«

Arbeiterin, 48, verheiratet:
»Sich dem Mann vorher in gemeinen Stellungen zeigen, ihn aufreizen, z.B. ›Du hast aber einen großen Schwanz!‹, ›Du stehst aber heute wieder‹, ›Deine Eichel ist so süß!‹ usw., dann über das Geschlechtsteil herfallen: Abschlecken der Eichel, des Schafts, die Haare, die Hoden in den Mund nehmen, den Schwanz, dann – und immer mündliche Kommentare dazu, einen Finger von ihm packen, zum Kitzler führen, schwere Seufzer, verbale Schweinereien gehören dazu.«

Angestellter, 36, ledig:
»Ich finde dominante Phantasien mit Fesseln und Bestrafen interessant, aber nur in Zeiten, wo ich keinen regelmäßigen ›Normalsex‹ habe. Man könnte sagen: Um so mehr Sex, um so weniger aggressive Phantasien. Bei längerer Enthaltsamkeit werden diese allerdings immer wichtiger.«

Arbeiterin, 38, verheiratet:
»Wenn ich glücklich bin, kreisen meine Phantasien um einen eher ruhigen Sex, mit viel Oral- und Analverkehr. Auch Vergewaltigungsszenen können mich erregen, obwohl ich einmal fast vergewaltigt wurde.«

Selbständiger, 38, verheiratet:
»Häufig stelle ich mir vor, daß ich zu einem Fest eingeladen werde. Wenn das Fest immer ausgelassener wird, entdecke ich, daß in einem Nebenzimmer ein Paar Liebe macht. Ich kann sie durch die Türspalte beobachten und ihr Stöhnen hören. Die beiden merken nicht, daß ich ihnen zusehe. Diese Vorstellung erregt mich sehr.«

Angestellte, 26, ledig:
»Wenn ich onaniere und mir dabei in meiner Phantasie einige unanständige Dinge vorstelle, dabei meinen Kitzler streichle und mit der anderen Hand meinen Scheideneingang liebkose, dann kann ich einen tollen Orgasmus haben.«

Angestellter, 32, ledig:
»Ich würde mir mehr sexuelle Initiative von meiner Freundin wünschen. Auch ich als Mann möchte einmal einfach ›genommen werden‹. Frauen kommen immer so unterschwellig, soll sie doch einfach in meine Hose greifen, wenn sie will!«

Selbständige, 44, verheiratet:
»Seit ich ein kleines Mädchen bin, habe ich oft dieselbe Phantasie. Ich stelle mir vor, wie ein Hengst eine Stute begattet. Ich kann nicht sagen, welch herrliches Gefühl das ist! Ich möchte dieses festhalten und würde so gerne einmal in Wirklichkeit zusehen. Ob es im Himmel schöner sein kann?«

Selbständiger, 54, geschieden:
»Ich möchte von einer Frau im Unterrock oder von zwei bis drei Frauen im Unterrock sexuell mißbraucht werden. Dabei muß ich mich nackt ausziehen, selbst einen Unterrock anziehen und meine Hände mit einer Strumpfhose nach hinten fesseln lassen. Bei zwei oder drei Frauen soll mich eine Frau festhalten und mich die anderen mit der Hand sexuell mißbrauchen, bis es mir kommt.«

Arbeiter, 37, ledig:
»Habe noch nie eine Frau onanieren gesehen. Das hätte ich mir schon mal gewünscht und das stelle ich mir oft vor.«

Angestellter, 35, verheiratet:
»Es ist die Ursehnsucht der Frau, einmal gleichzeitig von zwei Männern geliebt zu werden. Das betrifft ca. 90 Prozent der Frauen. Sowohl Frauen, die es schon erlebt haben, als auch Frauen, die sich das in ihren kühnsten Phantasien zwar gerne, aber andererseits nicht einmal vorzustellen wagen (Moral, Erziehung, Religion usw.). Ich persönlich habe bei meinen Gesprächen und eigenen Erlebnissen bisher noch keine ernstzunehmende Frau (es wird auch viel gelogen und geheuchelt) getroffen, die diese Sehnsucht und diesen Wunsch nicht immer wieder von Zeit zu Zeit gehabt hätte – oder haben würde. Und meine eigenen Erlebnisse mit Frauen und einem zweiten Mann haben mir zumindest ausnahmslos bewiesen, daß die Frauen in diesem Fall die bisher höchste Lust ihres Lebens genossen. Natürlich können sich zwei Männer toll mit einer Frau beschäftigen. Der eine Mann verwöhnt die Frau oral und ihren Kitzler, der andere saugt an ihren Brüsten. Die Lustgefühle beider Tätigkeiten zugleich vereinigen sich im Bauch der Frau zu einem unnachahmlichen Ganzen. Noch eindeutiger ist es, wenn der eine Mann die Frau von der Seite und von rückwärts mit seinem Penis penetriert, während ihr der andere Mann von vorne den Kitzler schleckt. Oder der eine Mann stößt die Frau mit seinem Penis tief in die Vagina, während der andere sein Glied zwischen ihre Brüste stößt oder sie in den Mund fickt. Wenn dann bei einem Orgasmus zu dritt die Frau kommt, wenn es den beiden Männern gelingt, ihren Samen gleichzeitig in die Scheide und den Mund der Frau zu spritzen, ist das einzigartig. Auch das gegenseitige Zusehen, zum Beispiel wenn die Frau die Glieder beider Männer gleichzeitig masturbiert oder abwechselnd lutscht und damit den Samen (meist gleichzeitig) zum Spritzen bringt – ist unbeschreiblich. Diese Lust liegt jenseits des Verkehrs mit nur einem Mann.«

Teil 2
Liebe und Sex

Liebe und Partnerschaft

In dem harmlosen Wörtchen »Liebe« stecken verwirrend viele Bedeutungen. Der Ästhet liebt das Schöne, die Mutter liebt ihr Kind, der Alternative liebt die Natur und Mann und Frau lieben einander. »Liebe« kann eine ganz persönliche Beziehung zu einem Ding oder einer Sache, aber auch das Verhältnis zwischen zwei Menschen beschreiben. »Liebe« als semantische Codierung steht aber auch für Erotik und die rein körperlich-triebhafte Sexualität.

Diese scheinbare Sprachverwirrung kann damit erklärt werden, daß jede Form der Liebe von der Libido, also von ein und derselben Kraft, gespeist wird. Trotz der Bedeutungsvielfalt des Codes »Liebe« werden Liebe und Sexualität als Gegensätze empfunden. Diese Spaltung ist auf die von FREUD ausgeführte, frühkindliche Sexualentwicklung zurückzuführen: Im Zuge des Inzesttabus lernt das Kind, die sinnliche Liebe zu den Eltern zu zügeln und anstatt dessen zärtliche Liebe für sie zu entwickeln. Daraus entsteht – vor allem bei Männern – oft die unheilvolle Tendenz, sich sinnliche Liebe nur dann zu erlauben, wenn sie einer Frau gilt, die nicht geachtet wird. Dagegen richtet sich die zärtliche Liebe auf jene geschätzte Frau, die unbewußt nach dem Vorbild der Mutter gewählt wurde.

Das Freud'sche Erklärungsmodell für »Liebe« wurde zu einem allgemeinen Gedankengut. Allerdings vernachlässigte man die Tatsache, daß Fühlen und Gefühle an kulturelle Gebote geknüpft sind und einem historischen Wandel unterliegen. Veränderungen der Gesellschaftsstruktur gehen mit Veränderungen dessen einher, was unter »Liebe« vorgestellt wird.

Die bürgerliche Liebe des 18. und auch des 19. Jahrhunderts wurde von der Geschlechtertypologie bestimmt: Der Mann ist aktiv, die Frau hingabefähig und passiv. Das konkrete Liebesverhalten beider wurde durch die charakterlichen Zuschreibungen von Mann und Frau bestimmt.

Im 19. Jahrhundert verfestigte sich dieses Bild der Liebe noch mehr. Der Mann war für die materielle Versorgung sowie für Schutz und Führung zuständig. Die Frau war sanft, dankbar und gefühlsbetont. Ihre Aufgabe war es, den »rohen« Mann sittlich zu vervollkommnen und für den ehelichen Frieden zu sorgen. Ihr Wirkungsbereich war das Haus, ihre Fürsorge galt dem Kind und dem Mann, während dieser nach außen hin, also weltorientiert lebt. Respekt und Liebe konnten als »Pflicht« vom Partner eingeklagt werden. Wie liebevolles Handeln und partnerschaftliche Achtung auszusehen haben, wurde durch Benimm-Bücher vermittelt.

Durch die nach wie vor starren Rollenzuschreibungen blieb das angestrebte Harmonie-Ideal allerdings nur oberflächlich. Den Ehepaaren war es weitgehend unmöglich, einander zu begreifen und die Gedanken des anderen nachzuvollziehen. Es war vorwiegend die Geschlechtertypologie, die das »Du« konturierte.

Bis Anfang des 19. Jahrhunderts war man der Ansicht, daß der Eheschließung Zuneigung und Liebe schon folgen würden. Sex wurde in die Beziehung meist nicht integriert. Es gab die »trokkene Ehe« einerseits und die »frivole Liebeskraft« außerhalb der Ehe andererseits. Ab etwa Mitte des 19. Jahrhunderts wandelte sich die Ehe von der Arbeitsgemeinschaft, in deren Mittelpunkt das gemeinsame Wirtschaften und Arbeiten von Mann und Frau stand, zur Gefühlsgemeinschaft. Von nun an schloß der Liebesbegriff mehr und mehr gefühlvolle Zuwendung und sexuelle Anziehung mit ein.

Die Regeln und Programme des Zusammenlebens werden nicht mehr von außen und immer weniger von der Geschlechtertypologie gegeben. Es zählte auch nicht mehr der Begriff des gemeinsamen Erwerbens und der Respektgemeinschaft, sondern Individualität und Selbstverwirklichung. Die alten Merkmale der ehelichen Liebe verschwanden mehr und mehr, parallel dazu wurden die Merkmale der leidenschaftlichen Liebe immer bedeutender.

Obwohl wir immer noch so tun, gibt es heute die traditionelle Kleinfamilie nicht mehr. Das zentrale Motiv der Partnerschaften der Gegenwart ist zwar Liebe, aber das Zusammenleben wird immer schwieriger. Viele sind verheiratet, haben aber Liebesbeziehungen außerhalb der Ehe. Andere wieder leben ohne Trauschein zusammen. Man hat Kinder, obwohl man nicht verheiratet ist, oder man ist verheiratet, lebt aber bewußt getrennt. Alles ist heute möglich.

Diese fehlende Festlegung ermöglicht einerseits mehr persönliche Freiheit, verursacht aber andererseits Konflikte, Spannungen und häufig das Scheitern einer Beziehung.

Es sind vor allem die Frauen, die aus den bisher geltenden Strukturen ausbrechen. Durch die zunehmende Berufstätigkeit sind sie mit Haushalt, Kind und Beruf häufig überbelastet. Gleichzeitig aber werden sie durch die Medien mit den Forderungen der Feministinnen nach Gleichberechtigung konfrontiert. Ihrem Wunsch nach persönlicher Entfaltung steht aber ein Alltag gegenüber, der dieser berechtigten Sehnsucht widerspricht: Es sind nach wie vor die Frauen, die sich trotz ihrer beruflichen Verpflichtungen um die Schwachstellen der Gesellschaft kümmern müssen – um die Kinder, die Kranken und die alten Menschen.

Seit die Vernunftehe von der Liebesehe abgelöst wurde, wird die Liebe zwischen dem Bedürfnis nach Zweisamkeit und dem Anspruch auf Selbstverwirklichung zerrieben. Nicht die Abwertung der Liebe ist das Problem der Gegenwart, sondern die Tatsache, daß sie in einer Welt, in der die Menschen immer weniger Lebenssinn finden, zu einer »irdischen Religion« wurde, wie der Soziologe Ulrich Beck treffend sagte. Die Erwartungen, die heute an die Liebe gestellt werden, sind so hoch, daß Enttäuschungen vorhersehbar sind. Nicht nur das:

Der Zwang, sich ausschließlich von der Liebe das große Lebensglück zu erwarten, wird zum Grab der Liebe. Wie viele Frauen und Männer gehen fremd oder geben eine bewährte Beziehung auf, weil sie glauben, einer vermeintlich größeren, besseren, befriedigerenden Liebe begegnet zu sein! Was sich dieser Liebe entgegenstellt, muß geopfert werden – die bestehende Partnerschaft, die Kinder, der Freundeskreis. Während für die Frau der Seitensprung oft zum Absprung aus einer Beziehung wird, ist er für die meisten Männer nur als Bereicherung der häuslichen Erotik gedacht. Im Chaos der Liebe agieren nicht die Männer, sondern die Frauen. Es ist kein Geheimnis, daß die Initiative bei Trennungen von den Frauen ausgeht. Vor allem die jüngeren, wirtschaftlich unabhängigen Frauen wollen nicht mehr auf etwas verzichten, was bisher ausschließlich als »Frauensache« angesehen wurde: Wärme, Gefühle und Zärtlichkeit.

Auswertung

Welche Formen des Zusammenlebens gibt es in Österreich?

> »Bei der Lieb' is das Schöne, man kann aufhören zu lieben, wenn's ei'm nicht mehr g'freut; aber bei der Ehe! Das Bewußtsein: du mußt jetzt allweil verheirat' sein, schon das bringt einen um.« (Johann Nestroy)

21,6 Prozent der befragten Österreicher halten es offenbar mit dem österreichischen Dichter – sie sind alleinstehend. 22,2 Prozent haben eine feste Partnerschaft ohne Kinder. 56,2 Prozent leben in Familien.

Differenziert nach den Bundesländern zeigt sich, daß in Wien, Oberösterreich und Salzburg weniger Menschen Familien haben, während das Burgenland noch eine Hochburg der Familie ist. Hier scheint die Devise: »Früh gefreit hat nie gereut« noch am aktuellsten zu sein.

Wer ist Single?

Die meisten Alleinstehenden sind unter den Akademikern zu finden: Bildung macht frei. 65,4 Prozent der Pflichtschulabsolventen, aber nur 50 Prozent der Akademiker leben in familiären Bindungen. Unter den Pflichtschulabsolventen beträgt der weibliche Anteil derjenigen, die in Familien leben, 81,2 Prozent. Rund 80 Prozent von ihnen verdienen unter S 15.000.

Die Frauen sind also in bezug auf Ausbildung und Einkommen eher benachteiligt und daher mehr aufs Heiraten angewiesen – auch dann, wenn sie das gar nicht so gerne wollen.

Sind die Österreicher Heiratsmuffel?

Entgegen der allgemeinen Behauptung, daß Männer zum Heiraten gezwungen werden müssen, zeigen sich die österreichischen Männer im Durchschnitt heiratsfreudiger als die Frauen: 43,7 Prozent legen Wert darauf, die Frau, die sie lieben, auch zu heiraten. Umgekehrt sind es nur 35,9 Prozent der Frauen, die den Weg zum Traualtar beschreiten wollen, wenn sie einen Mann lieben. Die weibliche Zurückhaltung in Bezug auf Bindung ist auch bei der Frage des Zusammenlebens festzustellen. 38 Prozent des angeblich schwachen Geschlechts würden unter besseren wirtschaftlichen Bedingungen mit dem Mann, den sie lieben, nicht unbedingt zusammenleben. Dagegen stehen nur 26,1 Prozent der Männer auf dem Standpunkt: »Liebe ja, Zusammenleben nein.«

Auch wegen eines Kindes wollen Frauen nicht mehr um jeden Preis heiraten. Nur noch 12,2 Prozent, also etwa jede achte Frau, hält es für notwendig, wegen eines Kindes zu heiraten. Diese Zahlen dokumentieren die rasante Entwicklung der weiblichen Unabhängigkeit.

Gibt es Liebe auch ohne Sex?

39,5 Prozent der Österreicher glauben, daß Liebe auch ohne Sex auskommen kann. Wie zu erwarten, sind es vor allem Frauen, für die die Sexualität weniger wichtig erscheint. Mehr als die Hälfte der Alleinstehenden, nämlich 57,8 Prozent, fürchten, daß die sexuelle Anziehungskraft in langen Beziehungen schwindet.

Sind Frauen eifersüchtiger?

Ja. Frauen (58 Prozent) sind weitaus eifersüchtiger als Männer (50,5 Prozent). Wie unsere Untersuchung zeigt, haben sie dazu aber auch allen Grund:

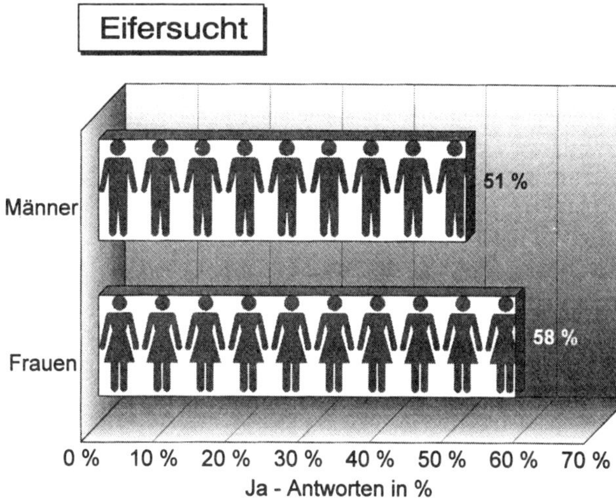

Sind Männer untreuer?

Ja. 40,1 Prozent der Männer, aber nur 20,7 Prozent der Frauen neigen zur Untreue. Wenn Sie sich in Gesellschaft von 10 Männern und 10 Frauen befinden, gehen davon vier Männer, aber nur zwei Frauen fremd! Je älter die Österreicher, desto anfälliger sind sie für Abenteuer außerhalb der Beziehung: Ehemüdigkeit fördert offenbar die Untreue.

Seitensprünge nehmen mit Bildung und Einkommen zu. 38,7 Prozent der Akademiker und 41 Prozent der Spitzenverdiener, aber nur 24 Prozent der Pflichtschulabsolventen und 22 Prozent der Menschen, die unter S 10.000 verdienen, gehen fremd. Die

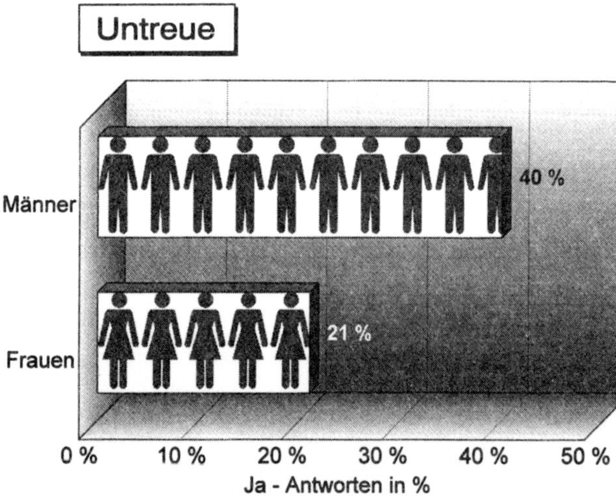

Frage der Moral wird von Menschen der Ober- bzw. Unterschicht ganz offensichtlich anders gehandhabt.

In der Jugend sind die Österreicher eifersüchtiger (66 Prozent). Mit zunehmendem Alter und gesteigerter Selbstsicherheit

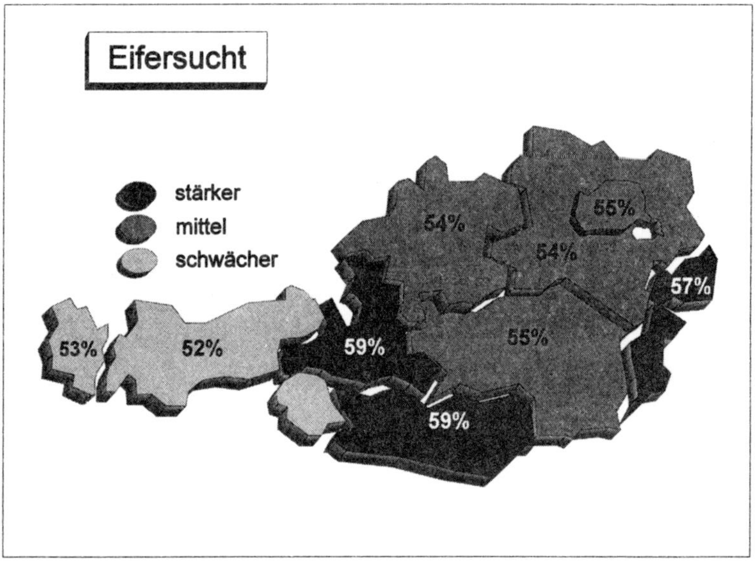

nimmt die Leidenschaft ab, die mit Eifer sucht, was Leiden schafft. Alleinstehende und noch mehr Partner in Lebensgemeinschaften ohne Kinder sind eifersüchtiger als Familienmenschen, die sich durch das Band des gemeinsamen Kindes offenbar sicherer fühlen.
Noch krasser ist der Gegensatz zwischen Akademikern und Pflichtschulabsolventen. Je geringer die Bildung und damit das Selbstbewußtsein, desto stärker die Eifersucht.
Daß gerade die Eifersüchtigen gleichzeitig zur Untreue neigen, kommt nicht von ungefähr: Wie der Schelm denkt, so ist er!

Wie wichtig ist Treue?
Sehr. 91,6 Prozent der Österreicher sagen, daß ihnen Treue wichtig ist. Aber nur 61,4 Prozent sind treu. Die österreichische Haltung gegenüber Treue und Seitensprung entspricht dem beliebten Liedertext »Treu sein, nein, nein, das kannst du nicht, auch wenn dein Herz mir wahre Liebe verspricht.«
In Kärnten, Salzburg und dem Burgenland ist die Eifersucht zu Hause. Vertrauen herrscht in Tirol und Vorarlberg. In den übrigen Bundesländern hält sich die Eifersucht einigermaßen in Grenzen.

Sind Kinder gut für eine Sexbeziehung?
Nicht für die sexuelle Frequenz. Die Österreicher in Lebensgemeinschaften ohne Kinder tun »es« am häufigsten, nämlich dreimal pro Woche. Kaum stellt sich Kindersegen ein, werden die Sexkontakte seltener. Eltern finden mit rund zwei Akten pro Woche das Auslangen. Alleinstehende nehmen mit einer Koitusfrequenz (2,4mal pro Woche) eine mittlere Position ein.

Wirken sich Mutterschaft und Familie auf die weibliche Orgasmusfähigkeit aus?
Ja. Frauen, die in Familien leben, kommen öfter zum Höhepunkt (83,2 Prozent) als Alleinstehende (81,7 Prozent) und

Frauen in Lebensgemeinschaften ohne Kinder (82,6 Prozent). Dieses Ergebnis könnte mit MARY JANE SHERFEYS Theorie »Schwangerschaften begünstigen die Orgasmusfähigkeit« zu erklären sein.

Wer hat mehr Probleme im Bett – »Nur-Hausfrauen« oder berufstätige Frauen?
»Nur-Hausfrauen«. Das Hausfrauendasein ist einer glücklichen Sexualität nicht zuträglich. 27,6 Prozent der »Nur-Hausfrauen« klagen über sexuelle Schwierigkeiten, dagegen nur 15,2 Prozent der berufstätigen Frauen. Sie sind offenbar selbstbewußter und können Wünsche und Bedürfnisse besser »an den Mann bringen«.

Originalzitate

Hausfrau, 35, verheiratet:
»Ich habe einen sehr egoistischen Mann, der mich nur geheiratet hat, weil ich gutmütig bin. Trotzdem ist er sehr eifersüchtig. Er kann nicht mit Geld umgehen, daher verwalte ich die finanziellen Ausgaben.«

Angestellte, 37, verheiratet:
»Vor sechs Jahren hatte ich eine tiefgreifende Beziehung zu einem viel jüngeren Mann, die mein Leben völlig veränderte. Ich erlebte alles, wovon ich je geträumt hatte, obwohl ich wußte, daß es zu Ende gehen mußte. Jahre der Trauer und Verzweiflung folgten. Ich mußte alles geheimhalten. Ich fühle heute noch so stark wie früher, aber ich muß damit leben lernen. Die gesicherte Existenz bei meinem Mann muß ich an oberste Stelle reihen, weil ich nicht ganz gesund bin, aber die schönen Erinnerungen bleiben täglich mein Zufluchtsort. Ohne diese Erinnerungen wäre ich sicher nicht mehr! Das ständige Hick-Hack zermürbt mich, und meine Kraft schwindet. Ich habe Angst, fühle mich sehr leer und ignoriert.«

Hausfrau, 55, verwitwet:
»Ich habe mit 16 Jahren geheiratet, mein Mann war 21. Wir sind durch dick und dünn gegangen und waren 36 Jahre verheiratet, als er starb. Die heutigen Männer kann man vergessen. Jeder will sofort ins Bett. Auf das kann ich gerne verzichten.«

Angestellte, 49, verheiratet:
»Ich bin 29 Jahre unglücklich verheiratet – seit 17 Jahren habe ich einen Liebhaber, mit dem ich alle Tabus gebrochen habe. Ich bin sexuell noch immer mit ihm glücklich, denn er ist im Bett einfach perfekt.«

Feinmechaniker, 47, verheiratet:
»Wir sind seit siebzehn Jahren verheiratet und haben zwei Kinder, über die wir sehr glücklich sind. Auch ein Haus haben wir gebaut. Aber seit drei oder vier Jahren hat meine Frau einen Freund. Aber ich will mich nicht von ihr trennen. Eine Lösung ist schon deswegen schwer, weil man so viel Gemeinsames hat und wahrscheinlich auch, weil ich zu lange zugeschaut und gewartet habe.«

Facharbeiterin, 44, verwitwet:
»Männer, aber auch Frauen, haben keine Zeit für Gefühle. Gefühle sind in dieser hektischen Zeit einfach nicht gefragt. Darunter leide ich sehr.«

Kindergärtnerin, 47, verheiratet:
»Ich habe zwar einen Höhepunkt, aber er ist so schwach, daß ich nach jedem Verkehr traurig und unbefriedigt bin. Ich habe am Anfang meiner Ehe überhaupt nichts gespürt, jedoch im Laufe der Jahre wurde es etwas besser. Aber leider immer noch wie oben erwähnt. Nur einmal erlebte ich einen schönen Orgasmus. Nun bin ich 47 Jahre, und je älter ich werde, um so trauriger und unglücklicher macht mich mein Problem. Die Ehe leidet darunter. Mein Mann ist schon ganz mutlos. Er hat sich deshalb so in Arbeit gestürzt. Keine Zeit mehr für mich. In der letzten Zeit, wenn wir intim wurden, brach ich, ohne es zu wollen, immer in Tränen aus. Dazu kommt, daß ich kaum mehr einschlafen kann. Ich merke es ja, wenn mein Mann zu mir ›Gute Nacht‹ sagt und

schläft, wie ich mich am ganzen Körper verspanne. Ich spüre, wie ich mich meinem Mann entfremde. Am Tag sind wir glücklich, und im Bett geht der Jammer los. Ich leide an Depressionen und an schwerer Schlaflosigkeit.«

Angestellte, 46, geschieden:
»Ich war von meinem 6. bis 17. Lebensjahr in einem Heim. Mir fehlt sehr viel Liebe und Verständnis. Habe mit 18 Jahren einen Sohn bekommen. Die Ehe war sieben Jahre sehr traurig, dann ließ ich mich scheiden. Nun habe ich Probleme mit verheirateten Männern. Leider weiß ich, daß ich nicht mehr als eine schöne Stunde haben kann.«

Angestellte, 34, verheiratet:
»Habe außereheliche Beziehungen. Mein Mann schläft seit einem Jahr nicht mehr mit mir, also suche ich woanders Befriedigung.«

Angestellter, 40, ledig:
»Ich habe seit längerem keine Partnerin, und mit sonstigen Leuten lasse ich mich nicht ein!«

Apothekerin, 35, geschieden:
»Mein Leben lang träume ich schon von einer Reise nach Griechenland, aber da ich mit meinen zwei Söhnen allein lebe und ich nicht einmal einen Partner dafür hätte, wird das ein Traum bleiben. Zeitweise leide ich sehr unter Einsamkeit. Da ich auf dem Land lebe, finde ich hier nicht einmal einen Partner, mit dem ich meine Gefühle ausleben könnte. Männer haben es da schon leichter. Die fahren in die Stadt und kaufen... Sex ohne Herz? Ist eigentlich auch nichts für mich. So bleibt mir eben Herz ohne Sex!«

Kindergärtnerin (Teilzeit), 44, verwitwet:
»Grundsätzlich bin ich der Ansicht, daß man heiraten sollte, wenn man jemand liebt. Es gibt aber auch Umstände, unter denen das nicht möglich ist. Ich zum Beispiel habe für zwei Kinder zu sorgen und kann es mir nicht leisten, die Witwenpension zu verlieren, solange die Kinder in Ausbildung sind.«

Angestellte, 28, ledig:
»Ich bin unfreiwillig Single. Ich würde zwar in bezug auf Sexualität sehr frei, fast zu frei erzogen, aber im übrigen war meine Kindheit von Ignoranz und Kälte geprägt. Ich bin daher sehr gehemmt und unsicher. Merkwürdigerweise bin ich sexuell ungehemmt, kann es aber nicht ausleben, teils aus Angst vor Aids, teils aufgrund von Kontaktschwierigkeiten.«

Angestellte, 28, verheiratet:
»Mein Vater lebte zwar im gleichen Haushalt, hat sich aber nie um mich gekümmert. Genausogut hätte er ganz wegbleiben können.«

Angestellte, 55, verheiratet:
»Ohne dem christlichen Glauben hätten weder meine Kinder noch ich die ersten Ehejahre überlebt. Sinn und Inhalt meines Lebens wurden ausschließlich meine Kinder, und es hat sich zu 100 Prozent gelohnt. Liebe ist für mich das Maß aller Dinge, auch beim Sex. Der Tod ist stets endgültig, auch in der Gefühlswelt. Mein Mann hat sich total verändert – leider zu spät. Wir wollten beide das Gleiche, nur nicht zur selben Zeit.«

Selbständige, 40, verheiratet:
»Ich und auch viele meiner Bekannten zwischen 30 und 40 haben das Gefühl, wir leben in einer Zeit, die keine Gefühle, Innigkeit und Zuneigung aufkommen läßt. Am Tag kann man Haushalt, Kinder und bei uns auf dem Land den Gemüsegarten in Ordnung halten. Ohne Hilfe der Männer. Wenn etwas nicht funktioniert, muß man sich das Gezeter anhören. Kein nettes, freundliches Wort, geschweige denn eine nette Geste. Und abends wird man benutzt. So sieht es in vielen österreichischen Ehen oder Lebensgemeinschaften aus. Ich frage mich, wie soll das weiter gehen? Mich wundert es nicht, daß viele Frauen nur ein Kind und keinen Mann wollen. Wenn es bei mir geht, werde ich mich auch trennen.«

Angestellter, 48, ledig:
»Ich bin gerne ein Single, weil ich die Freiheit liebe. Nur wenn ich eine Frau fände, die wirklich zu mir paßt, würde ich eine Dauerbeziehung eingehen.«

Hausfrau, 36, verheiratet:
»Manchmal habe ich mir schon vorgestellt, wie es wäre, mit einem anderen Mann zu schlafen. Aber das kommt für mich doch nicht in Frage, weil ich meinen Mann liebe.«

Angestellte, 45, geschieden:
»Sex ist für mich die Sehnsucht nach der Nähe des anderen, den anderen spüren und riechen können, schmusen und immer wieder spüren, als Folge der seelischen Liebe, des Vertrauens, der Sehnsucht nach einem Menschen, der hinter dir steht, an den du dich anlehnen kannst, der dich auffängt, wenn du dich fallen läßt. Ein Hinein- und Untertauchen in Gefühle, die das Leben erst lebenswert machen. Und nur auf dieser Basis ist grenzenloser Sex möglich.«

Hausfrau, 48, verheiratet:
»Unsere Ehe ist ein Alptraum geworden. Ich bin soweit, daß ich meinem Mann gut und gerne Gewalt antun könnte. Ich bin so böse und verbittert, ich benehme mich wie die Frau in der Karikatur, ich keife nur noch. Ich glaube, daß es keinen Ausweg gibt außer Trennung. Nur kann ich mich nicht dazu durchringen. Es ist meine zweite Ehe, und ich betrachte diese Misere als persönliche Fehlleistung.«

Selbständige, 47, verheiratet:
»Mein Gatte hat seit einem Jahr eine verheiratete Geliebte. Möchte aber seine private Ordnung nicht missen. Er kommt jeden Tag um 21 Uhr nach Hause. Meine zwei Kinder sind schon erwachsen und ausgezogen. Ich hoffe, daß er zurückfindet, aber ich bin oft deprimiert und habe ein großes Zärtlichkeitsbedürfnis.«

Angestellte, 26, ledig:
»Die gegenseitigen Anforderungen sind gestiegen. Die guten alten Zeiten sind vorbei. Vor allem für die Männer.«

Angestellte, 40, geschieden:
»Echte Liebe braucht keinen Sex. Zu Anfang natürlich schon, aber Frau kann sich damit abfinden, wenn Mann etwas dazwischenkommt.«

Hausfrau, 44, verheiratet:
»Ich bin seit 17 Jahren verheiratet und habe drei Kinder. Mein Mann hat Freundinnen. Ich habe ihn selber mit einer Frau aus deren Wohnung kommen sehen. Dort hat er sich drei Tage aufgehalten. Ich leide zunehmend unter Depressionen und oftmals totaler Lustlosigkeit, weil mir die Hoffnung fehlt, daß unsere Ehe wieder in Ordnung kommt. Ich hatte mich bei Freunden und meinen Eltern ausgeweint. Inzwischen haben sich die meisten sogenannten Freunde von uns abgewendet, weil sie auch keinen Rat mehr wissen und schließlich auch ihre eigenen Probleme haben. Mein Mann stellt zwar alle möglichen Forderungen an mich, wie zum Beispiel abnehmen, ihm Freiheit lassen, weniger Geld ausgeben, arbeiten gehen usw. Dann, so meint er, würde er eventuell auch wieder meine körperliche Nähe suchen. Was ist aber mit meinen Wünschen? Zum Beispiel das Fremdgehen aufgeben und sich mit mir mal gründlich aussprechen?«

Beamter, 52, verheiratet:
»Nur mit der Liebe entsteht für Mann und Frau seelische bzw. himmlische Freude beim Sex. Zwei Menschen verschmelzen zu einer Seele! Das wirkliche Leben, mit Sorgen und Problemen, wird für ein paar Stunden vergessen. Mit dieser wirklichen Liebe gibt man einander die Kraft, für das Leben zu kämpfen.«

Angestellte, 37, geschieden:
»Ich habe noch keinen Mann erlebt, der mir eindeutig sagte, mit mir nur schlafen zu wollen. Mir wurde immer Verliebtsein vorgespielt, was jedoch mit der sexuellen Befriedigung des Mannes ein schlagartiges Ende fand.«

Selbständiger, 52, geschieden:
»Ich habe alle Zeit meines Lebens stets so an die fünf bis sieben Damen – ich werte den Ausdruck ›Frau‹ sehr viel höher – geführt. Aus allen erdenklichen Schichten. Zur steten, beiderseitigen und vollsten physischen und psychischen Zufriedenheit. Neben meiner Familie, von der ich mich aus reiner Verzweiflung über das beiderseitige Unvermögen zu naturhaftem, glücklichem Zusammensein, vor zehn Jahren habe scheiden lassen.«

Angestellte, 41, geschieden:
»Ich zahlte aus meiner Tasche das ganze Haushaltsgeld. Ich habe für meinen Mann gewaschen, gebügelt und gekocht. Und er berichtete voller Stolz seinen Verwandten, was für eine tolle Frau er gefunden habe. Ich fühlte mich überrumpelt, weil mein eigenes Ich immer mehr drauf ging. Aber er war zufrieden und glücklich.«

Beamtin, 38, verheiratet:
»Es gibt so schöne Phrasen, daß es jedesmal etwas weniger weh tut. Aber das sind eben nur Phrasen. Es tat jedesmal so weh, daß man laut schreien möchte, wie beschissen diese Welt und ihre Menschen doch sind. In der kein Raum für Gefühle ist. In der es kein Miteinander, sondern nur ein Nebeneinander gibt. Sex ist das Schlagwort. Mach die Beine breit, und alles wird gut! Daß Sex aber zur Liebe gehört, ein Bestandteil der Liebe ist, vergessen viele.«

Hausfrau, 50, verheiratet:
»Seit langem schlafe ich im Kinderzimmer. Das sagt alles.«

Hausfrau, 41, verheiratet:
»Ich lebe seit Jahren in einer sehr unglücklichen Ehe. Von Anfang an betrügt mich mein Mann. Habe auch zwei Kinder, aber trotzdem kann ich jetzt nicht mehr. Nun will ich die Scheidung einreichen.«

Angestellte, 42, verheiratet:
»Mein Mann will alles haben: Familie und Geliebte.«

Hausfrau, 32, verheiratet:
»Mein Mann und ich führen eigentlich eine sehr gute Ehe, wäre da nicht das Problem Sex. Seit fast zwei Jahren läuft gar nichts mehr. Er war bei der Geburt nicht dabei, ist ein guter Vater zu den Kindern, zu mir auch immer nett, aber wenn ich dieses Thema anspreche, sagt er nur, ich solle ihm Zeit lassen. Ich habe es schon mit allen Mitteln probiert, aber ohne Erfolg.«

Angestellte, 31, verheiratet:
»Jahrelang habe ich versucht, meinem Mann durch Reden, mal im

Guten und mal im Bösen, klarzumachen, daß das kein Leben ist, wenn er mir von Liebe erzählt und auch lieb zu mir ist, und doch seit zehn Jahren eine andere Frau da ist, zu der er geht. Ich sagte ihm, daß ich das nicht mehr mitmache und endlich dieser ›Lügenehe‹ ein Ende setzen will. Aber er versichert mir, daß er mich liebt.«

Selbständige, 41, geschieden:
»In unserer so freien (?) Zeit wird soviel über Selbstverwirklichung geschrieben, daß vor lauter Egoismus gar keine Chance mehr besteht für die Entwicklung von gesunden Zweier-Beziehungen, die nicht nur mit Hochs, sondern auch mit Tiefs, in Form von Entbehrungen, Verzicht und ähnlichen, nicht in die heutige Zeit passenden Erscheinungen, aufwartet.«

Freiberufler, 41, geschieden:
»Auch heute noch leistet der Mann 80 Prozent seines Tuns und Schaffens direkt oder indirekt für das Bermudadreieck!«

Angestellte, 47, geschieden:
»Ich war schon zweimal verheiratet (keine Kinder), doch immer stellte sich heraus, daß die Zweisamkeit in Einsamkeit und Monotonie versandet. Seit acht Jahren bin ich überzeugter Single und glücklicher als je zuvor.«

Angestellter, 39, verheiratet:
»Es macht den Anschein, als würden sich Frauen zu gut vorkommen, sich einem Mann hinzugeben, obwohl es ihnen ja doch gut tut. Ich fürchte, es liegt an der Emanzipation, die meiner Meinung nach vollkommen richtig und fair ist, jedoch bleibt von der zwischenmenschlichen Beziehung ein großer Teil auf der Strecke.«

Angestellter, 32, ledig:
»Meine Freundin sagte mir offen und direkt, sie bräuchte und wünsche sich einen Mann, der, wenn es nur irgendwie geht, Tag und Nacht drin ist und drin bleibt, da sie überwiegend auf handfesten, spürbaren Sex Wert lege und sehr viel körperliche Liebe brauche. Um Konversation zu betreiben, Kaffee zu trinken und lieb zu sein, dazu könne sie sich

auch eine Freundin halten. Auch onanieren könne sie selber, dazu bräuchte sie keinen Freund.«

Angestellte, 38, verheiratet:
»Von Liebe ist bei meinem Mann nicht mehr die Rede. Ich bin wohl nur ein Stück Inventar. Aber nach außen, bei Freunden und Bekannten, soll alles wie in Ordnung aussehen. Die meisten kennen ihn als Mustergatten – was ich manchmal auch nicht bezweifle. Sonntags kann es sein, daß er das Frühstück und nachmittags den Kaffee macht. Die Gewohnheiten aufzugeben, ist wahrscheinlich das Schlimmste von der Trennung und Scheidung.«

Angestellter, 43, geschieden:
»Früher war ich ein verheirateter Sexprotz – je öfter, je lieber. Heute bin ich geschieden und liebe von Herzen eine verheiratete Frau. Ich möchte ihr Zärtlichkeit, Gefühl, Wärme, Verständnis, Liebe, Hingabe und natürlich meinen Körper geben. Ich komme mir wie ein Dieb vor, wenn ich mich nachts in ihren Garten schleiche oder sie durch das Badezimmerfenster küsse, immer bedacht, daß ihr Mann nicht wach wird. Es ist Wahnsinn, wenn man so liebt. Ich habe mich vor Monaten sterilisieren lassen, da sie keine Pille verträgt und der Gummischutz nicht schön ist. Wir verbringen seit 1½ Jahren 95 Prozent aller Tage – die Zeit vergeht uns zu schnell.«

Pensionär, 65, verheiratet:
»Seitdem ich in zweiter Ehe verheiratet bin, weiß ich, wie schön die ›freie Liebe‹ ist. Auch zum Kinderhaben muß man nicht verheiratet sein. Mich versorgen kann eine Freundin ebensogut wie meine Ehefrau. Da mir meine politische Arbeit wichtiger ist als meine Familie, habe ich wahrscheinlich falsch gehandelt, als ich heiratete (weil ich glaubte, daß für meine Versorgung die Ehe notwendig sei – welch ein Irrtum!). Das Thema ›Sex‹ ist mir trotz meiner 65 Jahre noch sehr wichtig. Aber meine jetzige Ehefrau hat zu diesem Thema schon lange ›abgedankt‹.«

Angestellte, 32, verheiratet:
»Ich habe einen Mann geheiratet, den ich gar nicht liebe. Warum ich

das gemacht habe, kann ich heute nicht mehr verstehen. Vielleicht deshalb, weil ich unreif oder unerfahren war. Wir haben uns doch kaum ein Jahr gekannt, dann wurde geheiratet. Daß es keine Spur von Liebe ist, habe ich leider zu spät gemerkt. Er ist sonst gut zu mir, aber was hilft mir das alles, wenn ich ihn nicht liebe. Er ist gar nicht mein Typ. Ich habe mit meiner Mutter darüber gesprochen, die meint, ich müsse mich trotzdem damit abfinden, er ist doch fleißig und sorgt für die Familie. Das stimmt auch, ich würde es nachher, wenn ich von ihm weggehen würde, doch schwieriger haben, finanziell, und auch, wer würde schon eine geschiedene Frau mit zwei Kindern nehmen. Also bleibt mir nichts anderes übrig als doch auszuhalten, den Kindern zuliebe. Ich habe schon gesundheitliche Probleme bekommen vor lauter Kummer, mit diesem Mann, den ich nicht liebe, zusammenleben zu müssen. Geküßt habe ich ihn schon seit Jahren nicht mehr, mir graut einfach davor. Ich habe mir immer wieder gesagt, du mußt das alles mitmachen, aushalten, du hast ihn doch geheiratet, und da ist es ja Pflicht, ihn zu lieben, wenn ich auch lieber davonrennen würde. Ich habe dann viel gebetet. Einige Tage ging es dann wieder, weil ich mir gedacht habe, es bleibt so, und ich kann doch nichts ändern. Aber dann kommen wieder die Tage, wo ich fast verzweifle, weil ich ihn nicht lieben kann. Ich sage mir dann, du mußt ihn lieben, aber innerlich sagt man mir das Gegenteil. Wenn man etwas nicht kann und es trotzdem machen muß, das kann sehr schwer sein. Sonst verstehen wir uns gut, nur daß ich ihn nicht liebe, weil er nicht mein Typ ist.«

Beamter, 48, verheiratet:
»Die Frauen wiederholen stereotyp – ›jetzt nicht‹, ›ich kann jetzt nicht‹, ›heute freut es mich nicht‹, ›mir ist es zu heiß, zu kalt‹, ›laß mich schlafen‹, ›ich bin müde‹. Es ist daher verhältnismäßig leicht, schon allein aufgrund der Seltenheit des Geschlechtsverkehrs eine Frau zu befriedigen, da der Mann unter den angeführten Umständen ständig überladen ist.
Der Mann muß sich daher nach relativ kurzer Ehe oder kurzem Zusammenleben mit einer Frau, um eine zweite Frau umschauen, um nur halbwegs seine Befriedigung zu finden. Ich meine hiermit aber auch die Befriedigung durch das ›Zustandebringen‹ der Befriedigung einer Frau. Wenn der Mann immer wieder abgewiesen wird und er sich

den Geschlechtsverkehr ›erbetteln‹ muß, ist das ja auch nicht sehr erhebend. Nach meinen Erfahrungen ist aber eine Frau und eine Freundin noch immer zuwenig für einen Mann. Denn auch die Freundin fängt bald an, immer öfter nein zu sagen und Ausreden zu finden. Deshalb ist es ratsam für den Mann, eine weitere Frau zu finden, um nicht in ein katastrophales Abhängigkeitsverhältnis zu rutschen. Nach dem Motto – eine muß doch Zeit haben – kann der Mann dann endlich eine ausreichende ›Deckung‹ seiner Befriedigungsgelüste finden.«

Angestellte, 28, verheiratet:
»Ich bin kein Single, aber schon zwei Jahre getrennt von meinem Noch-Ehemann (verheiratet nur noch auf dem Papier). Ich bin einsamer als jeder andere Mensch.«

Angestellte, 48, verheiratet:
»Wenn wir alle vier Wochen einmal miteinander schlafen, dann kommt es bei meinem Mann gleich zum Samenerguß. Er kann sich nicht mehr richtig konzentrieren, bzw. hat gar keine Lust mehr und auch keine Gefühle, so sagt er. Trotz öfterer Arztbesuche wurde es immer schlimmer. Die Ärzte lachten meistens und sagten ihm, es geht sehr vielen Männern so. Aber das ist doch keine Hilfe. Wenn ich mich scheiden lassen will, spielt mein Mann total verrückt und droht mir. Ich weiß auch nicht, wie ich das mit der Trennung hinbekommen soll. Ich kann doch nicht weg von meinen Kindern, und mein Mann geht nicht aus dem Haus, eher zerschlägt er alles. Mein Geliebter ist leider auch verheiratet und dazu noch aus Polen. Seine Frau läßt sich auch nicht scheiden, solange ihr Sohn nicht ausgelernt bzw. studiert hat (er ist jetzt 16 Jahre!).«

Arbeiterin, 35, verheiratet:
»Mein Mann hat mir gestanden, daß er eine sehr starke Zuneigung zu einer Arbeitskollegin hat. Ich wollte sofort mit den Kindern ausziehen. Mein Mann hinderte mich daran und versicherte mir, er wolle immer zu seiner Familie stehen und sich nie scheiden lassen. Mein Mann trifft die Kollegin weiter und hat mir gesagt, daß er mehr Gefühle für sie empfindet als mir gegenüber. Trotzdem möchte er sich nicht von mir trennen.«

Pensionistin, 75, verheiratet:
»Ich bin über 50 Jahre verheiratet (beide jetzt 75), und wir leben glücklich und vorbildlich. Als ich meinen Mann heiratete, liebte ich einen anderen, doch den konnte ich nicht bekommen. Mein Mann hat sehr um mich geworben, und er liebte mich, da habe ich ihn geheiratet. Er war für mich, sowie auch heute noch, ein guter, lieber Freund. Da ich sexuell zurückhaltend bin, hatte er öfters Freundinnen. Ich habe es gewußt, was mich aber nicht gestört hat. Er hat seine sexuelle Befriedigung gehabt, aber zu mir war er sehr lieb und nett. Unsere Ehe war sehr gut und friedlich, viele haben uns sogar beneidet. Doch wahre Eheliebe war es nie. Wir waren zu unseren Kindern und auch jetzt zu den Enkeln gut und ausgeglichen. Ich habe meinem Mann nie ein böses Wort gesagt, obwohl ich wußte, daß er zu seiner Freundin geht. Wenn er nach Hause gekommen ist, war er ganz besonders freundlich und lieb zu mir, auch ich zu ihm. So ist das Leben weitergegangen. Er hat seine Zeit so eingeteilt, damit er für uns alle ein liebenswerter Mensch ist. Auch für seine Hobbies hatte er Zeit. Ich bin jetzt kränklich, aber ich weiß, er würde mich nie verlassen, denn er glaubt noch immer, ich liebe nur ihn. Ja, ich liebe meinen Mann wie einen guten, alten Freund. Jetzt hat er auch wieder eine Freundin (sie ist eine sehr nette Person) und verbringt seine Freizeit mit ihr. Da ich sexuell nicht in der Lage bin, ihn zu befriedigen, bin ich sogar froh, daß er mich damit nicht belästigt.«

Vertreter, 48, geschieden:
»15 Jahre im Außendienst, viel Erfahrung gesammelt in punkto Frauen. Suche nach Liebe und Zärtlichkeit, habe Ehefrau zwar geliebt, aber Vieles vermißt. Vor eineinhalb Jahren habe ich mich in eine Frau verliebt, Erfüllung von Zärtlichkeit und Liebe, zu Hause Ärger, Gütertrennung, Anwalt, Trennung. Arbeit, Hektik, Zeitdruck, Treffen mit der Geliebten, Zimmersuche, Liebe, Trennung, Sehnsucht, Schmerz, Leid, Appetitlosigkeit. Neubeginn allein in 38 m^2 Wohnung, Umzug, Neuanschaffung mit wenig Geld, selbständig Haushalt versorgen. Freundin verheiratet, liebt ihren Mann nicht, ekelt sich vor ihm, muß es ihm freitags mit der Hand machen oder sich hingeben. Wollte sich von ihm trennen, fürchtet sich vor diesem Schritt, Kartenlegerin sagt für das Frühjahr seinen Tod voraus. Ich habe Potenzschwierigkeiten,

die vorher nie waren. Ich bin oft in der abendlichen Einsamkeit traurig, neidisch auf die glücklichen Paare und Eheleute, gehe abends allein spazieren.«

Friseurin, 28, verheiratet:
»Seit unsere Tochter da ist, stört mich fast alles an meinem Mann. Da er einen starken Körpergeruch hat, meistens am Abend, weil bei uns morgens geduscht wird, finde ich das so abstoßend, daß ich keinen Sex mehr mit ihm wünsche. Vor der Geburt störte mich das nicht, ich war so verliebt in ihn und er in mich, das war halt ein Teil von ihm. Heute liebe ich ihn immer noch, möchte ihn wirklich bei der Erziehung dabei haben. Es ist halt so, daß ich ihn nicht mehr so stark körperlich liebe. Es heißt nicht, daß wir keinen Verkehr mehr haben, aber nur nicht mehr so oft (ein- bis zweimal in zwei Wochen). Früher hatten wir es jeden Abend, und oft auch morgens, bevor wir aufstanden.
Ich schäme mich, es zu schreiben, aber ich kann es eigentlich nur noch machen, wenn ich einen Pornofilm gesehen oder etwas getrunken habe. Ich brauche auf jeden Fall Alkohol, wenn ich es ihm oral machen soll.«

Was ist Sexualität?

Was ist Sexualität?
Es gibt kaum einen Menschen, der sich nicht schon einmal die Frage stellte, was unter Sexualität überhaupt verstanden werden soll. Werden damit sexuelle Praktiken bezeichnet? Ist Zärtlichkeit gemeint? Liebe? Oder Fortpflanzung?
Im weitesten Sinne versteht man unter Sexualität die Geschlechtlichkeit eines Menschen. Alles das, was mit Ihnen als Frau und das, was mit Ihnen als Mann zu tun hat, macht den Begriff »Sexualität« aus. Sie besitzen Sexualität nicht wie eine Eigenschaft, z. B. wie Verläßlichkeit – Sie sind sexuell, denn Sie sind von Ihrem Geschlecht geprägt.
Man darf ohne Übertreibung behaupten, daß Sigmund Freud

die erste, planmäßige Lehre der Entwicklung der Sexualität lieferte und diese gleichzeitig mit der Entwicklung des Menschen systematisch in Verbindung brachte. Eine Erweiterung des Freudschen Konzeptes ist Erik Erikson zu verdanken. Er ging davon aus, daß – ebenso wie in der vorgeburtlichen Periode sich ein Organ nach dem anderen entwickelt – der Säugling in einer bestimmten Reihenfolge bestimmte motorische, sensorische und soziale Fähigkeiten ausbildet. Im Gegensatz zu Freud geht Erikson davon aus, daß ein Mensch nicht, so wie Freud es annahm, seinen Triebkräften passiv ausgeliefert ist, sondern bis ins hohe Erwachsenenalter Entwicklungsmöglichkeiten hat.
Entsprechend diesen Erkenntnissen, zu denen auch andere Wissenschaftler, z. B. Margret Mahler, beitrugen, ist man heute der Ansicht, daß die Entwicklung eines Menschen nicht nur durch den Lustgewinn aus verschiedenen Körperzonen, sondern gleichzeitig auch durch die Beziehungsentwicklung voranschreitet, in der ein Individuum zu seiner Umwelt und natürlich auch zu sich selbst steht.
In den psychologischen Alltag ist folgendes Entwicklungsmodell eingegangen:

Die orale Phase (ca. 0–1 Jahr):
In dieser Phase sind die Lippen und Mundschleimhäute die wichtigste Lustquelle, denn alles dreht sich um die Nahrungsaufnahme. Saugen, Nuckeln, Beißen und Lutschen bedeutet für den Säugling doppelten Lustgewinn: An der Brust der Mutter stillt er Nahrungshunger und Beziehungshunger gleichzeitig. Nicht der revoltierende Magen des Babys wird gesättigt, sondern auch sein natürlicher Hunger nach Wärme, Nähe und Berührungsbehaglichkeit.
Unabhängig davon, ob ein Säugling im eigentlichen Sinne hungrig oder ob er »gefühlshungrig« ist – jeder Mangel wird auf dieselbe Weise als unlustvolle Spannung erlebt, die kategorisch nach Erleichterung verlangt.

Die Beziehung zwischen einem Säugling und der Person, die ihn versorgt, ist einseitig: Der eine nimmt, der andere gibt. Gierig und fordernd »einverleibt« sich ein Säugling die Mutter, die ihrerseits seinen Nahrungs- und Beziehungshunger stillt. Durch die zärtliche Fürsorge, die ein Säugling von seiner Bezugsperson bekommt, entwickelt sich das sogenannte »Urvertrauen«. Ein Mensch, der sich als Säugling auf eine stabile, seelische und körperliche Versorgung verlassen konnte, wird es später leichter haben, Selbstvertrauen zu entwickeln.
Im Erwachsenenalter können Menschen, die in der oralen Phase seelisch hungrig geblieben sind, eine geringe Frustrationstoleranz, Unfähigkeit zum Aufschub und die Haltung des passiven Nehmens in Beziehungen zeigen. Vor allem Süchtige fallen durch Charaktereigenschaften auf, die an die früheste Entwicklungsstufe des Menschen denken lassen.

Die analsadistische Phase (ca. 1–3 Jahre):
Im Mittelpunkt dieser Phase steht die motorische Kontrolle – auch die Kontrolle über die Ausscheidungsfunktionen und der damit verbundene Lustgewinn. Dieser Lustgewinn kommt durch den Spannungsanstieg der Darmschleimhaut und der Dehnung der Harnblase zustande, zu der es durch Zurückhalten des Harnes bzw. des Kotes kommt. Aber auch der Spannungsabfall, der durch eine unvermittelte Harn- und Darmentleerung entsteht, wird lustvoll erlebt.
Zur selben Zeit, zu der das Kind Kontrolle über seine Ausscheidungsfunktionen erlangt, lernt es auch, sich seiner Umwelt aktiv zu nähern. Nicht nur die Fähigkeit, die eigenen Ausscheidungen kontrollieren zu können, wird als Freiheit erlebt, sondern auch die Möglichkeit, durch Greifen, Kriechen und Gehen neue Erfahrungen zu sammeln, etwas in »Angriff« zu nehmen, sich an etwas »heran zu machen« und auf diese Weise zu Erfolgserlebnissen zu gelangen.
Durch die neu erworbenen Fähigkeiten dieses Entwicklungsab-

schnittes stehen die Gegensatzpaare »Aktiv/Passiv«, »Macht/Ohnmacht«, »Herrschen/Beherrschtwerden« und »Zurückhalten/Loslassen«. Dementsprechend verlaufen auch die Beziehungen des Kleinkindes, nämlich zwischen Zerstörung und Bewahrung. In die analsadistische Phase fällt die »Trotzphase« und die Phase, in der »genußvoll« Tiere gequält oder Blumen geköpft werden.
Die Psychoanalyse sieht eine enge Beziehung zwischen den infantilen Ausprägungen der Analerotik und späteren Charaktereigenschaften Erwachsener, wie z. B. Sparsamkeit, Pedanterie, Ordnungsliebe und Machttendenzen. Auch sadomasochistische Verhaltensweisen, wie z. B. die Lust zu quälen, zu beherrschen, zu erniedrigen oder umgekehrt die Lust, sich selbst zu unterwerfen und erniedrigen zu lassen, sind aus dieser Entwicklungsphase abzuleiten.

Die phallische Phase (3–5 Jahre):
Während dieser Phase wird der Lustgewinn aus dem Umgang mit den eigenen Genitalien bezogen. Sie haben sicher schon beobachtet, wieviel Vergnügen es einem kleinen Kind macht, mit seinem eigenen Geschlecht zu spielen, es zu reiben, zu drücken, aber es auch herzuzeigen und anzuschauen. Im Zuge des »Doktorspieles« werden das eigene und das andere Geschlecht erforscht, der Umgang damit erprobt und der Geschlechtsunterschied bewußt gemacht. Dadurch entstehen zwangsläufig Phantasien, die unter den Begriffen »Penisneid« und »Kastrationsangst« allgemein bekannt wurden. In der phallischen Phase geschieht es, daß von den Buben das männliche Geschlechtsorgan überschätzt wird, während Mädchen ihren Körper ganzheitlich »narzißtisch besetzen«, sich ihm also mit Stolz zuwenden.
Mit der Einsicht in den Geschlechtsunterschied gestalten sich bereits die ersten »geschlechtstypischen« Rollenbilder: Dem mit einem Revolver (Penissymbol!) bewaffneten Cowboy steht die schöne Prinzessin gegenüber...

Spätestens in der phallischen Phase entsteht aber auch das »ödipale Dreieck«: Das Kind rivalisiert mit dem gleichgeschlechtlichen Elternteil und wünscht sich den Rivalen/die Rivalin weg. Natürlich entwickelt es für diese Phantasien Schuldgefühle, was die Bestrafungsangst verstärkt und auch mit der Ausbildung des »Gewissens« verbunden ist. Im Erwachsenenalter können sich Anteile aus der phallischen Phase in dem starken Wunsch nach Überlegenheit und Bewunderung und in der Überbewertung des eigenen Phallus äußern.

Nach diesen entscheidenden Phasen folgt die »Latenzphase«, in der sich einerseits das Leistungsgefühl und andererseits Vertrauen in das eigene Können entwickelt. Mit der Geschlechtsreifung (Pubertät) werden die frühen Triebvorgänge und die damit verbundenen Verhaltensweisen wiederbelebt. Wie dramatisch die Pubertät verlaufen kann, wissen alle, die einmal einen zügellosen, gefräßigen, aggressiven und unordentlichen Jugendlichen erlebten. Neu sind diese unangenehmen Eigenschaften nicht: Es sind die Inhalte der frühen, infantilen Sexualität des kleinen Kindes ...

Man muß kein Freudianer und Anhänger seiner Triebtheorie sein, um zugeben zu können, daß jeder Säugling in aller Unschuld ein hemmungsloser Genießer ist. In der frühesten Zeitspanne des Lebens gibt es eben noch keine ganzheitliche Erlebnisweise und kein Unterscheiden zwischen »oben ist gut« und »unten ist schlecht«. Es gibt nur lustvolle und unlustvolle Wahrnehmungen.

Vielleicht wenden Sie jetzt ein, was das alles unmittelbar mit Ihrer ganz persönlichen Sexualität im landläufigen Sinn zu tun hat. Auch wenn hier nicht Raum genug ist, um das differenzierte Netzwerk der Bedingungen auszuführen, die die individuelle Sexualentwicklung ausmacht, darf man doch vereinfachend sagen: Die frühesten, sinnlichen Lebenserfahrungen sind der Anfang der späteren, gelebten, individuellen Sexualität.

Die Wurzeln Ihrer Feinfühligkeit, Ihrer Fähigkeit zur Zärtlich-

keit und zum Körperkontakt, zu dem, was Sie unter Nähe verstehen und brauchen und zu dem, was für Sie der Anblick und Geruch eines Liebespartners bedeutet, liegen in Ihren sinnlichen Erfahrungen der frühesten Säuglingszeit und Kindheit.
Entscheidende Veränderungen erfährt dieses Grundmuster Ihrer Sexualität durch die Begleitumstände, unter denen diese ersten, unschuldigen Lusterfahrungen gemacht werden. Zum Beispiel kann die mütterliche Brust, die soviel Geborgenheit, Lust und Sättigung spendet, auch als erdrückend erlebt werden – eine Erfahrung, die sich im Erwachsenenalter in Nähe-Distanz-Konflikten deutlich macht. Zuwenig innige Zuwendung kann in der Phase, in der Nahrungsaufnahme und Nähe noch eins sind, einen ewigen »Beziehungshunger« verursachen.
Später kann durch eine harte Forderung nach Sauberkeit die Basis zu der Haltung gelegt werden, sich Liebe verdienen zu müssen oder mit Sex »Druck« auszuüben. Manche Menschen entwickeln eine unangemessene Sorge um ihre sexuelle »Leistungsfähigkeit« oder umgekehrt, sie sind zwanghaft darum bemüht, ihren Partner zufriedenzustellen. Auch die Gleichsetzung von »sauber und rein« mit »gut und liebenswert« kann durch eine »Topftragödie« in diesem Lebensabschnitt ausgelöst werden.
Darüber hinaus ist es wichtig, wie die engste Umgebung des Kindes reagiert, wenn es seinen Körper entdeckt und ihn voller Stolz herzeigt oder damit spielt. Wenn Erwachsene durch ihre eigenen Ängste und Vorurteile das unschuldige Spiel eines Kindes mit derben Zurechtweisungen oder Verboten zerstören, können sie damit eine ursprünglich positive und natürliche Haltung allem Körperlichen gegenüber beeinträchtigen.
Auch die Phase, in der sich ein Kind in den jeweils andersgeschlechtlichen Elternteil verliebt (»Wenn ich groß bin, heirate ich Mama«) und mit dem gleichgeschlechtlichen Elternteil identifiziert (»Ich werde einmal wie Papa«), wird für das spätere sexuelle Erleben und die Bindungsfähigkeit bedeutend. Um

diese schwierige Entwicklungsphase positiv zu bewältigen – immerhin muß ein Kind den Kampf gegen den gleichgeschlechtlichen Elternteil »wohlwollend aufgeben« (Singer-Kaplan) – müssen die vorangehenden Phasen erfolgreich überwunden sein.

Für jede Lebensphase lassen sich Beispiele finden, wie die Sexualität eines Menschen geformt, aber auch deformiert werden kann. Eine wesentliche Rolle dabei spielt natürlich die Beziehung, die zwischen einem winzigen Wesen und seinen wichtigsten Bezugspersonen existiert.

Wie die Menschen, die für ein Kind von Bedeutung sind, mit seinen Grundbedürfnissen umgehen, wie und unter welchen Bedingungen sie es als Mensch mit Fehlern und Schwächen annehmen und wie sie selber miteinander umgehen – all das hat Einfluß auf die Sexualität, die ein Mensch eines Tages lebt.

Darüber hinaus sind für das sexuelle Erleben auch genetische Aspekte und schließlich der Geschlechtsunterschied von Bedeutung. Wenn man Sexualität als eine Form der Kommunikation betrachtet, gehen Frauen und Männer mit ein und derselben Sache unterschiedlich um.

Auch neue Untersuchungen zeigen, daß Frauen z. B. Sexualität und Gefühl nicht so leicht spalten können wie Männer. Um Sex beglückend und erfüllend erleben zu können, brauchen Frauen mehr Bindung, mehr Emotion und mehr Atmosphäre als Männer. Ein Unterschied besteht auch hinsichtlich des sexuellen Verlangens. Männer haben ein konstanteres Verlangen als Frauen. Aber auch wenn Männer mehr Wert auf regelmäßige »Triebabfuhr« legen, heißt es nicht, daß auch die Intensität ihres sexuellen Erlebens höher ist – diesbezüglich gibt es keine Unterschiede.

Die Entwicklung des Sexualverhaltens

Die frühesten, sinnlichen Lebenserfahrungen, die ein Kind im Austausch mit seiner Umwelt macht, sind zwar bestimmend für die Erwachsenensexualität, aber das heißt noch lange nicht, daß nichts mehr gelernt, verändert, differenziert und erweitert wird.
Man darf zu Recht sagen, daß die Entwicklung des sexuellen Verhaltens dem Erlernen einer Sprache gleichkommt. Dieser Vergleich wird auch dadurch gestützt, daß das Sexualverhalten von Menschen anderer Kulturkreise nicht mit unserem übereinstimmt. Schließlich gibt es Menschen, die eine hohe Sprachfertigkeit besitzen und solche, die mit der Sprache unbeholfen umgehen. Genauso ist es auch mit dem Sexualverhalten: Es wird wie eine Sprache gelernt. Aus dem Lallen wird die Lautbildung, daraus die ersten, einfachen Worte, dann werden ganze Sätze gebildet. Später bringt es der eine zu einer wahren Virtuosität der Sprachbildung, der andere bleibt an seinen Ausdrucksmöglichkeiten reduziert.
Die Ausformung des Sexualverhaltens verläuft genauso. Jedes kleine Lebewesen ist mit der Fähigkeit ausgestattet, auf sexuelle Reize zu reagieren. Sie werden sicher schon beobachtet haben, daß männliche Säuglinge Erektionen haben. Auch bei weiblichen Säuglingen wird bereits die Scheide feucht. Babys und Kinder reihen nicht nur Laute wahllos aneinander – auch ihre sexuellen Reaktionen sind noch nicht aufeinander abgestimmt. Mit der Zeit reagieren sie nicht mehr unkontrolliert auf jede Reizform. Sie lernen, kulturell angemessene Reaktionen zuzulassen und verbotene zu unterlassen. (Im übrigen wird auch »typisch weibliches« und »typisch männliches« Rollenverhalten auf diese Weise gelernt.) Es gibt unzählige Erwachsene, die

sich verzweifelt darum bemühen, das, was sie als Kleinkind »verlernen« mußten, nämlich sexuell spontan, unbefangen und enthemmt zu sein, wieder zu erlernen.
Es löst immer wieder Unbehagen aus, wenn Erwachsene mit der kindlichen Sexualität konfrontiert werden. Man will kleine Kinder als reine Engel und nicht als Sexualwesen sehen. Sie sind aber Sexualwesen. Schon Babys gefällt es, an den Genitalien berührt zu werden und sie genießen die Hautkontakte bei der Körperpflege. Sobald sie ihre winzigen Hände einsetzen können, benützen sie sie dazu, sich selbst zu befriedigen. Obwohl jeder Mensch als Säugling so reagierte, sind diese frühen sexuellen Erfahrungen der Erinnerung nicht zugänglich.
Die erste sexuelle Aktivität und Erfahrung, an die sich ein Mensch mehr als nebelhaft erinnert, ist das Doktorspiel. Der Motor dieses natürlichen sexuellen Verhaltens ist die Neugier: Ein Kind hat den Wunsch, sein Geschlechtsorgan herzuzeigen und das eines anderen Kindes zu erkunden.
Noch vor dem dritten Lebensjahr beginnt eine ganz gezielte, auf Lustgewinn ausgerichtete Selbststimulation. Man geht davon aus, daß die Hälfte aller Buben zwischen drei und fünf bereits Orgasmusgefühle (natürlich noch keine Ejakulation) kennen. Mädchen sind mit masturbatorischen Erfahrungen später dran und auch weniger aktiv als Buben – wahrscheinlich weil die weiblichen Geschlechtsorgane nicht so leicht zugänglich sind und Mädchen als die »anständigeren«, »sexuell passiveren« nach wie vor mehr als die »sexuell aktiven«, »kompetenten« Buben davon abgehalten werden, sich selbst zu stimulieren.
Die weibliche Zurückhaltung gegenüber masturbatorischen Aktivitäten hält noch in der Pubertät an. Unabhängig davon stellt die Selbstbefriedigung für die Mehrzahl der Jugendlichen das erste bewußte Sexualverhalten dar.
Ein Wendepunkt in der Entwicklung des Sexualverhaltens ist das Küssen und das »Petting«. Die Art und Weise, wie geküßt wird, ob mit oder ohne Zunge, ist ebenso bedeutend wie das,

was beim Petting erlaubt wird: ohne Busenberührungen, mit Busenberührungen, mit Oberschenkelberührungen, mit oder ohne gegenseitiger Stimulation der Geschlechtsorgane.
Der Weg von den ersten harmlosen Verabredungen bis zum ersten Koitus verläuft in vier Abschnitten:

1. Verabredungen (ohne Küssen und ohne Körperkontakt)
2. Leichtes Petting (Küsse und Bruststimulation, allerdings nicht unter der Kleidung)
3. Intensives Petting (Bruststimulation unter der Kleidung, manuelle Stimulation der Genitalien)
4. Koitus

Während dem Jungen beim ersten Geschlechtsverkehr der Orgasmus so gut wie sicher ist, müssen Mädchen durchschnittlich zwei Jahre darauf warten.
In der Phase, in der die verschiedenen, sexuellen Verhaltensweisen ausprobiert werden, kommt es auch öfter zu homosexuellen Kontakten. Dieses »Probierverhalten« ist normal und wird oft nicht nur aus Neugierde, sondern auch als Schutz vor dem anderen Geschlecht praktiziert: An den andersgeschlechtlichen Partner traut man sich noch nicht heran, vor ihm hat man noch Angst.
Wie die ersten sexuellen Aktivitäten betrieben werden, ob mit schlechtem Gewissen, Angst und Befangenheit oder mit Freude, Neugierde und Lust, hängt von mehreren Faktoren ab. Zum einen vom Informationsstand – Nichtwissen macht Angst. Zum anderen von der Art und Weise, wie mit Sexualität im Elternhaus oder von bedeutenden Bezugspersonen, zum Beispiel Lehrern, umgegangen wurde. Wenn einem Kind und Heranwachsenden sexuelle Handlungen verboten und gleichzeitig vermittelt wird, daß Sexualität etwas Schmutziges ist, wird es sich als Erwachsener später vielleicht nicht »erlauben«, Sex zu genießen.

Erfüllte und unerfüllte Lust

Der gesunde Durchschnitts-Österreicher erlebt rund 4000 bis 5000 Orgasmen in seinem Leben.

Obwohl der Orgasmus jedem Menschen aus eigener Erfahrung oder zumindest vom Hörensagen bekannt ist, besteht hinsichtlich seiner Definition Unsicherheit. Vereinfacht könnte man sagen, daß es auf dem Höhepunkt der sexuellen Erregung zu einer plötzlichen Spannungsabfuhr mit gleichzeitigem Nachlassen der Muskel- und Nervenanspannung kommt. Dieses Erlebnis wird mit Orgasmus (griech. = lustvolle Erregung) bezeichnet und stellt den stärksten körperlichen Genuß dar, zu dem ein Mensch fähig ist. Entscheidend ist, daß sich der Erlebniszustand des Orgasmus sowohl seelisch als auch körperlich ausdrückt.

Grundsätzlich dauert ein Orgasmus nur wenige Sekunden und verläuft in einer bestimmten Phasenfolge, nämlich in vier Abschnitten:

1. Die Erregungsphase, 2. die Plateauphase, in der die Erregung verstärkt wird, 3. die Orgasmusphase, die den Gipfel des Erregungsablaufes darstellt, und 4. die Rückbildungsphase, in der sich die Symptome, die mit der sexuellen Erregung und dem Orgasmus verbunden sind, wieder zurückbilden.

In der Erregungsphase kommt es beim Mann zu einem mehr oder weniger starken Anschwellen des Penis, in der Plateauphase nimmt der Penisdurchmesser noch einmal geringfügig zu, die Pulsfrequenz und der Muskeltonus erhöhen sich, und es kann auch eine Farbänderung in der Penisspitze auftreten. In der Orgasmusphase erfolgt die Ejakulation, und in der Rückbildungsphase bilden sich alle vorangegangenen Erscheinungen wieder zurück.

Bei Männern nimmt der Orgasmus mit rhythmischen, unwillkürlichen Kontraktionen des gesamten Genitaltraktes (Samenleiter, Samenblase, Prostata, Harnröhre, Peniswurzelmuskel und Penis) seinen Anfang. Innerhalb der ersten Sekunde erfolgen die ersten drei bis vier starken Kontraktionen. Dann werden die Kontraktionen schwächer und die Abstände dazwischen länger. Durch die Kontraktionen (Zusammenziehungen) wird der Samen durch die Harnröhre herausgeschleudert. Die Ejakulationsmenge entspricht etwa dem Inhalt eines Teelöffels, das Sperma wird dabei mit mehr oder weniger großer Wucht herausgeschleudert. Diese Menge verringert sich, wenn es zu wiederholten Ejakulationen kommt. Der Ejakulationsvorgang verläuft in drei Phasen, wobei bereits Ende des ersten Stadiums das charakteristische Gefühl der Unvermeidbarkeit der Ejakulation auftritt. Zwischen dieser Empfindung und dem tatsächlichen Herausschleudern des Samens liegen nur zwei bis drei Sekunden.

Der Orgasmus ist die Erlebnisform, die die Ejakulation begleitet. Sowohl dieses Erleben als auch die Ejakulation selbst kann verschieden intensiv verlaufen. Stöhnen, Schreien, Zuckungen oder Bewußtseinstrübungen sind keine Beweise für die Intensität des Lusterlebens. Ein stiller Schauer kann einen intensiven Orgasmus ebenso begleiten wie ekstatisches Geschrei.

Stöhnen und ekstatische Zuckungen können sowohl Frauen als auch Männer problemlos imitieren. Auch die mit dem Orgasmus verbundenen Kontraktionen der Scheide und des Penis können ohne viel Aufwand produziert und damit ein Höhepunkt vorgetäuscht werden. Der einzig sichere Beweis besteht darin, daß einem Orgasmus immer das Gefühl wohliger, körperlicher und seelischer Entspannung folgt. Wer nach einem Liebesakt reizbar, unzufrieden und nervös ist, hat vermutlich keinen Orgasmus erlebt.

Grundsätzlich verlaufen die Orgasmusphasen bei der Frau genauso wie beim Mann. Auch bei der Frau kommt es zu einem Ansteigen der Pulsfrequenz, zu einer Erhöhung des Muskeltonus, zu einer Verfärbung der Schamlippen und zu einem Herabsinken der Gebärmutter.

Das erste Stadium als Beginn des Orgasmus wird durch ein Gefühl des »Stehenbleibens« eingeleitet, das aus einer starken Erregung heraus entsteht. Das zweite Stadium wird als eine Phase des Wärmegefühls beschrieben, und das dritte Stadium ist durch Pulsieren, Pochen und durch unwillkürliche Muskelkontraktionen der Scheide und manchmal auch der Gebärmutter gekennzeichnet.

Je intensiver ein Orgasmus verläuft, desto stärker und häufiger sind die Kontraktionen des vorderen Scheidendrittels. Bei Befragungen von MASTERS UND JOHNSON beschrieben Frauen drei bis fünf Kontraktionen als »schwaches Erlebnis«, fünf bis acht Kontraktionen als »normal« und acht bis zwölf Kontraktionen als »intensives Erlebnis«.

Die Orgasmusreaktionen und Symptome, die in den sechziger Jahren mit Hilfe von Kameras und Meßgeräten ermittelt wurden, werden nicht alle von allen Frauen erlebt. Viele Frauen erleben nur eine der beschriebenen Phasen, viele nur zwei. Meist wird das dritte Stadium, das Pulsieren, Pochen und die Muskelkontraktionen, deutlich wahrgenommen.

Wenn mehrere Orgasmen hintereinander auftreten spricht man von einem sogenannten »multiplen Orgasmus«. Das bedeutet, daß die Orgasmusphase von der Plateauphase, aber auch von der Rückbildungsphase aus mehrfach (multiple) erreicht wird. Das typische Entspannungsgefühl tritt erst nach Abschluß des multiplen, orgastischen Erlebens ein. Beim multiplen Orgasmus wird der zweite oder dritte Höhepunkt häufig stärker erlebt als der erste. Grafisch stellt sich der multiple Orgasmus wie ein Berg mit mehreren Gipfeln dar.

Frauen können leichter multiple Orgasmen erreichen als Männer. Neueste Untersuchungen der Universität Uppsala und der State University New York beweisen allerdings, daß auch Männer durch Training zu multiplen Orgasmen fähig werden. Vor-

aussetzung dafür sind konsequentes Üben, Entspannungstechniken und Ejakulationskontrolle. Männer, die multiple Orgasmen erleben, gaben an, daß ein Teil der Orgasmen nicht mit Ejakulationen verbunden, sondern trocken ist.
Orgasmus ist nicht gleich Orgasmus. Es gibt die mono-orgastische Erlebnisform, zu der es bei maximaler Stimulierung eines Sexualorganes kommt (zum Beispiel bei Stimulation ausschließlich der Klitoris oder ausschließlich des Penis). Dann gibt es noch die hetero-orgastische Erlebnisform, von der man dann spricht, wenn der Orgasmus durch Stimulation mehrerer Sexualorgane, beziehungsweise verschiedener Sexualorgane zustande kommt.
Nach neuesten Untersuchungen gibt es nicht weniger als 14 verschiedene Orgasmusformen.
Bei der Frau: Der Orgasmus der Klitoris, der vaginal-cervikale Orgasmus, der Brustorgasmus, der orale Orgasmus, der G-Punkt-Orgasmus, der anale Orgasmus und der phantasiegesteuerte Orgasmus.
Beim Mann: Der penile Orgasmus, der anale, beziehungsweise prostatabedingte Orgasmus, der Brustorgasmus, der orale und der phantasiegesteuerte Orgasmus.
Die Tatsache, daß seit etwa 1989 an vielen verschiedenen Orgasmus-Auslösemechanismen (z. B. auch von Phantasie und mental gesteuerten Höhepunkten) die Rede ist, kann als Abkehr einer phallusverschossenen Sexualität und Fixierung auf den Geschlechtsverkehr und die Genitalien gesehen werden.
Ca. 75 Prozent der Frauen und Männer erleben die klassischen drei Orgasmusformen, nämlich penil, klitoral und vaginal. Bei den Frauen ist der klitorale und vaginale Orgasmus nicht scharf voneinander abgegrenzt. Es ist eher so, daß mehrere Lustzentren in unterschiedlichem Grad an einem Höhepunkt beteiligt sind.
Seit Ende der siebziger, Anfang der achtziger Jahre kam eine weitere Orgasmusmöglichkeit ins Gespräch: Der G-Punkt, benannt nach dem deutschstämmigen Gynäkologen Ernest Grä-

fenberg. Dabei handelt es sich um ein etwa markstückgroßes Gewebsareal in der Vorderwand der Scheide, direkt hinter dem Schambein. Wenn dieses erogene Gebiet stimuliert wird (am besten mit der Hand) schwillt es an, und es kommt zu einem Höhepunkt, der mit einer Ejakulation verbunden ist.
Dieses Sekret entspricht in etwa dem Ejakulationssekret des Mannes, natürlich ohne Samenfäden. Das Ejakulationsvolumen variiert von ein paar Tropfen bis zur Menge eines gefüllten Schnapsglases.
Man nimmt an, daß das Areal des G-Punktes ursprünglich bei allen Frauen existent war, aber im Laufe der menschlichen Entwicklungsgeschichte an Bedeutung verloren hat. Schätzungsweise sind etwa 4–6 Prozent der Frauen zu einem G-Punkt-Orgasmus fähig. In dieser Zahl sind nicht jene Frauen enthalten, die zwar einen G-Punkt-Orgasmus haben, aber ihn gar nicht als solchen wahrnehmen.
Eine Diskrepanz ist hinsichtlich der Erreichbarkeit der weiblichen und männlichen Orgasmen festzustellen. Während den Männern die Orgasmusfähigkeit sozusagen in die Wiege gelegt wird und üblicherweise der erste Versuch unweigerlich mit einem Höhepunkt endet, ist für viele Frauen der Orgasmus mit einem Lernprozeß verknüpft. Ein Beweis dafür ist, daß ein Mann bis zu seinem 25. Lebensjahr auf rund 1500 Orgasmen, eine Frau aber auf nicht mehr als 250 kommt.
Mit den Jahren nimmt die Orgasmusfähigkeit der Frau ständig zu, denn die vermehrte Vaskularisierung (Bildung von Blutgefäßen) steigert die Orgasmusfähigkeit und umgekehrt verstärkt diese wieder die Vaskularisierung. Grund genug für die amerikanische Sexualforscherin Mary Jane Sherfey von einer »Potenz der Frau« zu sprechen: »Je mehr Orgasmen eine Frau hat, um so stärker werden sie; je mehr Orgasmen sie hat, um so mehr kann sie haben.« Daß es oft und oft nur bei der Aussicht auf Höhepunkte bleibt, liegt daran, daß der Geschlechtsverkehr für rund 70 Prozent der Frauen eigentlich eine recht uneffektive

Methode zur Auslösung eines Höhepunktes ist. Elektrostimulationen, die an 60 Frauen durchgeführt wurden, bewiesen, daß beispielsweise der Handrücken weitaus sensibler als die Scheide ist. Absoluter Dynamo der weiblichen Lust ist die Klitoriszone. Wenn die Lage der Geschlechtsorgane oder deren Größenverhältnis zueinander so ungünstig ist, daß die für einen Höhepunkt notwendige, indirekte Klitorisreizung nicht zustande kommt, sind Frauen auf eine zusätzliche beziehungsweise ausreichende Stimulation mit der Hand angewiesen.

Was von der Sexualforschung lapidar als »sexuelle Funktionsstörung« bezeichnet wird, erweist sich allerdings bei näherer Betrachtung als überhöhte Erwartung an einen Akt, der, um es mit den Worten der amerikanischen Sexualtherapeutin HELEN SINGER-KAPLAN zu sagen, »einen stark erregenden und emotional befriedigenden Reizwert hat, aber vom mechanischen Standpunkt aus eine ziemlich schlechte Methode zum Erreichen des Höhepunktes darstellt«.

Die sexuelle Problematik der Frauen kristallisiert sich im Erreichen des Orgasmus, während die Männer Probleme mit der Erzeugung des Reizes an sich haben. Anders gesagt: Reicht beim Mann der Reiz für eine anhaltende Erektion, ist der Orgasmus so gut wie sicher. Abgesehen von der (eher seltenen) Störung der verzögerten Ejakulation (ejaculatio retarda) und des (eher häufigen) vorzeitigen Samenergusses (ejaculatio praecox), leiden Männer häufig unter einer vorübergehenden oder länger dauernden Erektionsschwäche. In der Mehrzahl sind psychische Gründe für Potenzprobleme verantwortlich. Der Beweis dafür ist erbracht, wenn es dazu nur im Zusammensein mit einer Partnerin kommt, sich aber bei der Selbstbefriedigung (oder einer anderen Partnerin) eine Erektion einstellt.

Die Erektion ist keine Sache des Willens oder Wollens. Nicht einmal das Ausmaß der Erektion ist ausschlaggebend – schließlich kommt es dazu auch durch eine volle Blase. Es sind sogenannte parasympathische Impulse, die, ausgelöst durch eine

tatsächliche oder aus der Phantasie stammende Berührung, die arteriellen Blutgefäße erweitern und die arteriellen Ventile öffnen, so daß eine maximale Blutzufuhr in die drei zylinderförmigen Schwellkörper des Penis strömen kann. Der Penisschaft, der aus zweibindegewebigen Zylindern, den Corpora cavernosa besteht, ist mit schwammigen Gefäßräumen ausgestattet. Ein breiter Gefäßzylinder im unteren Teil des Penis umgibt die Harnröhre. Durch das Auffüllen der Schwellkörper mit Blut kommt es zum Erigieren des Gliedes. Dafür, daß es dabei bleibt, der Druck also ausreichend hoch gehalten wird, sorgen Beckenmuskeln, die am Penisende befestigt sind, bei der Erregung rhythmisch kontrahieren und so den Abfluß des gestauten Blutes verhindern. Eine zusätzliche Sicherung zur Aufrechterhaltung der Erektion besteht in einem Schottensystem in Form von Venenklappen. Die parasympathischen Impulse sind übrigens auch für jene Muskelaktivität verantwortlich, die die Samenflüssigkeit durch die Harnröhre treibt und schließlich die Ejakulation bewirkt.
Wer glaubt, daß Sex die natürlichste Sache der Welt sei, irrt: Wir sind ziemlich instinktarme Wesen. Viele Frauen und Männer brauchen oft Jahre, bis sie jene Ängste, Hemmungen und Blokkaden abgebaut haben, die in der Kindheit und Jugend durch Erziehung und Umwelt erworben wurden. Die Form einer Störung ist – wie auch die Form des individuellen, sexuellen Erlebens – das Abbild der eigenen Lebensgeschichte.

AIDS geht alle an

14 Millionen Menschen sind weltweit vom HIV-Virus befallen. Zur Zeit erfolgt alle 15 bis 20 Sekunden eine Infektion. In Österreich sind es schätzungsweise an die 10 000 Personen, die mit dem AIDS-Virus infiziert sind. Amtlich gemeldet sind 921.

Auf dem, im Juni 1993 in Berlin abgehaltenen 9. Internationalen AIDS-Kongreß machte man darauf aufmerksam, daß im Jahr 2000 40 Millionen Menschen das tödliche HIV-Virus im Blut haben werden. AIDS geht uns also alle an. Man weiß schon längst, daß die Betroffenen nicht nur in »Risikogruppen« zu suchen sind. Es zeigt sich immer mehr, daß sich die Übertragung durch heterosexuelle Kontakte ausweitet. Obwohl es in der AIDS-Therapie in den letzten Jahren große Fortschritte gab, ist an eine tatsächliche Heilung oder Impfung noch lange nicht zu denken. Die einzige Möglichkeit, dem tödlichen Virus nicht zum Opfer zu fallen, besteht in einer sinnvollen Vorbeugung, das heißt also in dem Gebrauch von Kondomen.

Sowohl unsere Studie als auch andere diesbezügliche Untersuchungen zeigen, daß sich der Gebrauch der Gummis nicht so durchsetzen kann, wie es notwendig wäre.

Die Gründe, warum Männer sich lieber auf ein Risiko einlassen, anstatt ein Kondom zu benützen, sind bekannt: Sie fühlen sich in einem Überzieher »eingeengt«, »wie abgeschnitten« und haben Angst, »die genitale Wärme der Frau« nicht zu spüren. Außerdem haben Männer ein starkes Interesse an der ungehinderten Entladung des »besonderen Saftes«. Der Samenerguß hat für viele Männer nach wie vor mythische Qualitäten. Das träge quellende Sperma des alternden Mannes gehört zu den schmerzlichen Erlebnissen in einem Männerleben.

Auch Bedenken hinsichtlich der Handhabung sind da: Wann und wie soll der Gummi parat sein? Wohin mit ihm »nachher«?

Frauen haben ebenfalls Vorurteile, wenn es um den Gummi geht. Sie fürchten, daß sich der Partner, dessen Penis in Plastik gehüllt ist, »abgrenzen«, »nichts von sich hergeben« will. Auch bei Frauen existiert die Angst, zu wenig voneinander zu spüren.

Diese inneren Barrieren, die Neigung, eine tödliche Krankheit immer nur »den anderen« zuzuschieben und die Tendenz, eine Seuche als Strafe Gottes zu sehen oder mit einem Moralverfall zu erklären, machte AIDS zum Feindbild.

Daß Seuchen und Epidemien immer schon mit moralischem Niedergang in Zusammenhang gebracht wurden, belegt eine lange Liste der Literatur über dieses Thema, die mit »Ödipus« beginnt und bei Camus' »Pest« endet. Kein Wunder, daß sich aus diesem Hintergrund heraus auch ein kriegerisch anmutendes Vokabular gebildet hat: Seuchen werden »bekämpft«, Bakterien »vernichtet« und ein Fortschreiten des Siechtums »radikal unterbunden«. Daß sich AIDS-Kranke dadurch an den Rand geschoben fühlen und sich selbst als »Angriffsziel« betrachten, ist klar. Anstatt das Feindbild AIDS auf die Opfer zu übertragen und Unsicherheit und Ängste an Betroffenen abzureagieren, wäre es sinnvoll, sich verantwortungsvoll zu verhalten und von Informationen und Kondomen Gebrauch zu machen.

Auswertung

Erfüllte Lust – Lust auf Liebe

Sex wird nicht ohne Grund das »Thema Nummer 1« genannt: Wir leben nach dem, von FREUD formulierten »Lustprinzip«. Vom Augenblick der Geburt an strebt jeder Mensch nach Lust und versucht, Unlust zu vermeiden.

Wie oft werden die Österreicher sexuell aktiv?

○ Durchschnittlich 2,4mal pro Woche (2,4 bedeutet soviel wie zwei- bis dreimal) treibt der Trieb den Österreicher ins Doppelbett.

○ 17,8 Prozent der österreichischen Männer und Frauen haben viermal und öfter pro Woche Verkehr!

○ 15,2 Prozent verkehren bis zu dreimal.

○ 19,9 Prozent bis zu zweimal pro Woche.

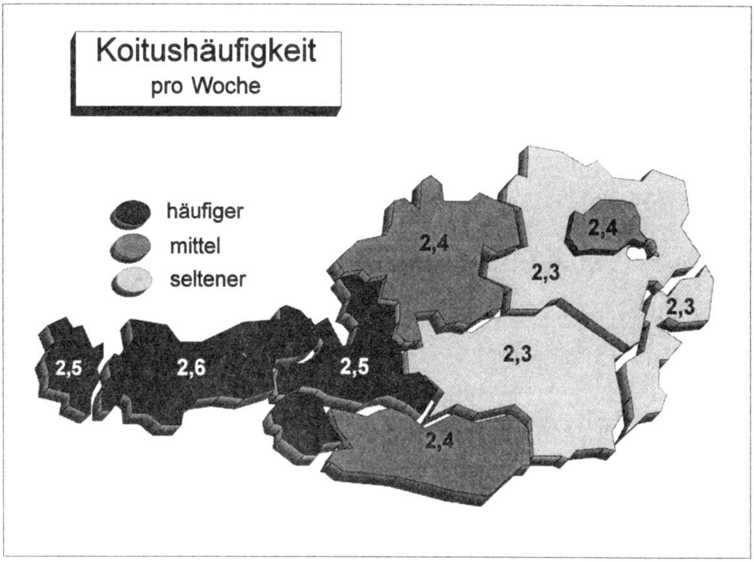

○ Mit 27,1 Prozent ist die Gruppe der Menschen mit einmaliger Koitusfrequenz pro Woche am größten.
○ 9,9 Prozent tun es maximal einmal pro Monat.
○ 10,1 Prozent der Befragten leben zur Zeit ohne Sex.

Am aktivsten sind die Tiroler – sie tun es 2,6mal pro Woche, also eher dreimal. Danach folgen die Salzburger und Vorarlberger mit 2,5mal. In der Steiermark, im Burgenland und in Niederösterreich geht es kommoder zu – sie bringen es auf rund 2 Liebesakte pro Woche.

Sind Männer sexuell aktiver?

Ja. Die österreichischen Männer sind wirklich aktiver. Sie haben 2,68mal pro Woche Sex, die Frauen nur 2,1mal pro Woche. Daß die Männer eher 3mal, und die Frauen 2mal Verkehr haben, ist darauf zurückzuführen, daß sie untreuer als Frauen sind. Die Österreicher sind Hallodris. Sie gehen nicht nur häufiger fremd als Frauen – offensichtlich unterhalten die Seitenspringer mit zwei oder sogar mehr Frauen gleichzeitig intime Beziehungen (s. Auswertung »Liebe und Partnerschaft«).

Wann haben wir die besten Jahre?
Bis zum 40. Lebensjahr sind die Österreicher sexuell am aktivsten. Jeder Fünfte tanzt zumindest dreimal pro Woche den Diwanwalzer!
Die Lust am Sex verringert sich zwar mit zunehmendem Alter, aber im großen und ganzen bleibt das Thema Sex aktuell. Während sich die ganz Jungen noch viermal pro Woche Zeit für ein Schäferstündchen nehmen, verkehren die über 60jährigen im Schnitt ein- bis zweimal. Immerhin!

Wie lange dauert der alpenländische Liebesakt?
Länger als Sie glauben! Die österreichischen Männer gehören nicht zu jenen, die Sex nach der Devise »Ran, Rauf, Runter« praktizieren. Rund 50 Prozent zelebrieren die körperliche Liebe bis zu einer halben Stunde. 28,8 Prozent dehnen sie angeblich

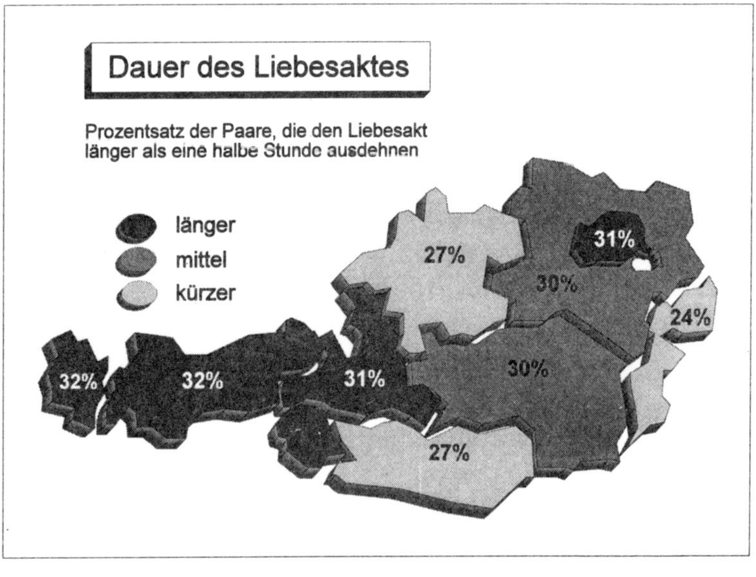

sogar noch länger aus! Nur bei 20 Prozent ist es schon vorbei, ehe ehe noch zehn Minuten vergangen sind. Mit diesen Angaben zeichnen sich die Österreicher als Spitzenliebhaber aus: Bei 75 Prozent der Amerikaner dauert »es« nur zwei Minuten. Bei den deutschen Männern sind 5–10 Minuten am häufigsten (22 Prozent).
In Tirol, Vorarlberg, Salzburg und Wien dauert der Liebesakt am längsten. Im Burgenland lebt man offenbar nach dem Motto: »Zeit ist Geld« und beeilt sich auch im Bett. Auch die Kärntner und Oberösterreicher ziehen kürzere Kontakte vor.

Was halten die Österreicher vom Vorspiel?
Wenig. Während die überwiegende Mehrzahl der Österreicher mit der Dauer des Aktes glücklich sind, hapert es beim Vor- und erst recht beim Nachspiel. Mit der Ouvertüre sind gerade noch 79,6 Prozent zufrieden, aber beim Nachspiel nur noch 62,3 Prozent. Die Burgenländer erweisen sich als echte Nachspielverweigerer. Mit 49,2 Prozent zeigt sich nahezu die Hälfte der Befragten mit der Länge des Nachspiels (das ja auch ein Indikator für die Zärtlichkeit in einer Beziehung ist) höchst unzufrieden. Mehr Zärtlichkeit dürfte es in den westlichen Bundesländern geben, denn hier ist man mit dem Nachspiel im großen und ganzen zufrieden.
Österreicher, die in Familien eingebunden sind, beklagen die Kürze des Vorspiels und des Nachspiels. Im starren Korsett des Familienalltags verkommt die ursprüngliche Freude am sexuellen Zusammensein zur hastigen »ehelichen Pflicht«.
Zum Leidwesen der Frauen sind die Männer, denen man ja nachsagt, weniger zärtlich zu sein, mit dem Vor- und Nachspiel zufrieden.

Welche Stellung ist am beliebtesten?
Dreimal dürfen Sie raten: Die Lieblingsposition der Österreicher ist nach wie vor Frau unten/Mann oben. 40,2 Prozent tun

Lieblingsposition
bei Frau und Mann

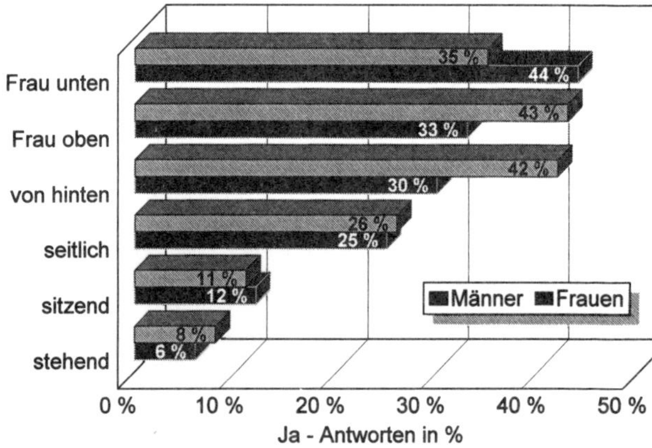

es in der Missionarsstellung. Sie ist die Lieblingsposition der Pflichtschulabsolventen (49,9 Prozent). Die umgekehrte Lage bevorzugen immerhin noch 37,2 Prozent. 34,4 Prozent der Befragten verkehrten am liebsten von hinten, 24,8 Prozent seitlich. Andere Stellungen – stehend (6,7 Prozent) oder sitzend (11,6 Prozent) – werden selten praktiziert. Bequemlichkeit geht vor.
Die Kärntner (42,3 Prozent) mögen die Missionarsstellung. In Wien, dem Burgenland und Niederösterreich verkehren rund 38 Prozent gerne in umgekehrter Stellung. Die Salzburger treiben es gerne von hinten (41,5 Prozent).
Überraschend sind die geschlechtsspezifischen Vorlieben. Frauen (44,1 Prozent) und immerhin 43,2 Prozent der Männer nehmen beim Verkehr lieber die untere, passivere Stellung ein.

Wer mag Sex von hinten?
65,5 Prozent der Männer und Frauen finden diese Position »tierisch« und wegen der mangelnden Kommunikationsmöglichkeit »demütigend«.

Wer experimentiert am meisten?
Die Jahrgänge zwischen 20 und 40. Gleichgültig ob oben oder unten, von hinten oder von vorne – alle diese Stellungen werden von jeweils einem Drittel dieser Altersgruppe gleich häufig praktiziert. In Lebensgemeinschaften ohne Kinder verkehren die Partner am liebsten von vorne – 35,8 Prozent Mann oben, 38,2 Prozent Frau oben –, in Familien häufig von hinten (34,5 Prozent). Ob dieses Ereignis Rückschlüsse auf den emotionalen Gehalt in den Beziehungen zuläßt?

Wann wird in Österreich geliebt?
Am Wochenende. Der Samstag ist der »koitale Hochfrequenztag«. 53,6 Prozent der Befragten haben am Samstag, der ja auch der traditionelle Badetag der Österreicher ist, Sex.
In Salzburg (33,3 Prozent), Oberösterreich (31,4 Prozent), Kärnten (31,2 Prozent) haben die Menschen häufiger am Morgen Sex. Die Burgenländer verkehren gerne am Abend (59,4 Prozent) und die Wiener gerne zwischendurch (43,5 Prozent).

Gibt es bei der zeitlichen Vorliebe Geschlechtsunterschiede?
Ja. Bevorzugt wird vor dem Einschlafen (53 Prozent) oder morgens (28,7 Prozent) geliebt. Nur 9,6 Prozent der Österreicher nützen das »Mittagsschlaferl« für ein Schäferstündchen. 38,2 Prozent packen die Gelegenheit beim Schopf und erledigen die Angelegenheit zwischendurch.
Frauen (55,2 Prozent) schätzen den Abend besonders, Männer den Morgen. Vor allem potenzreduzierte Männer nützen gerne die Morgenerektion. Die Abneigung der Frau gegenüber Sex zu früher Stunde ist unter anderem mit dem langsamer anlaufenden weiblichen Kreislauf zu erklären.

Betreiben Menschen mit häufigem Geschlechtsverkehr weniger Selbstbefriedigung?
Nein. Menschen, die öfter selbst Hand anlegen, haben auch

öfter Geschlechtsverkehr. Der logische Schluß: Wer Spaß am Sex hat, verschafft sich eher auch selbst Vergnügen.

Onanieren Männer häufiger?

Ja. 74,8 Prozent der Männer masturbieren, aber nur 62 Prozent der Frauen.

Wenn es um die Masturbationshäufigkeit geht, bestätigt sich das drängendere sexuelle Bedürfnis der Männer. Sie onanieren durchschnittlich 1,6mal, eher 2mal pro Woche. Die Frauen begnügen sich im Schnitt mit nicht einmal einem (0,78mal pro Woche) Orgasmus Marke »Eigenbau« pro Woche. Sie sind ganz offensichtlich eher in der Lage, sexuelle Impulse zu sublimieren, also auf andere Ziele zu verlagern. Auch ihre Fähigkeit, Zärtlichkeit zum Beispiel mit Kindern oder im zärtlichen Umgang mit Freundinnen zu erleben, ermöglicht es ihnen, ihre Sexualität anders als direkt auszuagieren.

Wer hat die höchste Masturbationsfrequenz?

Alleinstehende, denen es zwar nicht an Verlangen, aber an einem allzeit verfügbaren Sexualpartner mangelt, finden durch Selbstbefriedigung Entspannung (2,2mal pro Woche).

Nicht ganz so zufällig folgen danach jene Österreicher, die in Familien leben. Offensichtlich halten sich diese mit der Selbstbefriedigung und den dazugehörigen, sexuellen Phantasien für ihre durch die Kinder eingeschränkten Möglichkeiten oder für ihr nicht mehr ganz so aufregendes eheliches Sexualleben schadlos. Unter gewissen Umständen sind eben die meisten Abenteuer im Kopf...

Nicht nur beim Geschlechtsverkehr, auch bei der Selbstbefriedigung sind die jüngeren Jahrgänge bis 40 aktiver. In der Woche kommen sie auf rund zwei selbst erzeugte Orgasmen. Bei den älteren Österreichern sinkt das Verlangen nach Selbstbefriedigung auf eine Frequenz von 1mal pro Woche.

Maturanten und Akademiker scheinen in punkto Selbstbefriedi-

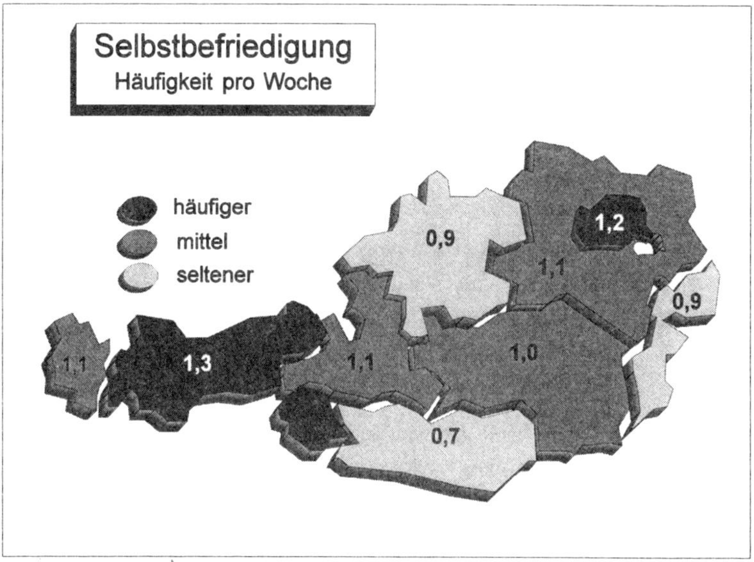

gung die geringeren Hemmungen zu haben. Sie masturbieren durchschnittlich zweimal pro Woche.

Auch regionale Unterschiede sind festzustellen: Die Tiroler (zweimal pro Woche) und Wiener (1,8mal pro Woche) sind die eifrigsten »Handwerker« im Lande. Die Kärntner finden an der Selbstbefriedigung weniger Freude – sie tun es seltener als einmal in der Woche.

Sind Männer in punkto Stellungen experimentierfreudiger?

Ja. 19 Prozent der Männer variieren zwischen drei und sechs Stellungen. Von den Frauen sind es nur mehr 13,4 Prozent, die sich für Positionswechsel erwärmen können. Diese unterschiedliche Haltung ist damit zu erklären, daß ausgefallene Stellungen für Männer die sexuelle Spannung erhöhen. Für Frauen gilt: Je linder, je besser.

Ist Frauen ein großer Penis wichtig?

Ein großer Penis erregt immerhin ein gutes Drittel nämlich

34,3 Prozent der Frauen. (In Deutschland glaubt nur jede fünfte Frau, daß ein großer Penis wichtig sei.) Frauen, die keinen Höhepunkt haben, werden durch ein großes Liebesorgan nicht so angetörnt – nur 24,2 Prozent finden Gefallen daran.

Sind die Männer mit der Größe ihres Penis zufrieden?
14,8 Prozent finden ihr Liebesorgan zu klein. Von den impotenten Männern fürchten 23,1 Prozent, daß ihr Penis zu klein ist. Für Männer ist Penisgröße und Männlichkeit oft noch eins. Kein Wunder, daß sich diejenigen, die glauben, ein zu kleines Liebesorgan zu haben, häufig minderwertig fühlen.

Stimmt es, daß Frauen länger brauchen als Männer, um erregt zu werden?
Ja: 48,9 Prozent brauchen lange, um so richtig in Fahrt zu kommen. Der Geschlechtsakt ist für Frauen eher Ausdruck von Zuwendung und Liebe. Da Frauen Sex nicht so wie Männer von Gefühlen abspalten, »springen sie erst an«, wenn sie sich geliebt und akzeptiert fühlen.

Wie wichtig ist es einem Mann, seine Partnerin zu befriedigen?
Sehr. 86,3 Prozent legen Wert darauf, daß auch die Frau sagen kann »Ende gut, alles gut«. Von den potenzgestörten Männern sind es allerdings nur 80,9 Prozent, denen der Orgasmus der Frau wichtig ist.

Haben die Männer Angst vor sexuell initiativen Frauen?
Nein. Nur 6 Prozent fühlen sich durch eine sexuell initiative Frau verunsichert. Entweder ist der österreichische Mann im Bett sehr selbstsicher. Oder er neigt auch hier dazu, die »Arbeit« der Frau zu überlassen.
Viele Frauen tun das tatsächlich gerne: 39,6 Prozent nehmen die Sache in die Hand. Vielleicht deshalb, weil ihnen gar nichts anderes übrig bleibt.

Stehen die österreichischen Männer auf große Busen?
Ja. Jeder zweite (52,9 Prozent) bevorzugt Frauen mit großer Oberweite. Nur 15,4 Prozent begeistern sich für einen knabenhaften Typ.

Unerfüllte Lust

Wer meint, daß die schönste Sache der Welt auch die selbstverständlichste sei und ganz ohne Störungen verlaufen müsse, irrt. Sex ist leider nicht Willenssache. Viele Menschen haben Probleme mit der Lust, obwohl sie sich nichts sehnlicher wünschen als ein befriedigendes Liebesleben.

Haben die österreichischen Frauen Schwierigkeiten mit dem Orgasmus?
Na ja. Etwa jede fünfte hat Probleme. 82,6 Prozent der Frauen haben mit dem Höhepunkt keine Schwierigkeiten. In Wien, Niederösterreich, Salzburg und Kärnten berichten die Frauen häufiger über Störungen.

Sind Orgasmusstörungen vom Alter abhängig?
Nein. Orgasmusstörungen treten in allen Altersgruppen gleich oft auf. In diesem Fall heilt die Zeit keine Wunden. Frauen, die Schwierigkeiten haben, den Orgasmus zu erreichen, sollten daher nicht darauf warten, daß sich diese von alleine bessern. Besser wäre es, sich aktiv um eine Klärung der Hintergründe zu bemühen.

Haben Frauen mit Orgasmusproblemen weniger Geschlechtsverkehr?
Ja. Die meisten verkehren durchschnittlich nur einmal in der Woche. Von den Frauen ohne Orgasmusprobleme verkehrt jede fünfte zweimal pro Woche und jede siebente dreimal pro Woche.

Hängen Bildung und Orgasmusfähigkeit zusammen?
Ja. Pflichtschulabsolventinnen (23,2 Prozent) leiden am häufigsten unter ausbleibenden Orgasmen. Mit mehr Wissen und Selbstbewußtsein können Frauen ihre sexuellen Bedürfnisse besser erkennen und durchsetzen. Nur 15 Prozent der Akademikerinnen und Maturantinnen klagen über Orgasmusstörungen.

Wie äußern sich Orgasmusprobleme?
Entweder dadurch, daß grundsätzlich jede Empfindung fehlt. Das ist bei 4,2 Prozent der Frauen der Fall – sie halten sich für frigid. Bei 14,9 Prozent setzt die Erregung knapp vor dem Höhepunkt aus – die betreffende Frau steht plötzlich »neben sich«. 7,7 Prozent haben beim Geschlechtsverkehr Schmerzen.
In Kärnten, Niederösterreich und Vorarlberg haben mehr Frauen mit Orgasmusstörungen zu kämpfen (etwa 25 Prozent). Im Burgenland haben die Frauen die wenigsten Orgasmusprobleme – nur 20,8 Prozent leiden darunter.

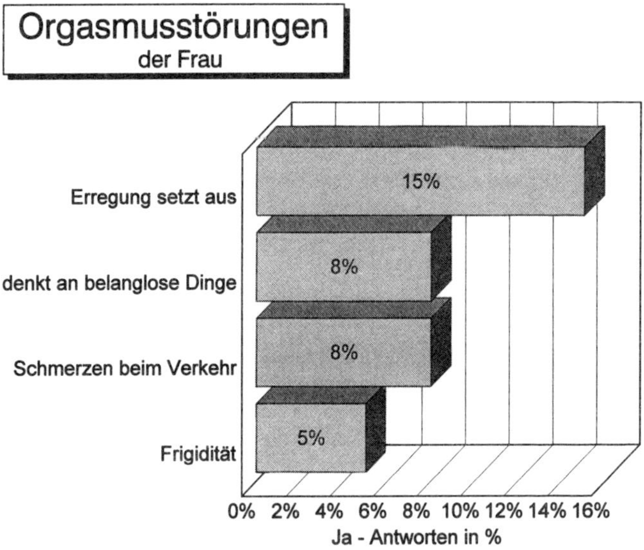

Masturbieren Frauen mit Sexualstörungen häufiger?
Nein. Sie praktizieren die Selbstbefriedigung seltener, 40,7 Prozent überhaupt nicht.

Bluffen die österreichischen Frauen im Bett?
Ja. Fast jede fünfte Österreicherin ist eine begabte Schauspielerin. 18,9 Prozent geben zu, ihren Partner häufig überzeugende Orgasmusshows zu liefern. Die Wiener, Niederösterreicher, Steirer und Vorarlberger werden durch die schauspielerischen Leistungen ihrer Frauen am häufigsten hinters Licht geführt.

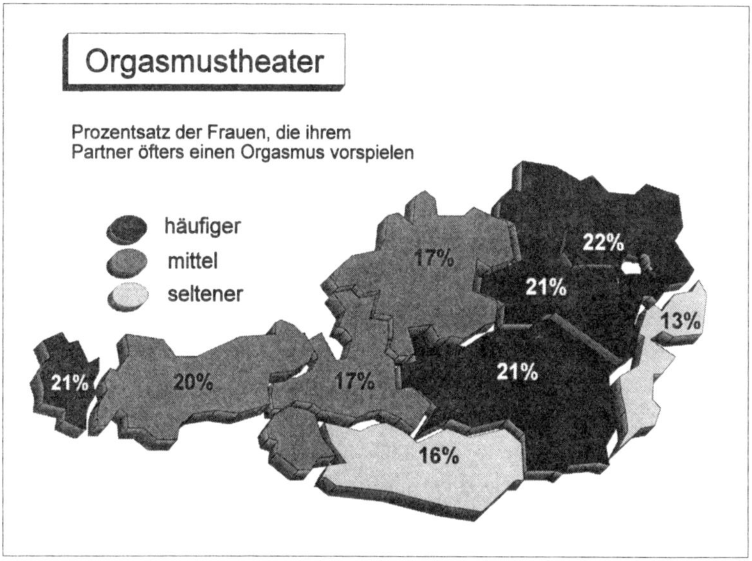

Alleinstehende (21,2 Prozent, gegenüber 16,8 Prozent Ehefrauen) praktizieren die Täuschung am häufigsten. Möglicherweise wollen sie mit diesem kleinen Trick eine noch lose Beziehung festigen. Oder sie fürchten, den Mann sofort wieder zu verlieren, wenn sie nicht »gut im Bett« sind und den Partner als tollen Liebhaber bestätigen.

Sind Frauen im besten Alter ehrlicher im Bett?
Nein. Reife Frauen inszenieren das Orgasmustheater häufiger als junge. Von den 40- bis 60jährigen wiegen 24,3 Prozent ihren Partner in dem Glauben, sie restlos befriedigt zu haben. Bei den über 60jährigen sind es sogar 32,3 Prozent. Jüngere Frauen müssen erst die Erfahrung machen, daß Männer lieber beschwindelt werden wollen, als in dem Bewußtsein zu leben, ihre Partnerin nicht glücklich machen zu können.

Haben die Frauen mehr sexuelles Selbstbewußtsein?
Ja! 50,1 Prozent fühlen sich attraktiv und sexuell begehrenswert, aber nur 34,9 Prozent der Männer. Hier offenbart sich eine neue weibliche Identität, derzufolge Mutterschaft und Älterwerden nicht gleichbedeutend ist mit Unattraktivität. Während Frauen mehr für sich tun, genügt es Männern immer noch, Mann zu sein. Tante Jolesch' Leitspruch: »Alles, was ein Mann schöner ist wie ein Aff!«, ist nach wie gültig.

Wer hat mehr sexuelle Probleme – Frauen oder Männer?
Mehr Männer als Frauen! 36,2 Prozent der Männer und 22,3 Prozent der Frauen haben sexuelle Probleme.

Haben viele Männer Potenzprobleme?
Ja. Ein gutes Drittel – 35,6 Prozent – der österreichischen Männer sind potenzgestört. 27,3 Prozent leiden unter einem vorzeitigen Samenerguß. Bei 10,4 Prozent ist zwar der Geist willig, aber das »Fleisch« schwach. 4,7 Prozent kommen nicht zum Orgasmus.
In Salzburg sind offensichtlich die potentesten Männer zu Hause: Nur 27,8 Prozent haben Potenzstörungen.

Wann ist ein Mann am potentesten?
Um die 20. Dann geht es langsam, aber sicher bergab. Mit 30 haben etwa ein Drittel der Männer (32,3 Prozent), bei den 40-

Potenzstörungen
des Mannes

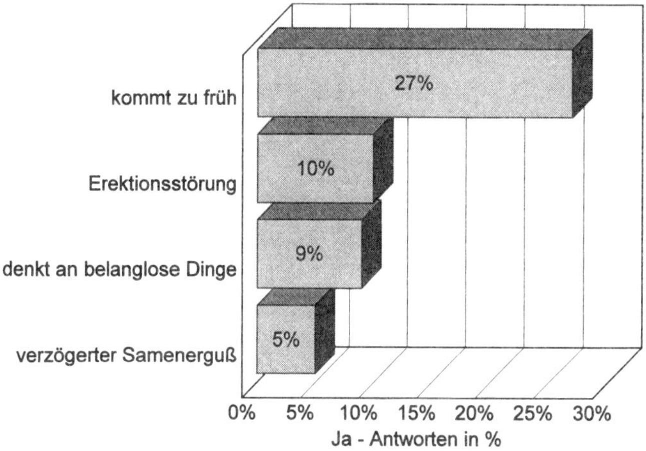

bis 60jährigen deutlich mehr als ein Drittel (38,6 Prozent), bei den über 60jährigen fast die Hälfte, nämlich 47,4 Prozent Potenzprobleme.

Sind Potenzprobleme bildungsabhängig?
Ja. Pflichtschulabsolventen (47,6 Prozent) und Arbeiter (42,3 Prozent) haben häufiger Potenzprobleme als Selbständige (32,4 Prozent), Angestellte (32,2 Prozent) und Akademiker (30,8 Prozent). Diese Ergebnisse erhärten die bereits mehrmals gemachte Feststellung, daß sexuelle Erfüllung, Zufriedenheit und die Möglichkeit, diesbezügliche Probleme zu besprechen, mit Wissensstand und Wortgewandtheit zusammenhängen.

Sind sich Männer sicher, ob ihre Partnerin einen Orgasmus hat?
Nicht alle. 23,9 Prozent der Männer zweifeln daran, ob die Lust, die ihre Partnerinnen zeigen, auch wirklich echt ist.

Stehen die Männer in punkto sexueller Leistung unter Druck?
Ja. 36,7 Prozent haben Angst, sexuell zu versagen.

Sind impotente Männer von sich überzeugt?
Nein. Nur 19,1 Prozent hält sich für potent.

Wie sind sexuell frustrierte Menschen im Alltag?
Sie fühlen sich antriebslos, lustlos und leer. Außerdem haben sie Hemmungen, andere Menschen anzusprechen und bleiben mit ihren Nöten und Sehnsüchten allein und unverstanden. Darüber hinaus fürchten sie sich übermäßig vor Zurückweisungen. In ihren Träumen erfüllen sie sich ab und zu jene Wünsche, auf die sie im Wachleben verzichten müssen. Oder sie träumen von intensiven Liebesgefühlen und Haßregungen, die sie bewußt nie erleben. Auch stürmische Gewässer kommen in ihren Träumen oft vor. Sexueller Frust ist geschlechtsunabhängig: Frauen (25,5 Prozent) und Männer (24,1 Prozent) leiden gleichermaßen.

Wird Sex mit den Jahren eintöniger?
Ja. Mit zunehmendem Alter nimmt die sexuelle Monotonie zu. Nur 15,7 Prozent der jüngeren Menschen klagen über Eintönigkeit beim Sex. In den Jahren zwischen 30 und 40 sind es bereits 22 Prozent, bei den 40- bis 60jährigen schon 39,9 Prozent.

Sind die Österreicher lustlos?
Nein. Immerhin sagen 69 Prozent aller Österreicher, daß ihnen ihr Sexleben sogar »wichtiger sei als alle anderen Lebensbereiche«.
Entgegen der häufig diskutierten Hypothese, daß Sex out sei und bald ganz verschwinden werde, haben 78,9 Prozent der österreichischen Jugendlichen große Lust auf körperliche Liebe. Nur 28,6 Prozent aller Befragten klagen über sexuelle Unlust und Langeweile. Gleichzeitig geben diese Menschen an, daß in ihrer Familie nicht miteinander, sondern nebeneinander gelebt

wird und wenig allgemeines Interesse an ihrer Person besteht. Dieser Zusammenhang bestätigt die Annahme, daß das »Null-Bock-auf-Sex-Syndrom« in einem sozialen Zusammenhang steht. Oft ist ein Nichtwollen oder Nichtkönnen nicht nur der Ausdruck einer sexuellen, sondern einer allgemeinen Ohnmacht. Außerdem ist bei dieser Angabe zu berücksichtigen, daß die Faszination der sexuellen Leidenschaft mit dem Alter ganz automatisch nachläßt.

Verhütung

Wie wird verhütet?
Die Pille erfreut sich in Österreich größter Beliebtheit: 47,2 Prozent der Frauen schlucken sie. Nur 15,7 Prozent verwenden Kondome, 9,7 Prozent der Frauen haben eine Spirale eingesetzt. Auf die natürliche Verhütungsmethode, das Messen der Basaltemperatur, verlassen sich nur 2,5 Prozent der Befragten. 9,3 Prozent der Männer praktizieren den unterbrochenen Beischlaf. Der »Coitus interruptus« wird vorwiegend von reifen Männern angewandt.

Wer greift öfter zu Kondomen?
Männer. 23,4 Prozent von ihnen, aber nur 10,7 Prozent der Frauen geben das Kondom als bevorzugte Verhütungsmethode an. Männer gehen häufiger fremd – der Überzieher schützt sie nicht nur vor Geschlechtskrankheiten, sondern auch vor ungewolltem Kindersegen.

Inwieweit beeinträchtigt AIDS das Sexverhalten der Österreicher?
Bei dieser Frage zeigt sich ein Bewußtseinswandel: 73,9 Prozent der Homosexuellen unter 19, die Analverkehr praktizieren,

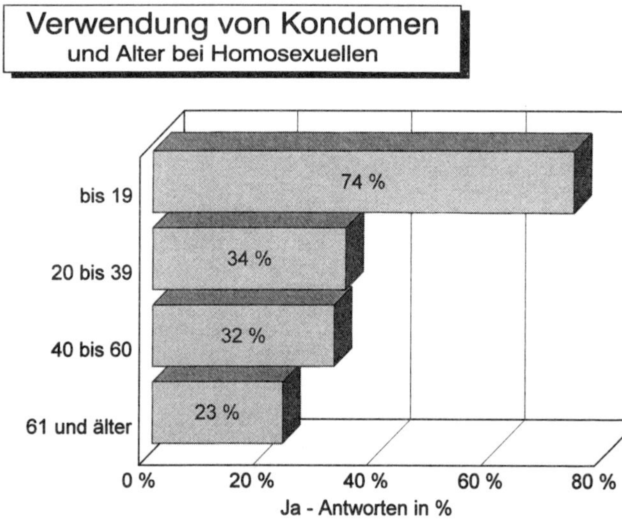

verwenden Kondome. Im Vergleich dazu schützen sich nur 34 Prozent der 20- bis 40jährigen und 27,5 Prozent der über 40jährigen mit dem Gummi.

Von den Frauen unter 19, die Analverkehr im sexuellen Repertoire haben, gebrauchen nur 28,5 Prozent das Kondom. Von 20 aufwärts nimmt die Vorliebe für das Präservativ mehr und mehr ab.

Nur noch bei 9,5 Prozent der 20- bis 40jährigen und 6,3 Prozent der über 40jährigen geht Sicherheit vor ungeschützter Lust.

Originalzitate

Beamter, 48, verheiratet:

»Bei meiner Freundin genügt es, wenn ›er‹ ein wenig steht, da sie empfindlich ist und schon den kleinen Schwanz spürt. Darüber hinaus macht sie es auch mit dem Mund, was mich sehr aufbaut. Oftmals steht mein Penis dann so lange, daß sie sagt, ich solle aufhören, da sie schon genug hat. Alles das verschafft mir ein Hochgefühl, und das überträgt sich auch auf den Penis. Er ist nicht so hart wie bei einem Jungen, aber mir beweist dies, daß er durchaus eine Frau befriedigen kann, wenn auch nicht die eigene. Da haut es nicht hin.«

Angestellter, 44, geschieden:
»Wir kommen zweimal wöchentlich zusammen und lieben uns auf Teufel komm raus. Meine Erektion ist meinem Alter angepaßt und macht mir keine Schwierigkeiten. Der Penis muß nicht gerade stark stehen. Ein langsames Aus und Ein verschafft meiner Partnerin Wonne bis zur totalen Befriedigung.«

Büroangestellte, 41, geschieden:
»Ich liebe einen Mann, der im Rollstuhl sitzt. In einer solchen Beziehung ist die Sexualität eben anders. Außerdem bedeutet ja Sexualität weit mehr als nur den Geschlechtsverkehr auf dem sogenannt üblichen Weg. Nur verstehen die meisten Menschen unter Sex nichts anderes als den Geschlechtsverkehr, und man stößt immer wieder auf sehr dumme Bemerkungen, wenn man eine Beziehung zu einem Querschnittsgelähmten hat.«

Ingenieur, 52, verheiratet:
»Nach 24 Ehejahren bin ich noch genau so in meine Frau verliebt wie eh und je. Aber im Gegensatz zu mir, hat meine Frau niemals ein triebhaftes Sexualverlangen verspürt. Natürlich nehme ich darauf Rücksicht, daß eine sehr sexualfeindliche Erziehung bei ihr stattgefunden hat, und ich habe mich nach und nach auf ihre Wünsche eingependelt. Sie ist auch durchaus in der Lage, einen wunderschönen Orgasmus zu erreichen, vorausgesetzt, daß alles stimmt: der Ort, die Umstände, ihr Gesundheitszustand. Dann erklärt sie sich zum Sex bereit – ohne jeden Trieb. Ich lasse mir viel Zeit und streichle ihren ganzen Körper. Für sie jedoch steht die Partnerbeziehung weit hinter den Kindern, an zweiter oder dritter Stelle.«

Beamtin, 38, ledig:
»Ich habe nur Orgasmen, wenn ich mich selbst befriedige. Wenn ich an meinen Freund denke bzw. mir vorstelle, wie ich ihn befriedige, bin ich total erregt. Sobald ich mit ihm zusammen bin, finde ich das zwar alles

total schön, bin aber absolut nicht erregt, geschweige denn, daß ich einen Höhepunkt bekomme – obwohl er sich wirklich bemüht. Auch bei anderen Männern kam ich noch nie zu einem Höhepunkt.«

Studentin, 22, ledig:
»Wenn ich mich selbst befriedige, dann tue ich das von außen, das heißt durch Druck auf die Scheide. Das habe ich schon als kleines Kind gemacht.«

Arbeiter, 38, verheiratet:
»Mein Problem ist der Penis, der der Aufgabe bei meiner Frau nicht gewachsen ist.«

Techniker, 54, verheiratet:
»Erregender, befriedigender Sex ist die höchste Erfüllung der Liebe – für mich! Aber meine Frau hat niemals triebhaftes Sex-Verlangen. Sie bemüht sich um meine Befriedigung. Wir machen seit ungefähr zwei Monaten Streichelmassagen, gegenseitig. Für mich ist das wahnsinnig aufregend mit Selbstbefriedigung. Und es ist der Wunsch meiner Frau: Sie hat keine Wünsche nach weiterer sexueller Betätigung.«

Angestellte, 37, verheiratet:
»Ich spüre keine Zärtlichkeiten und Streicheleinheiten von meinem Mann. Er ist nicht aufgeklärt worden. Er hat keine Ahnung, wie man das Liebesspiel beginnt. Er kommt auch immer schnell zum Orgasmus. Seit einiger Zeit befriedige ich mich selber, auch mit einem Vibrator. Den entdeckte er und fiel aus allen Wolken. Ich sehne mich manchmal danach, mit einem anderen Mann zu schlafen, aber ich hoffe, daß mein Mann sich ändert.«

Gewerbetreibende, 55, verheiratet:
»Meinen ersten Orgasmus hatte ich mit 48 Jahren. Vorher wußte ich überhaupt nicht, wie sich so etwas anfühlt.«

Angestellte, 34, ledig:
»Ich sehne mich nach Nähe und Berührung, es gelingt mir aber nicht, die Hand auszustrecken und den ersten Kontakt herzustellen.«

Angestellte, 38, verheiratet:
»In unserer kleinen Wohnung gingen unzählige Männer aus und ein. Ich mußte als Neunjährige alles mitanhören – war der Meinung, sie quälen meine Mutter, wenn sie stöhnte. Ich hatte das Glück, mit 15 einen Freund kennenzulernen, zu dem ich Vertrauen hatte, der mich nicht bedrängte, den ich auch wie meinen Bruder sah. Er hatte fast drei Jahre Geduld und zwang mich zu nichts. Dann gab ich aus Mitleid nach, ließ ›es‹ geschehen, doch ohne jedes Gefühl, den Ekel im Nacken. Diesen Mann habe ich mit 20 geheiratet und bin heute noch mit ihm zusammen. Ich habe noch immer dieses Schamgefühl in mir und schlafe nur aus Pflichtbewußtsein mit ihm.
Bis zu meinem 30. Lebensjahr war ich der Meinung, durch meine Erlebnisse gefühlsunfähig zu sein. Doch dann ergab sich etwas Unbegreifliches. Ich lernte einen Mann kennen, der in mir die Frau weckte. Ich bekam das erste Mal das Gefühl, daß Sex schön sein kann. Doch ließ ich deshalb meine Familie (ich hatte inzwischen zwei Töchter) trotzdem nicht im Stich. Die Dankbarkeit gegenüber meinem Mann werde ich nie verlieren. Ihn liebe ich nach wie vor wie meinen Bruder. Nicht wie einen Mann.«

Angestellter, 28, ledig:
»Ich bin ein wahnsinniger Frauenliebhaber. Mir ist es egal, wie eine Frau aussieht, egal ob jung oder alt – für mich zählt nur Sex. Bin auch nicht eifersüchtig, meine Freundinnen kann jeder ficken, das geilt mich wahnsinnig auf.«

Arbeiter, 38, ledig:
»Ich lasse mir gerne von den Frauen in den Mund pissen und schlucke alles hinunter. Lecke auch wahnsinnig gern an der Fut bzw. Kitzler, und wenn die Frauen dann zum Orgasmus kommen, schlucke ich auch alles hinunter. Also zusammengefaßt mit einem Wort, erfülle jeder Frau ihren Wunsch.«

Pensionist, 67, verheiratet:
»Ich bin in einem sehr strengen katholischen Elternhaus aufgewachsen. Alles, was unter der Gürtellinie war, wurde als sündhaft hingestellt. Bei meinen regelmäßigen Pflichtbeichten war der Satz ›Ich habe

Unkeusches getan‹ immer auf dem Beichtzettel. Daher brauchte ich sehr, sehr lange, bis ich mich aus dieser verklemmten Erziehung befreien konnte. Meine beiden Töchter habe ich frei und ohne sexuellen Tabus erzogen. Sie sind mir dafür sehr dankbar, und ich hoffe, daß sie auch ihre Kinder so erziehen.«

Beamter, 30, verheiratet:
»Ich leide, daß meine Frau nicht so einen stark ausgebildeten Sexualtrieb hat wie ich. Sie will, wenn überhaupt, höchstens nur einmal im Monat. Entweder liegt es daran, daß sie die Doppelbelastung von Beruf und Haushalt mit zwei Kindern nicht verkraftet, oder vielleicht hat es hormonelle Ursachen.«

Angestellter, 43, geschieden:
»Früher konnte ich nie sagen, was ich mir sexuell gewünscht hätte. Das habe ich aber im Laufe von zwei Jahrzehnten ganz bewußt gelernt. Heute kann ich mit meiner Partnerin über intime Probleme reden, und uns beiden ist damit geholfen. Seit ich sagen kann, was mir am Herzen liegt, sind meine Partnerschaften erfüllter und harmonischer.«

Angestellte, 27, ledig:
»Ich lasse mich gerne oral verwöhnen, tue es aber meinerseits bei einem Mann nicht gerne.«

Hausfrau, 59, verheiratet:
»So vor 30 bis 40 Jahren, was mußten da wir Frauen mit unseren Partnern alles bedenken. Man hielt sich an ›Knaus-Ogino-Temperaturmessung‹, an die sogenannten empfängnisfreien Tage, an den ›Mittenschmerz‹, verwendete unliebsame Präservative oder beachtete sonstige unliebsame Kniffe, um liebsame Lust zu haben. Ich frage mich, ob wir nicht selbst schuld sind, daß wir manchmal nur als Lustobjekte gesehen werden? Jetzt nimmt das Mädchen, die Frau, einfach die Pille. Die Frauen haben für die ›Freiheit der Frau‹ gekämpft. Letztlich aber nur, um jederzeit zu können. Schufen wir nicht unwillkürlich damit wieder das Objekt in uns? Das Uranliegen der Natur ist weggedrängt und wir sind wieder einmal der ›Gebrauch‹ des Mannes, sofern wir uns nicht Beherrschung auferlegen. Aber welche Frau hält da schon stand?

Ich meine, durch die Pille hat sich die Frau selbst mehr oder weniger für vogelfrei erklärt – man könnte auch sagen vögel-frei ...«

Pensionist, 83, verheiratet:
»Ich werde heuer 83 und bin in keiner Weise abgeneigt, Sex und Sinnlichkeit auch noch für mich zu beanspruchen.«

Angestellter, 33, verheiratet:
»Man liest immer wieder, daß manche Männer, ohne eine Pause zu machen, 4- bis 5mal hintereinander können. Ich bin froh, wenn ich es zweimal schaffe, und das mit Anstrengung. Zusätzlich mißt mein Penis im erigierten Zustand nur 15 cm, hat aber einen Umfang von 13 cm (Durchmesser 5 cm).«

Angestellter, 53, verheiratet:
»Als ich 14 Jahre alt war, bin ich von der Freundin meiner Mutter verführt worden. Die 20 Jahre ältere Frau stand plötzlich neben mir, als ich mit meinem steifen Penis spielte, und sagte: ›Du, ich mache das auch so gerne, machen wir es doch zusammen.‹ Und aus dem ersten Mal wurde eine intensive Beziehung, die mehrere Jahre dauerte. Ich lernte viele praktische Dinge, von Ausdauertraining über Gummi und Schlüpfrigmachen bis zum ersten Mal mit einer Jungfrau, ohne daß es ihr weh tut. Ich war in diesem Alter unwahrscheinlich potent, und die Frau genoß das. Die Frau war in unserem Hause wie zu Hause, da auch mein Vater ganz in seinem Beruf aufging und selten hier war. So trafen wir uns immer in meinem Zimmer. Meine Mutter bemerkte nichts oder wollte nichts bemerken. ›Verlieb dich nicht zu sehr in mich, du brauchst einmal eine junge Frau‹, sagte meine Lehrmeisterin einmal. Sie war trotz des Altersunterschiedes äußerst attraktiv für mich, sah noch sehr jugendlich aus, sportlich, kein bißchen fett oder faltig. Tatsächlich lief mir dann, als ich etwa 19 war, ein 15jähriges Mädchen über den Weg, mit dem sich ein Schmuseverhältnis anbahnte, aus dem ganz langsam und behutsam die ganz große Liebe wurde. Dank gesammelter Erfahrung ist alles freudig, schmerzlos und ohne Enttäuschung gegangen. Die Lehrmeisterin zog sich zurück und war, wie vereinbart, nicht eifersüchtig. Das junge Verhältnis hat gehalten bis heute. Wir sind glücklich verheiratet.«

Beamter, 34, verheiratet:
»Da wir beide voll berufstätig sind, haben wir nur vor dem Einschlafen Sex. Das tut mir leid, denn am Morgen oder nach dem Mittagessen hätte ich weitaus mehr Lust dazu.«

Arbeiter, 49, verheiratet:
»Meine Frau hat den größten Genuß, wenn ich sie an den ersten drei Tagen ihrer Regel mit der Zunge befriedige. Da hat sie oft drei- bis viermal höchste Lust. Die andere Zeit machen wir es normal.«

Angestellter, 27, ledig:
»Ich hatte mit 14 noch keine Ahnung, wie die Selbstbefriedigung bei einem Mann ausschaut, bzw. wurde ich über sexuelle Dinge nie aufgeklärt. Ich fand heraus, daß durch Drücken meines Penis' ein immer stärker werdendes Lustgefühl entstand, das schließlich in eine Ejakulation mündet. Später wollte ich mit Frauen schlafen, aber siehe da, es ging nicht, bis zum heutigen Tage. Über eine beginnende Erektion komme ich nicht hinaus, so sehr ich mich auch bemühe.«

Angestellte, 29, ledig:
»Wie ich durch Masturbation festgestellt habe, erreiche ich nur mit der Hand einen Höhepunkt. Mein Freund ist der Ansicht, ›eine Frau wäre dort unten schmutzig‹. Er will mich dort nicht anfassen, sondern penetriert sofort, was mich völlig kalt läßt. Von Cunnilingus kann ich nur träumen.«

Angestellte, 38, gesch.:
»Es stimmt einfach nicht, daß ein Mindestmaß genügt! Es ist schon ein Unterschied zwischen einem richtig schön breit/lang gewachsenen Penis und einem Pickel! Das Gerücht von den 8,5 cm kann – wie sollte es anders sein – nur von einem Mann in die Welt gesetzt worden sein. Ich finde es herrlich, wenn beim Verkehr meine Gebärmutter ›massiert‹ wird – und das kann ein Pickel nicht!«

Beamter, 46, geschieden:
»Sex steht bei mir gleich hochgeschrieben wie die Arbeit.«

Pensionistin, 57, verheiratet:
»Ich habe in meiner Kindheit mit Männern, die sich an mir vergriffen haben, schlechte Erfahrungen gemacht. Damals holte ich mir einen Ekel fürs Leben von allen Männern.«

Pensionistin, 69, verwitwet:
»Ich bin 69 Jahre, Witwe und habe große Sehnsucht nach Liebe und Zärtlichkeit, auch nach körperlicher Zuwendung. Bin eine attraktive Frau, aber wenn ich zu meinen Freundinnen davon spreche, verstehen sie das nicht.«

Angestellte, 25, verheiratet:
»Ich verkrafte es nicht mehr, ewig Nacktzeitschriften und Pornos in der Kommode, im Kleiderschrank, in der Garage und im Pkw zu finden und zu sehen. Es deprimiert mich sehr. Fast habe ich den Eindruck, als würde ich alleine ihm nicht genügen. Frage ich ihn danach, winkt er ab und sagt, daß Männer so was nun mal bräuchten!«

Schülerin, 20, ledig:
»Ich bin durch die Erziehung meiner Eltern nicht fähig, ein erfülltes Liebesleben zu genießen. Meine Eltern haben mich und meinen Bruder sehr moralistisch erzogen. Die Fehler, die sie begangen haben – oder es immer noch tun – sind gewiß ungewollt, haben jedoch große Auswirkungen auf mein Leben. Über Dinge wie Sex, Partnerschaft wird beharrlich geschwiegen. Meine Eltern haben mir von Anfang meiner Pubertät an klargelegt, daß Sex unnütz und unwichtig ist. Ich sollte vielleicht auch erwähnen, daß meine Eltern schon seit mehr als 14 Jahren nicht mehr sexuell miteinander verkehren und die Ehe auch in allen anderen Lebensbereichen nicht gut funktioniert.«

Hausfrau, 48, verheiratet:
»Ich hatte nur einmal als junges Mädchen einen Orgasmus – damals war ich sehr verliebt.«

Angestellte, 32, verheiratet:
»Ich hatte noch nie mit einem Mann einen Orgasmus. Ich lasse mich

auch nicht mit der Hand stimulieren, weil ich Angst habe, der Mann könnte meine vorgespielten Orgasmen dann herausfinden.«

Angestellte, 24, verheiratet:
»Bei Männern, die ich erst seit ein paar Stunden kannte, war ich total frei und hatte Lust auf normalen und oralen Geschlechtsverkehr. Bei meinem Mann stelle ich mich wie eine Jungfrau an. Nur Frau unten/ Mann oben-Stellung. Manchmal, wenn ich ein bißchen mehr getrunken habe und es finster ist, mache ich bei anderen Sachen mit. Mein Mann will es aber meistens in der Früh, wo es hell ist. Meine Ausrede: die Müdigkeit. Ich empfinde nicht soviel in der Früh.«

Hausfrau, 32, verheiratet:
»Es ist der Alltag, der unserer Beziehung so zu schaffen macht. Damals, in der heißen Anfangszeit, hatte jeder seine eigenen vier Wände, seinen Job, seine (finanzielle) Unabhängigkeit. Heute hat er Karriere gemacht (je mehr Verantwortung, desto mehr Geld, aber auch weniger Zeit für die Familie) und ich habe neun Jahre Kindergeschrei und Windelgestank hinter mir (›Meine Frau arbeitet nicht, sie ist daheim ...‹). Damals, als die Kinder um ½8 Uhr im Gitterbett lagen, da gab es schon mal Sex auf dem Küchentisch. Heute kann ich mich nicht entspannen, wenn die Kinder uns hören könnten. Damals half er mir noch (ein-, zweimal die Woche) die Kinder schlafen zu legen, heute sitzt er vor dem Fernseher, falls er daheim war. Er nimmt für sich in Anspruch, gestreßt zu sein, aber daß ich müde bin, ist ihm unbegreiflich. Er beklagt sich, daß wir nie Sex in der Badewanne haben, aber warum läßt nicht er einfach das Wasser ein und gibt duftendes Schaumbad dazu? Ihm gefällt zwar die scharfe Wäsche im Sexmagazin, aber nie kauft er sie mir. Es ist harte Arbeit, eine Ehe in jeder Beziehung lebendig zu erhalten.«

Arbeiterin, 32, ledig:
»Mein Freund ist Bauer und sehr streng erzogen. Wir haben uns sehr geliebt, und er macht auch jetzt noch alles für mich, nur sexuell läuft nichts mehr – seit über drei Jahren. Ich heule viel, und wir streiten uns oft. Mein Selbstbewußtsein ist erschüttert. Er sagt, er liebt mich, und doch lehnt er mich ab.«

Angestellter, 26, ledig:
»Da ich bei meiner Freundin nicht wie ein Ochs vorm neuen Tor dastehen wollte, hatte ich den ersten Geschlechtsverkehr mit einer Prostituierten. Er war im Grunde genommen ganz angenehm, nur vermißte ich natürliche Körperwärme und Zärtlichkeit.«

Angestellte, 39, verheiratet:
»Wir verstehen uns soweit ganz gut, sind beide häuslich, sehen gern fern oder lesen, machen gern Ausflüge mit unserem Hund usw. Mein Mann ist sehr hilfsbereit im Haushalt, geht einkaufen, verwöhnt mich mit Frühstück am Bett, versucht auch sonst, mir jeden Wunsch zu erfüllen, nur einen nicht: Er schläft kaum mit mir. Immer hat er irgendwelche Ausreden (zu müde, schon zu spät, berufliche Probleme, es ist ihm zu plötzlich usw.). Seit vier Jahren haben wir große Spannungen deswegen. Ich versuche oft, mit ihm darüber zu reden, aber entweder bekomme ich keine Antworten oder es endet im Streit.«

Angestellter, 55, geschieden:
»Kein Mann kann zu einer Frau zärtlich sein, die ihm den ganzen Tag mit Nörgeleien und Gehäßigkeiten in den Ohren liegt. Und wenn sie erst einmal sagt: ›Schon wieder?‹ dann bricht das Gefühl zusammen wie ein Kartenhaus. Was nicht gleich zusammenbricht, ist der Sexualdrang des Mannes, das gelingt den Frauen erst nach fanatisch durchgehaltenen Jahrzehnten. Aber an Ausdauer mangelt es den Frauen ja nicht.«

Angestellte, 31, verheiratet:
»Außer dem Analverkehr gibt es keine Tabus. Bei uns geht es nach dem Motto: ›Was Spaß macht, gefällt!‹«

Angestellter, 28, verheiratet:
»Es ist klar, daß ein Mann, wenn er Sex will, zärtlich ist, das ist natürlich und geht ohne jeden Zwang. Wenn er aber auch am nächsten Tag wieder zärtlich zu ihr ist, bekommt er wieder Lust, und es kommt wieder zum Verkehr. Da ihn dies aber nicht nur körperlich, sondern vor allem zärtlich sehr anstrengt, auch bereits in jungen Jahren, gibt er am nächsten Tag gerne Ruh'.«

Unternehmer, 51, ledig:
»Ich durfte das große Gefühl der Erfüllung mit 50 Jahren erleben. Ich war erst in diesem hohen Alter zu solchen intensiven Empfindungen fähig. Außer, daß ich das Gefühl hatte, Verkrampfungen lösen sich auf, empfand ich – und das ganz intensiv – jetzt, bei dieser Frau, bin ich endlich zu Hause, daheim. Ihr Schoß ist die Geborgenheit, die ich mein ganzes Leben gesucht hatte. Noch nie vorher hatte ich so intensiv den Wunsch, aus diesen Vereinigungen möge doch ein Kind entstehen – was leider nicht mehr möglich sein wird. Außerdem wurde bei dieser Frau für mich die körperliche Liebe in einem Maße rein – ja fast heilig – wie ich es bisher auch nicht erleben durfte. Das war ein wesentlicher Anteil, den diese Frau einbrachte, nämlich trotz aller Raffinesse und Geschicklichkeit, der Liebe alles sogenannte Schmutzige zu nehmen.«

Arbeiterin, 24, verheiratet:
»Sex gehört einfach dazu. Der Zeitpunkt sollte aber passen, und es dürfen natürlich die Romantik und Zärtlichkeit nicht fehlen. Von der ›schnellen Nummer‹ zwischendurch halte ich nicht sehr viel.«

Angestellter, 35, verheiratet:
»Was meine Frau betrifft – sie hat mit einem Orgasmus alle Munition verschossen. Vorspiele und dergleichen werden von ihr immer abgeblockt, sonst ist dann nichts mehr für sie drin. Ein- oder zweimal macht sie ›äh‹, und dann ist's vorbei.«

Handwerker, 68, geschieden:
»Zu meiner Zeit hat es vor dem Bett viel anderes gegeben! Da waren die Gartenbänke, Wald und Wiese, der Donaustrand (auf dem schon Gummibäume wachsen sollten), das Telefonhütterl, die Kinologe (!) und sogar die Absätze im Stiegenaufgang zu St. Stephan, wo man Minuten vorher hören konnte, ob von oben oder unten irgend jemand kommt. Natürlich kam dann irgendwann einmal das Bett, aber es war eben nicht das erste Mal.
Bei meinem ersten ›Bett‹ wollte mir meine erfahrene Liebe ausgerechnet ›69‹ beibringen. Ich war etwas hilflos. Dies hat sich schrittweise geändert. Hatte ich die sechs Schillinge für ein kleines Zimmer bereits

in der Tasche, so hat sich die Erregung schon in der Straßenbahn eingestellt. Ein Dämpfer war dann nur der Portier, der mit ekelhaftem Gesicht meinte ›ein kleines Zimmer‹. Im Zimmer haben wir uns angezogen auf das Bett geworfen und uns minutenlang geküßt. Es war unser Geheimnis harmonischer Zweisamkeit. Natürlich kamen dabei unsere Kleider in passende Unordnung, so daß sich automatisch und ohne Zeremoniell eine Nacktheit ergab, ohne irgendwelche Störfaktoren. Es war schlafwandlerische Sicherheit, mit der wir uns fanden.«

Selbständiger, 56, verheiratet:
»Ich befasse mich seit einigen Jahren mit großem Erfolg mit dem Tao Chi im sexuellen Bereich. Mit Verzicht auf den Koitus für mich und Kettenorgasmen für meine Partnerin (fallweise 20- bis 30minütige Orgasmen), wobei meine Partnerin jedes Zeitgefühl verliert. Das gleiche Erlebnis mit wenigen anderen Frauen. Dehne den Geschlechtsverkehr oft auf Tage, ohne Pause, aus. Tao Chi-Sex ist für andere Paare sehr zu empfehlen, allerdings muß der Mann sehr an sich arbeiten, wenig Alkohol, kein Nikotin, Joggen – Sport, soviel als möglich – und natürlich die theoretischen Kenntnisse sowie Einfühlungsvermögen.«

Student, 20, ledig:
»Ich befriedige mich oft selbst, indem ich mir Gegenstände (mit nicht glatter Oberfläche oder genopptem Kondom überzogen) mit Durchmessern von bis zu 6 cm und Längen bis zu 25 cm in den After einführe und diesen Gegenstand dann hin- und herschiebe. Auch wenn ich mich mit Wasser oder Luft vollpumpe, erregt es mich stark.«

Lehrer, 38, verheiratet:
»Bei mir sind Erinnerungen aus frühester Kindheit wach geworden, an die ich sicher nie wieder gedacht hätte. Es waren die Mädchen aus der Nachbarschaft, die mit mir ›Doktor‹ spielen wollten. Wenn die sich mit meinem Zipfel beschäftigt haben, ist er steif geworden. War aber noch nicht länger als ein Zahnstocher. Die Mädchen wollten, daß ich es bei ihnen reinstecke! Wozu ich aber nicht die geringste Lust hatte. Was sicher der Grund war, daß die sich mit mir nicht mehr viel abgegeben haben. Und ich erst viele Jahre später draufgekommen bin, wie schön es ist, wenn man seinen Luststangler dort reinsteckt, wo es schon die Mädchen aus der Nachbarschaft wollten.«

Hausfrau, 35, verheiratet:
»Vergangenen Oktober machten wir Urlaub in Italien. Neben uns spielten noch nicht schulpflichtige Kinder. Beim Herumspielen faßte ein kleines Mäderl einen Jungen bei der Badehose und sagte: ›Zeig mir dein Pimperl!‹ Und weil er nur dumm dreinschaute, sagte die Kleine: ›Ich zeig dir meinen Popo!‹, zog ihr Höschen herunter und hielt ihr kleines rundes Hinterteil dem Jungen hin. Der war so perplex, daß er nur hervorbrachte: ›Die zeigt mir den Arsch!‹ Und weil er auch jetzt sein Pimperl nicht herzeigen wollte, machte die Kleine ein ganz enttäuschtes Gesicht. Dann spielten sie wieder. Dieses für uns heitere Erlebnis zeigt deutlich, daß Sex die natürlichste und auch unschuldigste Sache der Welt ist. Man kann dabei kaum sündigen.«

Angestellter, 43, ledig:
»In schwierigen Streßsituationen fangen meine Hände immer zu zittern an, und mein Penis schrumpft mir total zusammen. Ich bin dadurch auch etwas kontaktarm geworden und habe noch nicht die geeignete Partnerin gefunden.«

Arbeiter, 36, verheiratet:
»Wir kommen langsam in die post-sexuelle Phase, wo man Bescheid weiß und das Interesse fast verliert, so wie eben ein Buschauffeur Mädchen mit Miniröcken nicht mehr betrachtet, weil er so viele täglich sieht. Die Frau hat nur mehr eine Öffnung wie eine Gummipuppe, und das Zusammensein ist wie ein Händedruck. Und das ist gut so. Man kann sich nach dieser Erfahrung etwas Wichtigerem zuwenden.«

Angestellte, 28, verheiratet:
»Im Bad ergeben sich schöne neue Aspekte. Wenn der Mann die Frau und die Frau den Mann reinigt. Ich habe an der Armatur der Brause noch eine Einrichtung mit Damendusche, so daß ich mich innen reinigen kann. Und so frisch gemacht, gehen wir wieder ins Bett. Mein Mann küßt mich dann an allen jenen Stellen, die ihm (wie er sagt) so viel Schönes bereitet haben. Er küßt mir die Brust, die Schenkel und auch dazwischen, auch den Po bedenkt er mit Küssen. Nun kommt es manchmal vor, daß wir bei dieser Küsserei wieder erregt werden und das schöne Spiel wiederholen.«

Beamter, 31, ledig:
»Der Sex ist so dominierend geworden, wird derart überbewertet, daß Gefühle und Empfindungen keine Chance mehr haben sich zu entwikkeln. Man findet sich deshalb sehr bald in einem Trümmerhaufen von zerstörten Gefühlen, aus dem es kein Entrinnen mehr gibt. Zurück bleibt nur mehr tiefste Frustration, zumal man auf Sex keine Partnerschaft aufbauen kann, sondern nur auf der Basis von Freundschaft. Doch der Druck von Medien läßt der Freundschaft keine Chance mehr. So ist es nicht zu verwundern, daß immer mehr Menschen die Erfüllung in tiefer Freundschaft ohne sexuelle Spannungen suchen und finden. Wie oft war in einer Freundschaft, die bis zum Letzten gegangen ist, das Letzte wirklich das ›Letzte‹?«

Freiberufler, 55, geschieden:
»Das 6. Gebot wird mit Sicherheit übertreten! Es zählt immer noch zur Sünde, denn Gott hat seine Gebote nicht geändert. Es wäre viel besser, die Lust sein zu lassen, auch wenn es manchmal noch so schwer fällt.«

Angestellte, 39, verheiratet:
»Mein Mann war und ist der erste und einzige Sexualpartner in meinem Leben. Da für mich das Sexuelle nicht allzu befriedigend ist, glaube ich immer, etwas ›versäumt‹ zu haben. Ich möchte eigentlich so nicht alt werden.«

Unternehmer, 62, verheiratet:
»Wir lieben uns ohne Scham und ohne Grenzen, unsere Lippen liebkosen das Lustfleisch des Partners, sie saugt mir die eruptiven Liebesspritzer heraus und öffnet mir ihre Lustblume, damit ich ihren Liebesnektar heraussauge und lecke.«

Angestellte, 38, verheiratet:
»Ich empfinde Sex so: Es brechen Panzerungen auf, es öffnen sich Schleusen, bedingt durch ein besonders intensives Fühlen, was wieder ein Überfluten des ganzen Menschen mit Glücksgefühlen bedeutet. Das einzige, was der Mann meiner Erfahrung nach dazu beitragen kann, ist der Frau ›das Gefühl zu geben‹ – ich finde dazu nicht die richtigen Worte. Ich meine, der Austausch von Gefühlen und Kräften

ist das wesentliche. Und manchmal passiert es, daß zwei Liebende in ganz helles Licht getaucht werden.«

Angestellter, 42, verheiratet:
»Es gibt Frauen, bei denen man bei voller Vereinigung einfach ein himmlisches Gefühl hat, und bei so manchen anderen mit großer Muschi kommt man sich so verloren vor. Wenn das Glied bis zum Muttermund kommt und bei diesem auch noch eindringt, ist es für eine Frau das höchste der Gefühle. Mir ist es schon passiert, daß eine Frau am liebsten vor Lust geschrien hätte, ich spürte dabei, wie meine Eichel ganz fest umklammert wurde und mein Glied direkt nach innen gezogen wurde.«

Angestellte, 24, ledig:
»Sex kann nur mit Liebe beglückend sein – ohne diese zerstört Sex!«

Angestellter, 48, geschieden:
»Wenn sich der Mann beim Stoßen abmüht, den Samen zurückhält, bis er es nicht mehr aushält, und die Partnerin hat nicht bereits gespritzt, mehrmals, oft, fühlt sich der Mann betrogen, denn es ist ja nicht sein Spritzen – das kann er auch händisch haben, sondern ihres! Fick mißglückt, außer Spesen nichts gewesen.«

Student, 23, ledig:
»Ich bin gezwungen, in Ermangelung einer Partnerin zur Selbstbefriedigung zu greifen, was an sich eine legitime und medizinisch vertretbare Methode ist, jedoch habe ich jedesmal Gewissensbisse, da von seiten der katholischen Kirche dies Sünde, ja sogar schwere Sünde, sein soll.«

Architekt, 48, verheiratet:
»Die Frauen sind Übeltäter! Das beginnt schon bei der lieben Mama (ein Bub weint nicht, er zeigt keinen Schmerz) und die so entstandene Blockierung im Fühlen und Empfinden der Männer, mit der auch Königshäuser ihre liebe Not haben, setzt sich bei allen anderen Frauen, denen er später als Mann begegnet, fort. Wenn er den mütterlichen Wunsch- und Wertvorstellungen nicht entspricht, so wird er auch

nicht geliebt, und er leidet Angst und Höllenqualen lebenslänglich. Fügt er sich aber in das ›Frauenmuster‹, so wird er gering geschätzt (Hampelmann) bis verachtet. Wann ›dürfen‹ Männer so sein, wie es die weise Natur vorgesehen hat? Die Moral von der Geschichte? Wenn du Mann zum Weibe gehst, vergiß die Peitsche nicht...«

Selbständiger, 54, verheiratet:
»Wir ficken normal, längere Zeit, dann ein leises Ah! Jetzt weiß ich, daß es klappen wird, es folgen weitere laute Ahs, bis sie sich aufbäumt, stößt und spritzt. Dann kleine Pause, dann schiebt sie wieder, bis...«

Angestellte, 27, verheiratet:
»Einmal ist es passiert, daß ich mich neben meinem Mann stimuliert habe. Er war wach, und ich wußte es. Es hat zwar lange gedauert, aber ich bin bis zum Orgasmus gekommen, in seinem Arm! Das fanden wir so toll, daß wir gleich miteinander schlafen mußten.«

Freiberuflerin, 58, verheiratet:
»In der Schule teilte uns eine Freundin mit, sie wisse ›schon alles, nur nicht, wie er sie bestäubt‹. Alles war ja tabu damals, und meine Mutter konnte sich nicht entschließen, mich aufzuklären. Obwohl ich die Fragen erst mit 14 Jahren stellte. ›Alles der liebe Gott!‹ Aber wie? Doktorbuch bei Mutters Abwesenheit: Die Bilder eines Fötus im Mutterleib – ein totaler Schock! Am 18. Geburtstag kam mir von ganz allein die Erkenntnis, was zwischen Mann und Frau vor sich geht. Vorher hatte ich einen Freund, im Fahrradklub. Platonisch natürlich. Ich hatte aber nicht gewußt, was dieses Wort bedeutet. Ein eigenartiges Gefühl beim ersten Kuß – ich dachte anschließend: ›Wenn ich nun ein Kind kriege, springe ich vom Berg hinunter!‹ (Ich kannte einen, der hatte auf einer Seite einen leichten Aufstieg und hinten eine wohl 100 Meter hohe, senkrechte Felswand...) Ich war damals, mit 17, fast überzeugt, daß Kinder vom Küssen kommen. In die Ehe ging ich auch ohne jegliche Ahnung und natürlich paßten wir – vor allem sexuell – überhaupt nicht zusammen.«

Arbeiter, 36, verheiratet:
»Mein Sexualleben bringt keine Abwechslung mehr. Vor einiger Zeit

lernte ich eine Frau kennen, die mich in die anale Erotik einführte, worauf ich diese Art von Sex nicht mehr vermissen möchte. Deshalb wende ich mich immer öfters Frauen zu, die so wie ich die Art des Analsex zu schätzen wissen. Kontakte mit Männern lehne ich allerdings ab.«

Angestellte, 39, verheiratet:
»In meiner Ehe gibt es leider keine Zärtlichkeit und keine körperliche Berührung ohne Sex! Ich habe nach 20 Ehejahren nur mehr Horror vor Sex, weil mein Zärtlichkeitsbedürfnis immer als ›nicht notwendig‹ von meinem Mann in die Ecke gedrängt wird.«

Angestellte, 38, verheiratet:
»Mein Mann war vor der Ehe ein aufgeschlossener, neugieriger Typ, der jede Art der Überraschung liebte – glaubte ich zumindestens. Heute bin ich ›die Mutter seiner drei Töchter‹, wie er mich überall stolz vorstellt. Zu Weihnachten, Ostern und zu meinem Geburtstag bekomme ich ein wertvolles Schmuckstück (›für sein Schmuckstück‹ = seine Aussage) und wenn ich mir heute neue Seidenunterwäsche oder anderweitige Dessous kaufe, löse ich einen Ehekrach aus, da eine ›anständige Frau‹ so etwas nicht anzieht. Von Liebe in einer lauen Sommernacht am See oder im Auto oder auch im Lift (wie alles schon geschehen) sind wir meilenweit entfernt! Ja, sogar ein Nachtmahlessen mit lauter kleinen Leckereien bei Kerzenlicht und Musik wird mit Worten ›Was soll das? Gibt's nichts Ordentliches zu essen?‹ abgetan. Sex gibt es am Samstag abend in der Missionarsstellung, und ich habe das Gefühl, auch nur deshalb, weil es (leider?) zu einer ordentlichen Ehe (wichtig!) dazugehört!«

Angestellte, 32, ledig:
»Ich habe das Problem, daß ich zwar sehr erregt bin, wenn ich mit einem Mann zusammen bin, aber sehr schwer zum Orgasmus komme. Es ist, als würde ich ›eine andere Schiene‹ befahren. Denn, wenn ich mich selbst befriedige, habe ich überhaupt kein Problem, zum Höhepunkt zu kommen. Gespräche mit Gynäkologen haben mir nicht geholfen.«

Angestellte, 28, ledig:
»Selbstbefriedigung finde ich pervers, das Berühren des eigenen Körpers erregt mich nicht im mindesten.«

Hausfrau, 58, verheiratet:
»Das beste Vorspiel ist ein liebevolles Verhalten im Alltag. Wenn man tagsüber die schlechten Gewohnheiten des Partners aushalten muß, ohne etwas sagen zu dürfen, hat man in der Nacht keine Lust auf Sex. Schlechte Gewohnheiten töten die Liebe.«

Angestellte, 33, ledig:
»Ich war 12 Jahre, als ich vom Nachbar sexuell mißbraucht wurde. Danach duschte ich mich minutenlang und bekam diesen Ekel nicht weg. Durch Zufall kam dann doch alles ans Tageslicht. Man brachte mich zu unserem Hausarzt. Ich mußte mich ausziehen und nackt auf einen Sessel setzen. Ich schämte mich zu Tode. Die Untersuchung war für mich genauso widerlich und eklig wie das vorher Geschehene. Man stellte meine Jungfräulichkeit mit Erleichterung fest. Da sozusagen ›nichts passiert ist‹, wurde keine Anzeige gemacht, wohl auch aus Rücksicht auf seine kranke, bettlägerige Frau. Ich habe bis zum heutigen Tag diese Scham und Demütigung und dieses ›Alleingelassenwerden‹ nicht überwunden. Ein bißchen helfen konnte ich mir, als ich mit meinen Eltern am sogenannten runden Tisch saß und die Vergangenheit aufrollte. Die Eltern gestanden mir gegenüber ein, falsch gehandelt zu haben. Ein klein wenig half mir das.
In punkto Sexualität bin ich noch immer bei Stunde Null. Mein größter Wunsch wäre, einen Partner zu haben, der mich täglich in die Arme nimmt, aber ohne jegliche sexuelle Berührung. Leider ist das nicht realisierbar. Ich habe einen lieben Partner. Geduldig wartet er ab. Aber an manchen Tagen setzt das Unverständnis ein. Dann gebe ich meistens nach, nur mit Innigkeit und Liebe hat das nichts zu tun.«

Studentin, 19, ledig:
»Ich bin lesbisch und empfinde Sex zwischen Mann und Frau als etwas Schmutziges. In der Pubertät entwickelte ich eine starke Abneigung gegen meinen Vater. Schon als Kind hatte ich panische Angst vor Männern, nur die Vorstellung von Liebe mit einer schönen Frau kann

mich erregen. In sexuellen Träumen finde ich Erfüllung, morgens fühle ich oft die Sehnsucht, diese Erregung auch in Wirklichkeit mit einer Frau zu empfinden.«

Selbständiger, 75, verheiratet:
»Ich habe zweimal pro Woche Verkehr bis zum Orgasmus und zweimal ohne Orgasmus. Seit meinem 65. Lebensjahr sind die Erektionen nicht mehr ausreichend. Meine Frau führt den Penis ein und hält ihn bis zum Orgasmus und weiter bis zu ihrem Orgasmus. So kommen wir alle zwei Tage zum Orgasmus und sind alle zwei befriedigt!«

Beamtin, 34, verheiratet:
»Ich bin 15 Jahre recht glücklich verheiratet (1 Kind, 12 Jahre). Mein Mann und ich genießen das Sexualleben offen, und wir gehen auch auf die Wünsche des Partners ein. Ein zeitlich nicht abgegrenztes Liebesspiel ist uns lieber als ein Quickie. Leider ist unsere Wohnung klein und unser Sohn schon 12 Jahre. Aus diesem Grund liegt unser Sexualleben derzeit ziemlich tief. Wir lieben beide ein langes Vorspiel, z. B. Kerzenschein, doch die Angst, vom Sohn entdeckt zu werden, ist leider groß. So beschränken wir uns auf Kuscheleien und müssen warten, bis unser Sohn mal wieder auswärts übernachtet. Dies verlangt Rücksichtnahme von beiden Partnern, und ich glaube, daß es vielen Paaren ebenso ergeht wie uns – sich öfter lieben zu wollen, aber nicht zu können.«

Pensionistin, 66, geschieden:
»Vielleicht war ich durch die schlechte Ehe meiner Eltern im Verhältnis zu Männern gestört. In meiner Jugend war Liebe (Sex) nur ein Spiel ohne wirkliche körperliche Befriedigung. Meine Ehe (35 Jahre) war schlecht. Erst nach meiner Scheidung und nach dem Wechsel genieße ich unendlich und immer mehr. Habe tolle Orgasmen mit 66, auch mit viel jüngeren Männern, die ich leicht bekommen kann und die immer wieder kommen, weil sie intensive Befriedigung bekommen. Ich bin nicht mehr jung und schön, aber ich habe jetzt viel Selbstwertgefühl, und es bedeutet mir viel! Man sollte das älteren Frauen deutlich sagen: Liebe kennt keine Altersgrenzen, man kann sich herrlich verlieben und genießen. Man muß nur wollen.«

Angestellte, 45, verheiratet:
»Das Wichtigste beim Sex sind für mich die vorhergehende gründliche Körperpflege und ein harmonischer Tagesablauf.«

Arbeiterin, 33, verheiratet:
»Die Zeit nach der ersten Verliebtheit, die eigentliche Partnerschaft, braucht nicht mehr hauptsächlich Sex. Sex verändert sich zu Achtung und Geborgenheit. Sex gehört dazu, wird aber etwas Nebensächliches. Wenn man die ersten ›wilden‹ Ehejahre überstanden hat, ohne die Achtung voreinander zu verlieren, bedeutet es für Kinder sicherlich das größte Glück, eine komplette Familie zu haben.«

Angestellter, 62, ledig:
»Als ich 16 Jahre alt war (und noch minderjährig), wohnte in unserem Haus eine 20jährige Dame, von Beruf Ordinationsgehilfin mit Matura, die mir bei der Lösung mathematischer Schulaufgaben half und der ich dafür in praktischen Dingen zur Seite stand. Ich hatte mich bald in sie verliebt, und es kam, wie es kommen mußte. Für mich war dieser Zustand paradiesisch, sie war meine erste Frau in meinem Leben, und wir feierten wahre Orgien. Es gelang uns, diese Beziehung geheimzuhalten, und wir waren beide sehr glücklich. Nach einem Jahr wurden wir getrennt: Sie wurde (es war im Krieg) dienstverpflichtet und kam von Wien weg, und ich wurde zum Arbeitsdienst eingezogen. Ich habe leider nie mehr etwas von ihr vernommen. Ihr verdanke ich, daß ich mich später sexuell beherrschen konnte und nie zu leichten Mädchen oder dergleichen gegangen bin – sie hatte mich immer davor gewarnt. Nach dem Krieg hatte ich wohl einige Affären mit jüngeren Mädchen, doch irgendwie gefielen mir diese nicht. Im Alter von 23 Jahren lernte ich eine 52jährige Bürokollegin kennen (29 Jahre älter als ich). Wir waren beide ungebunden, und da sie eine herrliche Figur hatte und sehr intelligent war und mich in allen Bereichen gut verstand, so waren wir bald ein inniges Liebespaar – zum Entsetzen meiner Mutter und der übrigen Verwandtschaft. Bis heute ist meine sexuelle Leidenschaft mit älteren Frauen von einmaligem Erleben!«

Angestellte, 34, verheiratet:
»Seit der Geburt unseres Sohnes vor einem Jahr schläft mein Mann

nicht mehr mit mir. Er begründet es mit Streß, Übermüdung bzw. Kopf- oder Rückenschmerzen. Aus Angst vor AIDS gehe ich nicht fremd, aber mir fehlt etwas. Ich liebe meinen Mann auch ohne Sex – aber ob ich das in fünf Jahren auch noch sagen kann?«

Angestellte, 31, ledig:
»Für eine Frau ist es furchtbar langweilig, wenn Sex nur im Bett bzw. in den häuslichen vier Wänden praktiziert wird. Männer sind furchtbare Einfaltspinsel und erfüllen nicht die heimlichen Phantasien der Frauen, überall begehrenswert zu sein. Gefühle haben keine Adresse!«

Pensionist, 67, verheiratet:
»Ich lebe in einer Art von Paradies mit ständig sexueller Anregung, was jeden Tag zumindest zu einem kräftigen Orgasmus führt. Dabei bin ich diese Woche 67 Jahre alt geworden. Ein Alter, in dem die meisten schon abgewaschen haben. Bin Latex-Fetischist – gottlob.«

Angestellte, 32, verheiratet:
»Es ist egal, ob der Partner oder ich als erster kommt, es soll nur passen. Kopfschmerzen (wie die häufigste Ausrede vieler Frauen) ist keine gute Ausrede. Die Männer verziehen sich nach einiger Zeit und suchen sich einen neuen Partner. Paßt der Sex, unternehmen beide alles gemeinsam.«

Angestellter, 38, verheiratet:
»Was gibt es wohl Anregenderes als die Faszination, das Hinwenden zweier Liebender zueinander. Diesen Moment der Bereitschaft von ihr – Ja ich will mit dir eins sein – erfüllt mich als Mann derart und immer wieder. Ich finde es als schönstes Geschenk, wenn ›sie‹ bereit ist, ›ihre‹ Schamlippen zu öffnen, um den Penis vorsichtig und selbst in ›ihre‹ Scheide einzuführen. Dieses Entgegenbibbern und den nächsten Moment der Ruhe, wenn ich langsam und zärtlich in ›sie‹ hineingleite, ist für ›uns‹ fast noch schöner, als der wunderbarste Moment der totalen Erfüllung! Ich finde, diese Welle, diese seelische Übereinstimmung, dieses Ineinandergleiten müßte man viel bewußter erleben und auch das wird zur schönsten Erinnerung, von der man sehr, sehr lange erfüllt ist.«

Arbeiterin, 22, ledig:
»Männer kennen kein Vor- und Nachspiel, sie wollen immer gleich zum Höhepunkt kommen, und anschließend wollen sie nichts mehr von der Frau wissen.«

Angestellte, 32, verheiratet:
»Wenn zwei Menschen sich lieben und verstehen, gibt es bestimmt keine Probleme mit dem Sex. Wenn die zwischenmenschliche Beziehung nicht stimmt, hat man auch keine Freude am Sex.«

Hausfrau, 35, verheiratet:
»Ich liebe meinen Mann sehr. Möchte ihn niemals hergeben oder verlieren. Aber ich habe auch einen Freund – ebenfalls verheiratet. Wir treffen uns eher selten. Telefonieren dafür öfter miteinander. Wir reden über alles frei und ungezwungen. Wenn wir ein Treffen vereinbaren, sind wir beide so verrückt und glücklich – Herzrasen! Ich bin in alle beide unsterblich verliebt. Ich hätte nie zu träumen gewagt, daß so etwas überhaupt möglich ist.«

Schülerin, 17, ledig:
»Mich stört, daß Frauen in Pornofilmen immer wieder als Lustobjekte dargestellt werden.«

Angestellte, 47, verheiratet:
»Wenn behauptet wird, daß ein Mann auch mit anderen Dingen eine Frau glücklich machen kann, so muß ich das bestreiten. Nichts ist schlimmer für eine Frau, als wenn sie mit Zärtlichkeiten und Fellatio ›aufgeganselt‹ wird und keine Befriedigung durch das Eindringen eines Penis erfährt. Das ist, als wenn man ein Tortenstück in den Mund gelegt bekommt und darf nicht essen.«

Pensionist, 58, verwitwet:
»Auch ohne Sex ist Liebe da und schön.«

Angestellter, 42, verheiratet:
»Wir arbeiten schweigend, wobei ich den Schwanz oft fast ganz herausziehe, so daß er nur noch den Eingang zart berührt, dann wieder

hinein mit dem guten Stück! Höre ich ein leises ›Ah‹, weiß ich, daß es klappen wird, es folgen noch einige Ah's, immer lauter und plötzlich bäumt sie sich auf, erdrückt mich beinahe und stößt tierisch. Dann Aufbäumen, Ruhen, darf aber den Schwanz nicht herausziehen. Dann wieder Arbeit, ganz kurz, sodann – siehe vorher. Wenn ich Glück habe, geht's zehnmal. Manchmal sagt sie schon früher: ›Aus, Schluß!‹ Ich spritze, und während der Schwanz in ihr zusammenfällt, kommt es ihr wieder, sie stößt und ich habe größte Mühe, daß ich drinnenbleibe. Dann ist der Schwanz heraußen, aber sie drückt den ›Rest‹ an die Fut und stößt und kommt wieder, bis das stolze Schwert nur noch Luft mit Haut ist. Da hört sie mit einem bedauernden Seufzer auf.«

Angestellter, 56, verheiratet:
»Nicht allein die Größe des Lustorgans ist ausschlaggebend. Nein, es gehören andere Kriterien dazu, eine Frau in die Phase des Orgasmus zu geleiten. Bei der Gestaltung eines Liebesaktes gehört dazu, in eine Partnerin hineinzuhören, um feststellen zu können, ob sie sich der Lust der Befriedigung voll und ganz hingibt. Ein Mann mit etwas Erfahrung spürt dies. Zumindest mir konnte keine Partnerin etwas vorspielen. Diese Frau ist noch nicht geboren, die mir eventuell Lügen unterjubeln könnte. Obwohl ich schon ein älterer Jahrgang bin, genieße ich die Sexualität mit dem Bewußtsein, daß es nichts schöneres gibt.«

Hausfrau, 32, verheiratet:
»Eine willkommene Abwechslung, der ich selten widerstehen kann, ist der orale Sex, weil hierbei das Glücksgefühl einfach intensiver ist. Es ist wirklich ein Lustgewinn. Mir liegt die passive Rolle, weil man dabei eigentlich nicht selbst liebt, sondern sich lieben läßt.«

Angestellte, 42, verheiratet:
»Ich komme aus einem prüden katholischen Elternhaus (ich selbst bin nicht gläubig). Nacktheit oder gar Selbstbefriedigung fand hinter verschlossenen Türen statt. Vor der Zeit mit meinem Mann hatte ich drei oder vier sexuelle Kontakte ohne große Bedeutung. Ich komme nur dann zum Orgasmus, wenn ich allein bin, ungestört, wenn mich niemand beobachten kann. Wenn ich mit meinem Mann schlafe, bin ich zwar sehr erregt, ich komme aber nur bis zur Plateauphase (so heißt

das wohl), was ich aber sehr schön finde. Nach dem Verkehr fühle ich mich befriedigt, was vielleicht daher rührt, daß ich es nicht anders kenne.
Mein Mann weiß, daß ich keinen Orgasmus bekomme. Er ist sehr einfühlsam, er geht auf meine Wünsche ein, wir haben auch die gleichen Vorlieben. An der Technik kann es auch nicht liegen, bei der Masturbation komme ich immer zum Höhepunkt, egal ob mit Hilfsmitteln oder ohne, im Stehen, Sitzen oder Liegen. Wir haben auch schon Selbstbefriedigung gemacht, in Gegenwart des anderen, doch ich komme nur soweit, wie oben beschrieben. Ich kann mich im entscheidenden Moment nicht gehen lassen, nicht loslassen, wenn ich kurz davor bin, sehe ich mich plötzlich selbst da liegen und bin wieder ernüchtert. Ich mag auch sonst nicht gern tiefe Gefühle zeigen, z. B. in der Öffentlichkeit weinen (auf Beerdigungen). Ich wollte meinen Mann auch bei der Geburt unserer Kinder nicht dabei haben. Ohne ihn konnte ich mich besser entspannen, sonst hätte ich mir nur Sorgen um ihn gemacht. Vielleicht ist das beim Sex ebenso, daß ich mir mehr Gedanken um seine Befriedigung mache als um meine.«

Hausfrau, 33, verheiratet:
»Mein Mann hat es gern, wenn die Frau die Initiative ergreift, aber ich mag das nicht.«

Angestellte, 29, verheiratet:
»Wenn sich mein Mann im Bad befriedigt, bin ich total fertig und unendlich traurig. Es stößt mich ab. Manchmal habe ich das Gefühl, ich bin tot. Mein Mann hat kein Problem, denn er hat ja seinen Fernseher. Ich habe Angst vor der Zukunft.«

Selbständiger, 51, geschieden:
»Bei den Frauen sollte man erwarten, daß parallel zu den Männern, auch nach wenigen Stößen, schon ein Orgasmus erfolgt, ganz von selber. Der Frau tut das nichts, denn sie kann ja oft hintereinander spritzen, der Mann nur einmal, dann fällt meist der Mast um. Obwohl es auch Naturphänomene geben soll, die nach dem Spritzen ihre Härte beibehalten und so weiterwerkeln können. Daß die Frauen so schwer spritzen, führe ich auf eifriges Onanieren ab dem Kindesalter zurück.

Da klappt dann später eine Umstellung auf Stoßbetrieb nicht mehr! Vor jeder Eroberung muß sich aber ein Mann fragen: Wird sie wohl spritzen oder bemühe ich mich vergeblich? In diesem Fall natürlich baldige Trennung. Nur gemeinsames, tierisches Spritzen hält eine Ehe zusammen, ja, ja! Er stößt und stößt – und bei ihr rührt sich nichts – da ist der Scheidungsbrief schon fertig!«

Angestellter, 41, verheiratet:
»Ich versuche immer wieder, trotz der inneren Schamlippen, die das Aussehen wie Lefzen eines Bluthundes haben, und trotz der Säfte, die dabei getrunken werden müssen, den französischen Brief zu Ende zu lesen, also die Frau zum Höhepunkt zu bringen. Ich wäre tief gekränkt, wenn die Frau das nicht auch bei mir tun würde.«

Beamter, 49, verheiratet:
»Nach dem Beischlaf, wenn der Mann ernüchtert ist, schämt er sich beinahe vor sich selber, welch schweinische Dinge er getrieben hat, ärger als Tiere das tun, und es ekelt ihn.«

Arbeiter, 31, ledig:
»Sanftes Beißen in die Futlappen, Einführen in die Scheide, Knabbern am Kitzler, ›Essen‹ der Haare. Glücklich die Frau, die da einen schwarzen, riesigen, struppigen Urwald hat – meist sind es ja ohnehin nur so windige blonde Strähnen, nicht aufregend!«

Arbeiter, 52, verheiratet:
»Ich bin schon ganz mutlos geworden, weil ich meinem Sex nicht mehr nachkomme. Ich bin knapp 52 Jahre alt und kann mit meiner Frau bald nichts mehr machen. Mein Glied wird nicht mehr so steif wie früher. Meine Frau ist 49 Jahre. Sie lacht mich immer aus, weil mein Glied nicht steif wird.«

Angestellte, 52, geschieden:
»Nach einer Krebsoperation hat mich mein Mann elf Jahre nicht angerührt, weil er Liebe und Sex verwechselte und zum guten Schluß ließ er sich nach 20 Ehejahren scheiden. Ich weiß nicht mehr, was Sex heißt, aber dafür kann ich Liebe, und die kommt vom Herzen, geben.«

Angestellte, 29, ledig:
»Nur wegen Aids ist es grundverkehrt, eine neue Partnerschaft mit Soft-Sex zu beginnen, bis angebliches ›Vertrauen‹ entsteht, selbst wenn man sich angeblich kennt, z. B. nach einem halben Jahr, ist die Gewähr nie geleistet, da der Partner vor der Beziehung ziemlich oft fremd ging.«

Pensionist, 88, verwitwet:
»Ich wollte eigentlich tabu sein für intime Betätigung. Weil ich aber immer zu kurz kam, ist es ganz natürlich, daß mich körperliche Intimität noch immer ununterbrochen anregt!«

Angestellter, 49, verheiratet:
»Ich gehöre zu den Männern, die es schön und beglückend finden, von einer Frau verwöhnt zu werden und dabei ganz passiv zu sein.«

Angestellter, 32, verheiratet:
»Meine Frau spielte mir ungefähr ein Jahr lang vor, sie sei glücklich im Bett und käme auch zum Höhepunkt. Dann konnte sie es seelisch nicht mehr verkraften, und sie gestand es mir. Sie weiß nicht mehr genau, wann es anfing, daß sie keinen Höhepunkt mehr erreichte und keine Gefühle beim Verkehr hat. Sie kann sich auch nicht daran erinnern, ob sie jemals einen Höhepunkt erreicht hat, weder bei mir noch bei früheren Partnern.«

Arbeiterin, 34, ledig:
»Ich kann keinen Sexfilm im Fernsehen anschauen. Schamröte, Ekel und Peinlichkeit lassen mich am ganzen Körper zittern. Mein Partner möchte diese Filme sehr gerne sehen – aber er unterläßt es wegen mir. Er schaut sich pornografische Darstellungen (Hefte) in allen Varianten an und läßt sie offen liegen. Dadurch habe ich ein hochgradig gestörtes Verhältnis zur Sexualität.«

Angestellte, 26, verheiratet:
»Obwohl mein Mann und ich über alles sprechen können und obwohl er sehr gut aussieht, empfinde ich für ihn nicht mehr als für einen guten Freund. Wir kennen uns schon seit 10 Jahren, und ich war anfangs

froh, daß er nicht gleich das eine wollte. Als wir schon einige Zeit befreundet waren, schliefen wir miteinander. Es war sehr schmerzhaft für mich, auch die weiteren Versuche waren mir immer sehr unangenehm. Ich versteh' mich mit ihm wirklich sehr gut, aber ich kann nicht mit ihm schlafen. Schon seine Annäherungsversuche lehne ich meist ab. Einen Orgasmus hatte ich bei ihm noch nie.«

Angestellte, 35, verheiratet:
»Ich ekle mich vor Sex. Ich halte nur noch still und warte, daß es bald vorüber ist.«

Beamter, 55, verheiratet:
»Wir verkehren im Schnitt siebenmal im Monat. Nach einfühlsamem Vorspiel mit Intimküssen etc. liegt meine Frau am Rücken mit angewinkelten Beinen. Ich dringe nur sporadisch in sie ein und gleite hauptsächlich mit dem Penis über die Scheide und Klitoris, zusätzlich wird mit Speichel schön naß gehalten. Dann wird noch das Sperma außen draufgespritzt und weiter gefahren. Es dauert nur mehr etliche Sekunden und meine Frau hat die heftigsten Orgasmen. Das ganze dauert bis zu einer Stunde.«

Hausfrau, 32, verheiratet:
»Mein Mann ist der Meinung, daß es normal sei, nach zehn Jahren Ehe nur mehr alle zwei Monate einmal Sex zu haben. Dieses eine Mal ist für mich aber weder befriedigend noch normal. Wollte ich am Anfang noch öfter mit meinem Mann schlafen, kann ich ihn jetzt nicht einmal mehr riechen. Ich habe zwar Lust auf Sex, aber nicht auf meinen Mann. Ich weiß nicht mehr, ob ich ihn noch liebe. Ich stelle mir manchmal vor, wie es wäre, wenn er nicht da wäre. Ich könnte mir eine Scheidung nicht vorstellen und würde das meinen Kindern auch nicht antun. Wir würden uns wahrscheinlich eher ermorden als die Kinder herzugeben.«

Angestellte, 32, geschieden:
»Männer sind nur dazu erschaffen, daß sie Kinder zeugen, um die Vermehrung der Menschheit zu sichern und nicht aussterben zu lassen.«

Angestellte, 22, ledig:
»Mein derzeitiger Freund, mit dem ich bereits drei Jahre zusammen bin, ist nur darauf aus, jemanden zu haben, der für ihn als Selbstbefriedigungsapparat zur Verfügung steht.«

Freiberufler, 52, ledig:
»Da ich mit Sex für mein persönliches Leben nicht viel anfangen kann, gewinne ich in dem Theater, das um diese lächerlichen dreißig Sekunden des Samenergusses aufgeführt wird, außer Verwunderung nichts ab. Ich kann ohne Orgasmus durchaus leben. Bisher hat es für mich außer einigen Masturbationen oder gelegentlichem scharfem Petting keinerlei Sexualkontakte gegeben.«

Freiberufler, 38, verheiratet:
»Anfangs unserer Partnerschaft hat es noch einigermaßen geklappt, aber seit der Geburt unserer Tochter ist unser Schlafen auf ein Mindestmaß (einmal im Monat) geschrumpft. Ich habe eine Geburtsschonfrist auch für wichtig gehalten. Später aber wurden häufig Ablehnungen meiner Partnerin mit Müdigkeit, seelischer Unausgeglichenheit und Zurückziehen nach Auseinandersetzungen tagsüber begründet. Ich habe mich, sehr zu meinem Erstaunen, da Sexualität für mich immer wichtig war, allmählich an diesen Zustand gewöhnt.«

Angestellte, 38, verheiratet:
»Wir haben uns beide lange belogen und so getan, als ob im Bett ja eh alles o.k. ist. Wenn er mit mir schlafen will, dann ist er freundlich, zärtlich. Und es macht uns beiden Spaß. Aber ich komme meistens doch zu kurz. Ich muß das Vorspiel immer recht kurz halten, er stimuliert mich meistens mit den Fingern, und wenn er dann in mich eindringt, geht's mir immer viel zu schnell. Es tut ihm jedesmal leid, und er entschuldigt sich immer.«

Hausfrau, 52, verheiratet:
»Mein Gatte ist 54 Jahre. Leider kann er seit einem Vierteljahr keinen Beischlaf mehr ausführen. Mein Mann fühlt sich gesund und übt noch seinen Beruf aus.«

Angestellte, 25, ledig:
»Ich wechsle ab zwischen raffiniertem Sex und überlasse ihm auch die Führungsrolle, wo er dann recht erfinderisch sein kann.«

Angestellter, 44, verheiratet:
»Es kommt auf das Seelische an, nicht auf den Trieb – Liebe statt Triebe! Der Trieb ist eine Naturkraft, der wir uns ja so gerne hingeben, weil sie Lust und Ekstase bringt und verspricht – nur von keiner Haltbarkeit. Seelisch passen wir zu wenigen – körperlich zu vielen. So ist es eben in der Natur.«

Angestellter, 36, ledig:
»Meine Freundin ist eine absolute Genießerin, wenn sie sich in der Reiterstellung delektieren und damit den Akt vollziehen kann.«

Hausfrau, 44, verheiratet:
»Mein Mann kennt kein Vorspiel, kein Einspielen, was für mich so wichtig ist, um ihn in mir aufnehmen zu können. Berührung, Streicheln, was sich in Intensität und Begehren steigert, kennt er nicht. Kommt dies von meiner Seite, bekommt er regelrecht Angst. Er hält mir die Hände fest oder verläßt das Bett. Für mich ist dieses Verhalten demütigend und macht mich seelisch kaputt.«

Angestellter, 48, verheiratet:
»Ich komme nur beim Mundverkehr zum Höhepunkt. Da wird er richtig steif, und ich spritze nach einiger Zeit ab. Macht meine Frau aber nur eine kurze Pause, fällt er sofort wieder um.«

Lehrer, 50, verheiratet:
»Als fünfzigjähriger Lehrer mit etlichen Lebenserfahrungen (zweimal verheiratet, vier Kinder, großer Bekanntenkreis) habe ich oft das Bedürfnis, den Burschen unter meinen Schülern im Rahmen der Sexualkunde, die besser ›Lebenskunde‹ heißen sollte, etwas zu sagen, traue mich aber nicht. Mein Rat fürs Leben: Die lustigen Mädchen, die nach der zweiten Begegnung mit aufs Zimmer kommen und sofort ins Bett springen – und zwar nicht aus einer außergewöhnlichen spontanen Zuneigung, die etwas Herrliches ist, sondern aus Routine; die

Nymphen, die im Urlaub nach Lignano oder Gomera ›auf Aufriß‹ fahren und stolz darüber berichten, nehmt sie und habt Spaß mit ihnen!
Aber steckt sie vorher sicherheitshalber in ein desodorierendes Schaumbad, wie versierte ›Latin Lovers‹ es tun. Und legt sie dann mit spitzen Fingern weg wie ein gebrauchtes Präservativ. Seid den Gratisprostituierten dankbar und empfehlt sie weiter wie eine gute Matratze. Aber laßt euch auf nichts Ernstes mit ihnen ein. Oder gar auf eine Ehe. Sie ändern sich kaum noch und werden euch betrügen, so lange sie können und erst damit aufhören, wenn sie so abgegriffen sind, daß ihre Klitoris von einer Hornhaut überzogen ist. Vor allem aber laßt euch kein Kind von ihnen anhängen, mit dem sie euch binden und im Vertrauen auf eure Sentimentalität um so lockerer hintergehen und ausbeuten. Seid ihnen nicht böse, vergnügt euch mit ihnen, benützt sie, wie sie euch benützen, aber hütet euch davor, irgendwelche Hoffnungen an sie zu knüpfen. Euer Lehrer.«

Angestellte, 37, verheiratet:
»Mein Mann steht meinen Wünschen, ein kleines Vorspiel, ein öfteres Zusammenkommen mit unterschiedlichen Aktivitäten und Stellungen nur kopfschüttelnd gegenüber. Seine Worte: ›So macht es kein normaler Mensch. Dies ist Phantasie eines kranken Hirns!‹«

Arbeiter, 40, ledig:
»Hie und da, vielleicht vier- bis sechsmal im Monat, oft ganz spontan, meistens aber wenn ich eine Frau gesehen habe, welche mir gefallen würde, kommt es zu einer ganz kurzen Gliedversteifung, was aber maximal eine Minute anhält, nachher ist wieder alles aus.«

Arbeiter, 30, verheiratet:
»Ohne einen richtigen, tollen, langen Kuß vor dem Sex läuft bei uns nichts.«

»Arbeiterin, 23, ledig:
»Wenn mein Freund zu mir kommt, fährt er vielleicht mal mit der Hand über Arm und Bauch, ansonsten bestehe ich nur aus zwei ›Tüten‹, an denen man sich festhalten kann und einem Ort, den man

massiv ›bearbeiten‹ muß. Oder gleich – rein, raus, rein, raus – am wildesten und unkontrolliertesten dann, wenn ich den Orgasmus erlebe, oder was noch schlimmer ist, gleich danach. Dies tut mir körperlich weh! Versuche ich mit ihm darüber zu sprechen, begegnet er mir mit folgenden Worten: ›Soll ich dir ständig auf Knien Arien vorsingen, heiße Liebesschwüre machen, da vergeht es mir.‹«

Angestellter, 52, geschieden:
»Ich leide sehr stark darunter, einer Frau sexuell nichts mehr bieten zu können. Ich bin impotent, und das leider schon einige Jahre, so lebe ich recht mutlos dahin und vereinsame zusehends.«

Arbeiter, 51, verheiratet:
»Nach einem Heurigenbesuch bearbeitet mich meine Frau mit den Händen und dem Mund. Das ist für mich das Beste.«

Angestellter, 26, verheiratet:
»Beim Geschlechtsverkehr komme ich viel zu schnell zum Samenerguß. Wenn ich spüre, daß es mir kommt, dann nützt nichts mehr, kein Innehalten der Bewegungen, kein Herausziehen des Gliedes. Ich kann meinen Samenerguß einfach nicht steuern bzw. verzögern.«

Hausfrau, 29, verheiratet:
»Wenn ich mit meinem Mann schlafe, kommt es selten bei mir zum Orgasmus. Meistens befriedige ich mich selber, wenn ich alleine bin. Dann habe ich hinterher immer ein schlechtes Gewissen und schwöre mir, daß ich es nicht mehr tun werde, weil ich meinen Mann doch wirklich liebe.«

Hausfrau, 35, verheiratet:
»Bis wir im Bett sind, ist sein Glied steif und groß. Doch es kommt nicht immer zum Verkehr, denn mit einmal wird sein Glied wieder klein und schlaff. Ich kann tun, was ich will, es wird nichts mehr. Auch wenn wir mitten dabei sind oder eine andere Stellung machen wollen, fällt der Penis zurück.«

Schülerin, 18, ledig:
»Ich würde so gerne mit meinem Freund schlafen, aber schon wenn er mit den Fingern in mich eindringt, könnte ich vor Schmerzen schreien.«

Sexuelle Variationen

Auf keinem anderen Gebiet des Lebens gibt es so viele Unsicherheiten wie beim Sex. Verwunderlich ist das nicht: Sexualität ist das einzige Verhalten, bei dem Sicherheit nicht durch Zusehen und im direkten Vergleich erworben werden kann. Man ist auf Berichte und Darstellungen angewiesen. Die beruhen aber wieder auf einer Normalitätsforderung und orientieren sich durchwegs am Leistungsprinzip. Das verstärkt die Unsicherheit noch mehr. Dazu kommt, daß das, was als normal bzw. abnormal angesehen wird, von der jeweils geltenden Moral und Landeskultur abhängt.

In manchen Kulturen ist es selbstverständlich, daß Eltern ihre Kinder masturbieren lassen. In unserem Kulturkreis ist dieses Verhalten undenkbar. In anderen Kulturen erwartet man von erwachsenen Männern, daß sie auch homosexuelle Erlebnisse haben. Bei uns begegnet man diesem Verhalten mit Abwehr. Noch vor achtzig Jahren galt Oralsex in unserem Kulturkreis als pervers. Heute ist er in aller Munde.

Niemand wird mit Normen geboren. Normen werden durch die Umwelt erworben, in der man lebt. Obwohl der Begriff der Norm ein besonders häufiges Vorkommen bezeichnet, wird es als »gesund« oder »krankhaft« mißverstanden. Damit wird verständlich, warum sich jeder Mensch – oft gegen seine individuelle Anlage – um ein normgerechtes Verhalten bemüht. Wer will schon als »krank« gelten? Aber wenn der eine täglich Sex braucht, um ausgeglichen zu sein, ist der andere mit einem Liebesakt im Monat glücklich. Ist er deshalb nicht normal?

Natürlich ist er das! Das einzig Gültige ist das, was für Sie und Ihre(n) Liebespartner(in) gut ist und keinen Schaden anrichtet.

Die Angst, »ab-normal« zu sein, die Sehnsucht nach Konformität und der Wunsch, nur ja nicht anders als die anderen zu sein, entsteht auch durch ein tief verankertes Bedürfnis nach sexueller Kommunikation: Derjenige, der sein Sexualverhalten an Kollektivnormen orientiert, wird nicht ins Out gekickt. In einer Kultur, die den Einzelnen dazu zwingt, seine Individualnorm mit der Kollektivnorm in Einklang zu bringen, fühlt man sich mit Sonderwünschen als Außenseiter. Aber ist es schon schwer, in den alltäglichen Lebensbereichen der »Norm« zu entsprechen – beim Sex ist es eigentlich gar nicht möglich. Denn das, was als »normales Sexualverhalten« bekannt ist, ist nicht mehr als ein Modell. Ein Sandkastenspiel, das mit der Realität nur in groben Zügen übereinstimmen kann. »Normal« ist eigentlich das individuelle Abweichen vom theoretischen Entwurf, die individuelle Ausprägung und Differenzierung, die sich in sexuellen Vorlieben äußert.

Zu dieser Erkenntnis ist auch die Wissenschaft gekommen, die sich von dem lateinisch verbrämten Schimpfwort »Perversion« (Verdrehung) mehr und mehr distanziert und das freundlichere Wort »Deviation« (Abweichung) oder »Paraphilie« (Vorbeilieben) benutzt.

Schwieriger als der historische und juridische ist der psychologische Aspekt dingfest zu machen: Warum kann man sich beim Sex oft nicht so verhalten, wie es die Norm beschreibt? Warum treibt der Trieb den einen oder anderen immer wieder zu ausgefallenen Handlungen? Dafür sind mehrere Gründe verantwortlich.

Nach dem Freudschen Konzept der Sexualität ist jeder Mensch ursprünglich »polymorph pervers« veranlagt. Was so kompliziert klingt, ist einfach erklärt. Ein Kind wird weder durch Scham noch durch Ekel oder Moral daran gehindert, seine Lust zu stillen. Alle nur denkbaren Möglichkeiten, die die fünf Sinne zur Lustbefriedigung zur Verfügung stellen, werden wahrgenommen. Das kleine Kind genießt es, sich schamlos zu entblößen oder sich selbst und anderen bei den intimsten Geschäften zuzusehen. Die Zeige- und Schaulust eines Kleinkindes sind ebenso selbstverständlich wie sein Sadismus. Wer einmal erlebt hat, mit welcher Wonne ein Kleinkind Tiere oder Spielkameraden quält, weiß, wieviel Lust ihm Grausamkeit bedeuten kann. In seiner ungebremsten Gier nach Lusterlebnissen kann es aus Haut, Körperteilen und nur allen erdenkbaren Handlungen Lust beziehen. Sogar die Schläge, die man als Kind sicher mal einstecken muß, können lustvoll erlebt werden.

Diese vielfältigen Möglichkeiten sinnlicher Lust bezeichnet Freud als »Partialtriebe« oder »Teiltriebe«. Im Laufe der Entwicklung werden humane Fähigkeiten, zum Beispiel die Fähigkeit zum Mitleiden, aber auch Scham und Ekelempfindungen ausgebildet und die Partialtriebe sind nur noch Anreize für den eigentlichen Geschlechtsverkehr, also die genitale Lust. Die Partialtriebe mit dem damit verbundenen Sehen, Zeigen, Spüren, Riechen und so weiter bleiben die Ingredienzien der Vor-Lust, die schließlich in der End-Lust, also im eigentlichen Geschlechtsverkehr gipfelt.

Aber nicht immer bescheiden sich die Partialtriebe damit, die Handlanger des Geschlechtsaktes zu bleiben. Durch bestimmte Erlebnisse kann der eine oder andere Partialtrieb die Vorherrschaft über die genitale Sexualität übernehmen. Dem Betreffenden geht es dann nicht vordergründig um den Geschlechtsverkehr. Seine Lust entzündet sich nach wie vor beim Sehen, Zeigen, Küssen, Quälen oder an einem x-beliebigen Körperteil.

Von der »Perversion« zur »Deviation«

Der Voyeur, der Exhibitionist, der Sadist und wie sie alle heißen mögen, sie alle werden von einem Trieb beherrscht, der in kleinem Ausmaß auch in einem »Normalen« steckt. Der einzige Unterschied zwischen dem Devianten und dem Normalen mit devianten Zügen besteht darin, daß der Voyeur, der Exhibitionist oder der Sadist im »Normalfall« keine Lust empfindet. Sein Trieb zwingt ihn, die Bedingungen seiner jeweiligen Vorliebe immer wieder herzustellen, um Erfüllung finden zu können. Bei der alltäglichen Deviation begnügt sich ein Mensch, hin und wieder einmal Ausgefalleneres als das »Normale« zu probieren. Es reicht ihm, ab und zu seiner Schaulust nachzugeben, zu zeigen, was man hat, oder Machtspiele zu inszenieren. Das Ausleben dieser Neigungen bringt zwar neue Wonnen, ist aber nicht die Bedingung der Lusterfüllung. Dennoch stecken perverse Neigungen auch im allerfrömmsten Mann. Denn selbst dann, wenn die Entwicklung zur genitalen Sexualität ohne jeden gröberen Zwischenfall verläuft, sind die Partialtriebe nicht einfach vom Tisch zu fegen. Daß Frauen sich gerne zeigen, daß viele es genießen, nackt fotografiert zu werden, oder daß sie es erregend finden, wenn sie die Blicke eines Mannes auf Ihrem Körper fühlen, ist eine Binsenweisheit. Männern bereitet es Genuß, wenn der Blick ihrer Geliebten auf ihren erigierten Penis fällt. Wem verschafft der Gedanke an eine Unterwerfung nicht eine eigentümliche Befriedigung? Wem jagt die Vorstellung der Schmerz-Lust nicht wonnige Schauer über den Rücken? Und wen erregt nicht die Vorstellung, ein Pärchen beim Liebesakt zu beobachten? Trotzdem wird jemand, der so agiert von der Gesellschaft verurteilt, weil sein sexuelles Verhalten als »Normverstoß« gilt. Aber deshalb ist er nicht zwangsläufig »krank«. Er verhält sich nur nicht wie die statistische Mehrheit.

Die Palette der harmlosen, sexuellen Vorlieben ist groß. Frühe Kindheitserlebnisse und längst vergessene Sinneseindrücke hinterlassen eben ihre Spuren. Versucht man dennoch, sich an das anzupassen, was als »moralische Norm« gilt, muß man auf die elementarste, ursprünglichste Form der Selbstverwirklichung verzichten. Die Lustlosigkeit, über die Männer und Frauen gleichermaßen jammern, ist das Resultat einer Kultur, die dem Sex solange jede Individualität entzog, bis er quasi leerläuft. Die geltenden Moralgesetze und das, was allgemein als »normal« gewertet wird, machten den Sex für zahllose Männer und Frauen zu einem zahnlosen, von Kreativität und Aggression chemisch gereinigten, öden Vorgang. Wieviel Borniertheit, Angst und Bigotterie mußten am Werk gewesen sein, daß die sexuelle Begegnung auf eine reine Organ-Sexualität verknappt wurde! Diejenigen, die heute unter dem »Null-Bock-auf-Sex-Syndrom« leiden, erlauben sich meist nicht jene Wonnen, die das Aufspüren und Ausagieren bestimmter Vorlieben bedeutet. Wahre Sinneslust ist nur durch eine Liebeskultur zu erleben, die maßvoll und im Einverständnis mit dem Partner ausgelebte Perversionen miteinschließt. Männer wissen das, denn sie neigen mehr als Frauen zu Deviationen.

Der amerikanische Psychoanalytiker ROBERT STOLLER begnügte sich nicht mit der Freudschen Erklärung, daß die Perversion eine Wiederbelebung eines kindlichen Partialtriebes, also Teil der infantilen Sexualität, sei. Stoller kam zu dem Schluß, daß jede Form einer sexuellen Perversion ein Versuch darstellt, ein in der frühesten Kindheit erlebtes Trauma zu überwinden. Warum ausgerechnet Männer mehr als Frauen davon betroffen sind, erklärt STOLLER damit, daß es kleine Jungen schwerer als Mädchen haben, zu ihrer Identität zu finden.

Sowohl das kleine Mädchen als auch der kleine Junge identifizieren sich zunächst mit der allgewaltigen Mutter, die für Nahrung, Sicherheit, Geborgenheit und Liebe zuständig ist. Im Laufe der Entwicklung müssen sich beide, sowohl das Mädchen als auch der Bub, von der mütterlichen Überlegenheit freimachen und zu einer eigenen Identität finden. Diese Aufgabe ist für das Mädchen, das dasselbe Geschlecht wie die Mutter hat, leichter als für den Jungen, der eine neue, männliche Identität aufbauen muß. Robert Stoller ist nun der Meinung, daß in jeder Perversion eine erotische Form von Haß steckt. Dieser sei darauf zurückzuführen, daß die Ablösung von der Mutter und der Aufbau der eigenen Identität nicht so schnell und reibungslos vor sich geht, wie der kleine Junge es vielleicht will. Der Haß auf die übermächtige Frau und Mutter führt schließlich dazu, sich einerseits dem »normalen« Akt mit der Frau zu verweigern und andererseits in erotischen Inszenierungen die erlebte oder vermeintliche Niederlage in einen Sieg zu verwandeln. STOLLER schildert zum Beispiel einen Mann, der die heftigsten Orgasmen nur vor dem Spiegel in Frauenkleidern erlebt. Als Ursache seines Verhaltens stellte sich ein Identitätskonflikt in seiner frühen Jugend heraus: Eine starke Mutter und Schwester belächelten und verhöhnten den Jungen, der von seinem schwachen Vater keine Unterstützung bekam und die überlegenen Frauen als Männlichkeitsbedrohung erlebte. Als erwachsener Mann nahm er die Situation selbst in die Hand. Angetan mit Frauenkleidern, verweiblicht von Kopf bis Fuß, kommt er nun zu einem starken Orgasmus und erlebt sich unzweifelhaft, trotz der Frauenkleider, als »richtiger« Mann.

Deviante Verhaltensweisen sind so etwas wie unbewußte Erste-Hilfe-Maßnahmen. Vereinfachend könnte man sagen, daß Ängste und Konflikte sexualisiert werden, so wie ein bestimmtes Thema fürs Theater dramatisiert wird. Der Stoff, aus dem die bekannten Deviationen sind, entsteht meist im Fadenkreuz von Gefahrenerwartung und Gefahrenüberwindung oder im Fadenkreuz von Niederlage und Sieg. Die jeweilige Handlungsweise oder Phantasie verhindert, daß ein verborgener Konflikt überhand nimmt und größeren Schaden anrichtet.

Was für Otto Normalverbraucher, der sich daran delektiert, daß sich eine Frau vor ihm auszieht, noch mit einer Wiederbelebung der kindlichen Schaulust erklärt werden kann, ist beim echten Voyeur schon weitaus komplizierter. Wenn er immer wieder heimlich zuschaut, während eine Frau die Kleider ablegt oder wenn er sich systematisch auf die Lauer legt, um Liebespärchen zu beobachten, dann stecken hinter diesem zwanghaften Verhalten bestimmte seelische Konflikte und Regungen. Zum Beispiel ein Konflikt mit der eigenen Aggression: Einerseits ist der Voyeur mutig, denn er bricht mit dem verbotenen Zuschauen ein Tabu. Andererseits ist er »brav«, denn Blicke tun nicht weh.

Voyeur ist aber nicht gleich Voyeur.

Die frühkindliche Angst vor dem Kastriertwerden und der Nähe-Distanz-Konflikt können zu den verwegensten, voyeuristischen Neigungen führen. Es gibt Voyeure, die sich beim Zuschauen davon überzeugen wollen, daß Frauen keinen Penis haben, sie selbst aber noch im stolzen Besitz ihres Genitales sind. Und es gibt Exhibitionisten, die aus dem Erschrecken der Frau, der er sein erigiertes Glied entgegenstreckt, die Gewißheit beziehen, daß ihr geliebtes Organ groß und stark sein muß, sonst würde die Betreffende ja nicht so erschrecken.

Egal um welche Perversion es sich handelt, egal ob um Voyeurismus, Exhibitionismus, Masochismus oder Sadismus – jeder wirklich Deviante befindet sich in einer Zwangslage. Er muß die Situation, die ihm seine sexuelle Lust ermöglicht, immer wieder herstellen und inszenieren. Der Exhibitionist muß immer wieder beweisen, daß er einen Penis hat, daß sein Geschlechtsorgan groß und stark ist. Der Sadist muß sich über seine Macht Gewißheit verschaffen. Und der Masochist muß die einmal gemachte Erfahrung immer wieder herstellen, daß man durch Leiden Lust erkaufen kann, oder Strafe ein Vergehen sühnt und man danach wieder geliebt wird.

Fetischismus

Der Fetischist, für den nur das Höschen einer Frau und sonst gar nichts zählt, will sich mit seiner Fixierung vielleicht vor der realen Begegnung mit der Frau schützen, die ihm Angst macht. Oder: Ein kleiner Bub ist alleine zu Hause. Er fühlt sich einsam und hat Angst. In seiner Not nimmt er die Schürze seiner Mutter mit ins Bett und zufällig kommt es zu einer sexuellen Erregung. Dadurch kann der Junge auf die Schürze als »Fetisch« ein Leben lang fixiert bleiben.

Im ethnologischen Sinn ist der Fetisch ein Gegenstand, dem besondere, magische Fähigkeiten zugeordnet werden. In der Sexualität versteht man darunter bestimmte Körperteile oder -regionen oder Gegenstände, die an der Entstehung sexueller Erregung maßgeblich beteiligt sind. Ganz offensichtlich werden dem Fetisch auch im sexuellen Bereich magische und damit beschützende Fähigkeiten zugeschrieben. Diese dienen der Bewältigung unbewußter sexueller Ängste. Ohne den Fetisch und die ihm zugeschriebene Magie ist sexuelle Erregung nicht möglich.

Was immer auch der Beweggrund für eine Deviation sein mag – ohne hochkomplizierte, ritualisierte Inszenierungen ist der Betroffene nicht fähig zur Lust. Der längst vergessene oder verdrängte Grundkonflikt, der letztlich zum Auslösemoment für eine bestimmte Deviation wurde, wird mit den jeweiligen Ritualen allerdings nicht endgültig verarbeitet, sondern immer nur vorübergehend und symbolisch gelöst. Das ist übrigens der Grund, warum man sich eine sexuelle Vorliebe nicht einfach abgewöhnen kann. Aber so lange eine sexuelle Neigung für den Betroffenen nicht zerstörerisch ist und so lange er damit einem anderen Menschen weder seelisch noch körperlich Schaden zufügt, besteht kein Grund, sich nicht zu seiner sexuellen Eigenart zu bekennen.

Der Exhibitionist, der in der U-Bahn die Hosen runterläßt und sich daran weidet, daß sich die Augen der Frauen entsetzt weiten, verletzt mit diesem Verhalten die Umwelt. Der Sadist, der einer Frau gegen ihren Willen stählerne Handschellen anlegt, mißbraucht sie. Dem Schuhfetischisten ist es gleichgültig, ob der zierliche Stöckelschuh, der ihn in Ekstase versetzt, von seiner Freundin oder einer anonymen Frau stammt. Was er zu seiner Befriedigung braucht, ist ein Stöckelschuh, mehr nicht. Doch abgesehen von diesen Extremen gibt es unzählige milde und harmlose sexuelle Neigungen, die der Partner oder die Partnerin ohne viel Brimborium hinnehmen kann.

Ein Mann, dem der Anblick von Reizwäsche wohlig in Magen und Glied fährt, ist sicher kein Fetischist. Wenn eine Frau einmal beim Sex etwas härter genommen werden will, ist sie noch lange keine Masochistin. Und wenn ein Mann einmal den wilden Kerl spielen und seine Geliebte fesseln will, ist er gewiß kein Sadist. Sex, der grundsätzlich immer ohne diese Schattierungen praktiziert und auf friedlich-süßes Turteln verdünnt wird, führt irgendwann einmal zu Langeweile und Gleichgültigkeit.
Gerade bei der Frage hinsichtlich der ausgelebten beziehungsweise verdrängten Aggressionen beim Sex entzünden sich übrigens die meisten Phantasien und Wünsche, Ängste und Widerstände. Einerseits ließe man sich ja gerne mal unterwerfen. Andererseits hat man Angst davor. Einerseits würde man ja gerne mal fester zupacken, schreien, eine dumpfe Wut rauslassen. Andererseits fürchtet man nichts mehr als unkontrollierte Äußerungen. Aber da sind sie, das steht fest. Sie sind ebenso da wie die unkontrollierten Äußerungen unmittelbar vor dem Orgasmus, wenn gewimmert, gefleht, geschrien, geschluchzt, gebissen, gekratzt und geschlagen wird. Diese Wut, die hier durchbricht, ist die egoistische, ungebremste Wut des Säuglings, der unkontrolliert nach der Stillung seiner Bedürfnisse verlangt. Dieser, in den Augenblicken der höchsten Erregung wiederbelebten, kindlichen Wut kann sich niemand entziehen. Es gibt Frauen, die den letzten Schub zum Orgasmus bekommen, wenn ein Mann in der Ekstase entfesselt tobt. Und es gibt Männer, die einen explosiven Höhepunkt erleben, wenn sich die Frau in ihren Armen vergißt und zu den elementarsten Gefühlsäußerungen ihres Daseins zurückfindet.
Diese Chance bietet auch das Ausleben der kleinen devianten Züge, die in jedem Menschen stecken. In den »Alltagsdevianzen« kristallisiert sich die Geschichte des individuellen Werdens. Erst wenn das Ausleben und die Verfeinerung dieser Neigungen möglich ist, darf man von einer erotischen Kultur, von der »ars amandi«, sprechen.

Homosexualität

Auch im Zeitalter der sexuellen Aufklärung wird die männliche Homosexualität noch immer tabuisiert. Dies gilt um so mehr für die westlichen Industrienationen. Bei 49 Völkern (FORD und BEACH, 1968) gilt homosexuelles Verhalten als normal. Österreich zählt zu jenen Kulturen, in denen homosexueller Neigung mit Vorurteilen begegnet wird. Homosexuelle werden oft als schwach, weibisch, unecht, unausgeglichen, haltlos und schwülstig hingestellt. Für viele ist Homosexualität nach wie vor eine Krankheit. Vor allem in der Unterschicht, aber nicht nur dort, wird der Ausdruck »Warmer« als Schimpfwort benutzt. Die Abneigung gegenüber Homosexuellen ist bei Männern oft stärker ausgeprägt als bei Frauen.

Es ist noch nicht so lange her, da wurde homosexuelles Verhalten strafrechtlich verfolgt. Doch auch der Versuch, Schwule als krankhaft zu brandmarken, war wissenschaftlich nicht haltbar. Neurotische Symptome treten bei ihnen nicht häufiger auf, als bei Heterosexuellen. Die Grenzen zwischen genitaler Homosexualität und sadomasochistischen Perversionen sind jedoch fließend. In den Großstädten haben sich inzwischen kleine, aber rege »Ledersex-Szenen« etabliert.

Weibliche Homosexualität wurde von jeher gesellschaftlich weniger geächtet. Auch in Stammeskulturen kommt sie nur selten vor. Im Zuge der weiblichen Emanzipation wurde die lesbische Liebe oft als Symbol für die Abkehr vom Mann praktiziert. Weibliche Homosexuelle neigen weniger zum Partnerwechsel als männliche. Sie scheinen bindungsfähiger als diese.

Die Ursachen für weibliche und männliche Homosexualität liegen noch weitgehend im dunkeln. Viele Psychoanalytiker vermuten, daß die homosexuelle Partnerwahl entweder die Folge einer übermäßigen Bindung an den gegengeschlechtlichen Elternteil ist oder im Sinne einer narzißtischen Fixierung – man nimmt sich selbst zum Partner – erfolgt. Für beide Thesen spricht einiges. Männer, die sich den Mann als Liebesobjekt

aussuchen, weichen damit der Rivalität mit dem Vater aus und können für immer – neben ihm – an der Seite der Mutter bleiben. Auch lesbische Frauen haben oft verwöhnende, verzärtelnde Väter, denen sie auch im Erwachsenenalter noch innig zugetan sind.
Viele Homosexuelle berichten jedoch auch über Verführungserlebnisse in der Kindheit oder Pubertät. Es ist auch daher nicht von der Hand zu weisen, daß homosexuelle Verhaltensweisen einfach »erlernt« wurden. In letzter Zeit wird diskutiert, ob Homosexualität auf hormonelle Einflüsse während der Schwangerschaft der Mutter zurückzuführen sein könnte.

Bisexualität
Die These der angeborenen Bisexualität besagt, daß es in jedem Menschen – in einem unterschiedlichen Mischungsverhältnis – homosexuelle und heterosexuelle Regungen gibt. Durch die kulturelle Prägung werden allerdings bei den meisten Menschen die gleichgeschlechtlichen Neigungen verdrängt. Moderne Bisexualitäts-Forscher wie Charlotte Wolf meinen sogar, daß eine einzige ausgeprägte Neigung, also zum Beispiel zur Homosexualität oder nur Andersgeschlechtlichkeit eine Verarmung der ursprünglichen Bisexualität darstellt. Die angeborene bisexuelle Neigung bleibt in den meisten Fällen in Form bisexueller Phantasien, die vor allem bei der Selbstbefriedigung aktualisiert werden, bestehen. Im Gegensatz zu der Bisexualität der Männer wird die weibliche Bisexualität von beiden Geschlechtern eher akzeptiert und sogar als erotisch anregend empfunden.

Transvestitismus
Darunter versteht man vorwiegend die Neigung von Männern, Kleider des anderen Geschlechts zu tragen. Es gibt sowohl homosexuelle als auch heterosexuelle Transvestiten. FREUD betrachtet diese Verhaltensweise als Abwehr gegenüber frühkindlichen Ängsten. Die meisten Buben sind im Alter von 1½ bis

2 Jahren fest davon überzeugt, daß alle Menschen das gleiche Geschlecht – nämlich ihres –, haben. Die Erkenntnis, daß Frauen keinen Penis besitzen, löst bei ihnen oft einen Schock aus, der bald der Verleugnung unterliegt. Wird die Verleugnung des Geschlechtsunterschiedes nicht aufgegeben, bietet der Transvestitismus die Möglichkeit einer szenischen Verleugnung der weiblichen Penislosigkeit. Indem der Transvestit in Frauenkleider schlüpft, wird er selbst zu einer Frau. Zu einer Frau aber, die unter dem Rock einen Penis hat.

Transsexualismus
Rein äußerlich ähneln Transsexuelle Homosexuellen. Aber vielen von ihnen kommt es weniger auf die sexuelle Befriedigung an, sondern darauf, in die Rolle des anderen Geschlechts zu schlüpfen. Der Großteil dieser Menschen will schon in der frühesten Kindheit dem anderen Geschlecht angehören. Die Ursachen für Transsexualismus sind noch weitgehend unerforscht. Möglicherweise sind hormonelle Bedingungen dafür verantwortlich. Vom psychoanalytischen Standpunkt aus könnte es sich dabei – ähnlich wie bei der Homosexualität – um eine Identifikation mit dem gegengeschlechtlichen Elternteil handeln.

Auswertung

Ist Sadomasochismus eine neue Welle in Österreich?
Nein. Nur 6,4 Prozent – das sind sechs von 100 Österreichern – interessieren sich für sadomasochistische Praktiken.

Was versteht man überhaupt unter Sadomasochismus?
Menschen mit dieser Neigung werden durch Vorstellungen erregt, in denen ihnen andere hilflos ausgeliefert sind. Es ist für sie aber auch lustvoll, selbst die Sklavenrolle zu übernehmen.

Lederaccessoires, Peitschen, Fesseln usw. gehören zu ihrem Repertoire. Es gefällt ihnen auch, den anderen zu erniedrigen bzw. selbst erniedrigt zu werden – z. B. durch »Natursekt-Spiele« u. ä.

Wie sind Sadomasochisten im Alltagsleben?
Sie werden staunen: Außerordentlich höflich und freundlich. Sie haben Angst, andere zu verletzen und sind weder nachtragend noch rachsüchtig. Die Erklärung: Menschen, die ihre aggressiv-sexuellen Wünsche in der Phantasie und im Spiel ausleben können, sind im Alltagsverhalten weniger auf aggressives Verhalten angewiesen.

Wie wird man Sadomasochist?
Unsere statistische Untersuchung ergab Zusammenhänge zwischen kleinlicher, einengender, überfürsorglicher Erziehung und der Neigung zum Sadomasochismus. In der Kindheit waren diese Menschen eher brav und gefügig.

Sind Männer eher Sadisten als Frauen?
Ja, aber nur unwesentlich. Männer tendieren mit 7,3 Prozent stärker in diese Richtung als Frauen mit 6 Prozent. Vermutlich liegt das auch an der stärker ausgeprägten aggressiven Komponente, die typisch für den männlichen Sexualtrieb ist. Auch im normalen Liebesakt ist es ja der Mann, der symbolisch die Frau »nimmt«.

Ist Sadomasochismus altersabhängig?
Ja. Nur 1,4 Prozent der Jugendlichen haben sadomasochistische Wünsche. In der Altersgruppe der 20- bis 40jährigen steigen diese Vorlieben auf 8,5 Prozent – fast jeder zehnte Österreicher sehnt sich nach einer strengen Kammer. Die späte Entdeckung sadomasochistischer Praktiken überrascht nicht. Derartige Vorstellungen sind im allgemeinen einer stärkeren Verdrängung

unterworfen als andere sexuelle Bedürfnisse. Um solche verpönte Wunschregungen bewußt zu machen, braucht es Mut und Zeit. Das Eingeständnis Sadomasochist zu sein, bedarf genauso einer Art von Coming out wie bei den Schwulen und Lesben. Auch wenn Jugendliche solche Vorstellungen haben, sind sie einfach noch nicht selbstkritisch und reif genug, um sich mit ihnen auseinanderzusetzen. Sie würden dabei vor Scham vergehen.

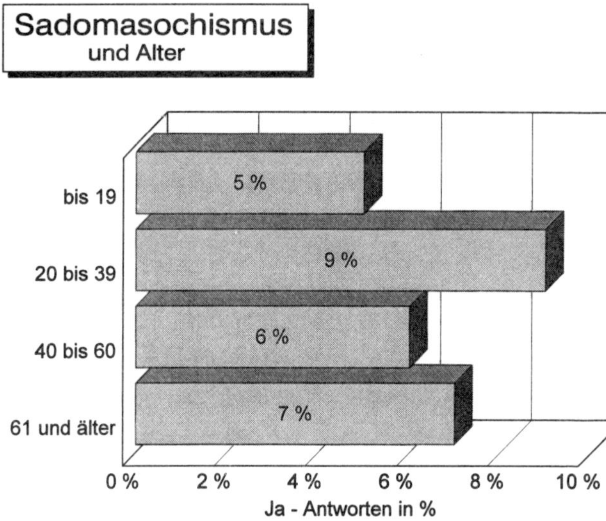

Haben Sadomasochisten mehr vom Sex?

Eher nein. Sie suchen stärkere Reize, weil sie häufig Orgasmusprobleme haben.

Wie beliebt ist Gruppensex?

Sehr. Mehr als jeder vierte – 28,4 Prozent der Österreicher haben eine Schwäche für Gruppensex. Genauso viele sehen gern zu, wenn andere sich lieben. Dabei geht es um die Sprengung der Zweier-Exklusivität sowie um das Zuschauen und Beschautwerden. Gruppensex ist Männersache: 34,4 Prozent der Män-

ner, aber nur 8,7 Prozent der Frauen würden gerne Gruppensex praktizieren. Mitmachen wollen die Frauen nicht, wohl aber zuschauen: 39,4 Prozent hätten nichts dagegen.
Typisch ist, daß diese Menschen sehr selten Fallträume oder Träume haben, in denen sie die Kontrolle verlieren: Sie lassen sich keinen Orgasmus entgehen – ganz im Gegensatz zu praktizierenden Sadomasochisten, die ja oft orgasmusgestört sind.

Wer neigt zu Gruppensex?
Beziehungsgestörte und beziehungshungrige Menschen wie zum Beispiel Alleinstehende. Unsere Untersuchung zeigt, daß Beziehungsgestörte das eigene Familienklima schlecht in Erinnerung haben und einsam und traurig waren. Ihr Beziehungshunger blieb in der Kindheit ungestillt. Mit Hilfe des Gruppensexes versuchen sie, die Qualität einer Beziehung durch Quantität zu ersetzen.

Ist Gruppensex Jugendsache?
Nein. Der Wunsch nach Gruppensex ist bei den abgeklärten 40- bis 60jährigen mit 30,2 Prozent am stärksten ausgeprägt.

Ist Oralverkehr noch tabu?
Nein. 59,1 Prozent der Österreicher praktizieren diese Technik, die noch vor Jahrzehnten als Perversion galt. 70,2 Prozent der Männer und 52 Prozent der Frauen können sich dafür erwärmen.

Wie verbreitet sind Erotika?
Überraschend weit. Mehr als die Hälfte der Österreicher, 56,7 Prozent konsumieren erotische Filme, Bücher und Hefte. Frauen sind allerdings zurückhaltender: 47,1 Prozent, aber 71,6 Prozent der Männer machen sich damit Appetit. Vibratoren und andere Hilfsmittel werden von 19,4 Prozent der Frauen benützt – jede fünfte Frau hat also einen elektrischen Hausfreund.

Verwendung erotischer Hilfsmittel

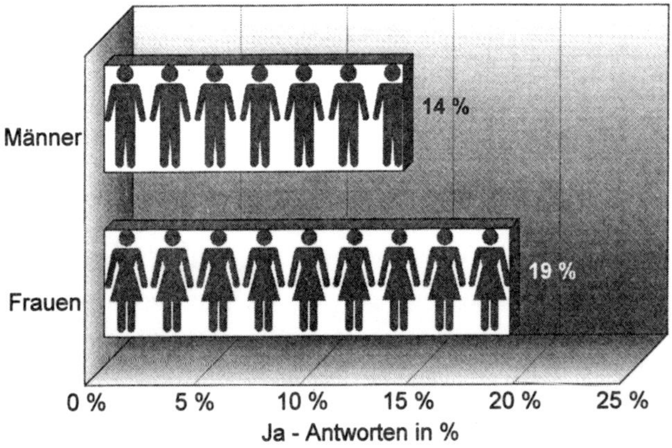

Die fetischistische Verwendung von Hilfsmitteln – wie z. B. Dessous, Strümpfe usw. zur Masturbation – ist für 14,3 Prozent der Männer wichtig.

Wer interessiert sich für lesbische Szenen?
66,7 Prozent der Männer und 26,9 Prozent der Frauen sehen gerne lesbische Akte. Männer treiben es in ihrer Phantasie mit den Darstellerinnen, die Frauen identifizieren sich mit ihnen.

Wer wird durch Sex unter Männern angeregt?
7,7 Prozent der Frauen und 6,6 Prozent der Männer, von denen man annehmen muß, daß sie schwul sind oder zumindest homosexuelle Neigungen haben.

Ist Analverkehr bei Frauen beliebt?
Nicht sonderlich. Nur 19,8 Prozent der Frauen sind dazu bereit. Demgegenüber erwärmen sich 41,4 Prozent der Männer für die »griechische Liebe«.

Ist für Frauen die manuelle Stimulation wichtig?
Wichtiger als die Männer glauben: 48,5 Prozent, also fast jede zweite Frau kommt mit Hilfe der zärtlichen Hand des Partners zum Höhepunkt.

Wird im Bett phantasiert?
Nicht von allen, aber immerhin von 28,2 Prozent der Frauen und 32,6 Prozent der Männer. Phantasien beim Akt werden zur Erregungssteigerung und als »Ablenkung von der Ablenkung« eingesetzt.

Wie viele Frauen sind beim Liebesakt auf sich selber angewiesen?
17,3 Prozent nehmen die eigene Hand zu Hilfe, um während einer Umarmung den Orgasmus erreichen zu können.

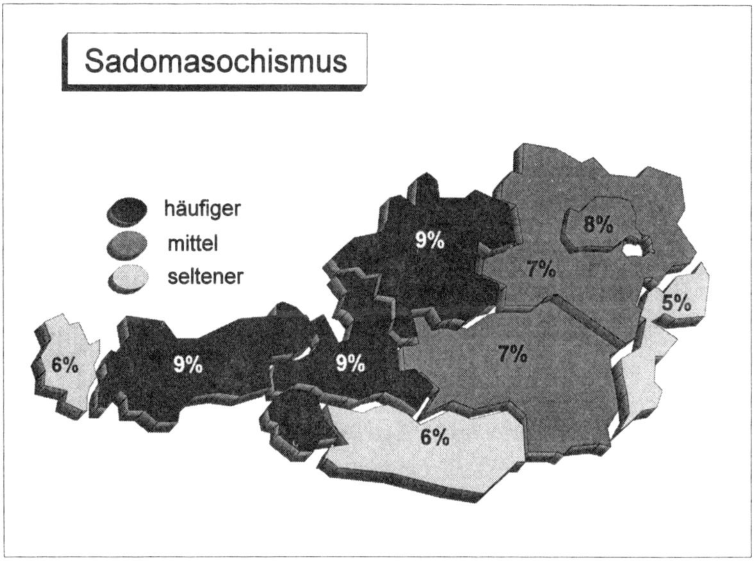

Wo gibt es in Österreich die meisten Sadomasochisten?
In den Bundesländern Tirol, Salzburg und Oberösterreich. Der

geringste Bedarf danach besteht im Burgenland, in Kärnten und in Vorarlberg.

Wo existieren die stärksten Wünsche nach Gruppensex?
In Vorarlberg (37,7 Prozent). Dann folgt Wien (30,7 Prozent), Tirol (28,8 Prozent) und Burgenland (28,4 Prozent).

Wie viele Männer sind in Österreich homosexuell?
Bei unserer Untersuchung haben sich durch verdeckte Fragestellungen 6,2 Prozent der Männer als homosexuell deklariert.

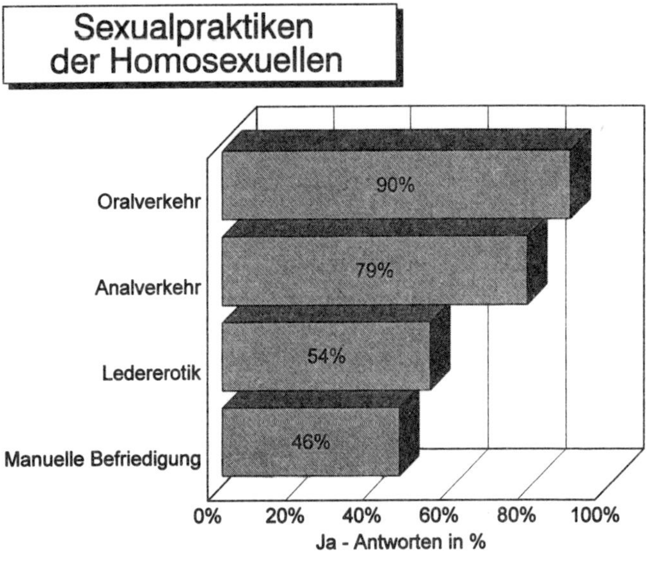

Welche Sexualpraktiken sind bei Homosexuellen üblich?
Mit 90 Prozent steht Oralverkehr an erster Stelle. 79,3 Prozent praktizieren Analverkehr. Im Vergleich dazu finden nur 38,5 Prozent der Heterosexuellen Gefallen am Analverkehr. Manuell kommen 46,3 Prozent zum Höhepunkt. Ledererotik fasziniert 54,4 Prozent. Die Grenzen zum Sadomasochismus sind fließend.

Sind Homosexuelle weniger treu?
Ja. Jeder zweite neigt zu häufigen Partnerwechsel. Heterosexuelle Männer sind um einiges treuer (49,9 Prozent gegenüber 40,1 Prozent). Auch lesbische Frauen sind untreuer als heterosexuelle Frauen. Hier beträgt der Unterschied 7 Prozent.

Haben homosexuell liebende Männer weniger Probleme mit der Sexualität?
Nein. 45,1 Prozent der Männer leiden an sexuellen Störungen. Es ist anzunehmen, daß die erhöhte Störungsanfälligkeit u. a. auf den Identitätskonflikt und den Druck, sich den sozialen Normen anzupassen, zurückzuführen ist.

Gibt es mehr lesbische Frauen als homosexuelle Männer?
Ja. 9,6 Prozent der Frauen stellten sich in unserer Befragung als lesbisch dar. Alle diese Frauen erreichen den Orgasmus am leichtesten durch die Hand der Partnerin. 64 Prozent bevorzugen Oralsex. 69,8 Prozent verwenden Hilfsmittel, wie z. B. Vibratoren.

Finden Frauen am eigenen Geschlecht Gefallen?
16,6 Prozent geben das zu. 7 Prozent davon haben bisexuelle Kontakte, das heißt sowohl zu Frauen als auch zu Männern. 9,6 Prozent der Frauen fühlen sich ausschließlich vom eigenen Geschlecht angezogen. Diese Zahlen decken sich etwa mit den von Shire Hite erhobenen Daten zur weiblichen Sexualität.

Originalzitate

Angestellter, 24, ledig:
»Meine Freundin und schon viele unserer Freunde haben mir schon oft gesagt, daß ich wie der Bruder von George Michael aussehe. Das fiel einem Typ auf, neben dem ich in St. Tropez stand. Er war etwa 185 cm

groß, hatte eine Superfigur, war sehr muskulös und braun gebrannt. Um seinen Hals trug er eine Kette aus Massiv-Gold, welche ihm bis auf die behaarte Brust reichte. Außer einem paar Shorts, die mindestens zwei Nummern zu klein waren, trug er nichts. Er fand die Ähnlichkeit total geil. Daß Pascal, so hieß er, dies ernst meinte, sah ich seinen knallengen Shorts an. Der Stoff spannte sich noch mehr über seinen Penis und seinen Hoden. Jetzt begann sich auch noch das Glied ein wenig zu versteifen. Ich muß zugeben, er hatte einen mächtigen Apparat. Doch als Pascal nun zärtlich werden wollte, bekam ich den Horror und verabschiedete mich schnell mit der Begründung, daß meine Freundin auf mich warten würde. Pascal gab mir noch Fotos von sich und seine Anschrift. Mir war das echt peinlich, da mir so etwas noch nie passiert war. Pascal war wirklich ein sogenannter Super-Gay und hat in mir das völlige Chaos angerichtet. Ich, der immer die größte Klappe über Männerbeziehungen hatte (negativ), mußte so etwas erleben. Ich gebe ehrlich zu, daß es mich schon gereizt hätte, mit ihm mitzugehen, nur um vielleicht einmal zu schauen, wie die Liebe zwischen Mann und Mann ist.«

Angestellter, 26, ledig:
»Nichts wäre schöner, als seinen Vorlieben freien Lauf zu lassen. So glaube ich, daß Nylonstrumpfhosen für Männer nicht nur von Fetischisten gekauft werden würden, sondern wirklich auch etwas Wärmeres für die Übergangszeit wären.«

Arbeiter, 43, ledig:
»Ich möchte mich als Frau umändern lassen, ich will gerne eine Frau sein! Ich möchte einen Busen haben und unten ein Loch haben. Man hat mir einmal bei einer Bruchoperation einen Hoden entfernen müssen. Seitdem bin ich entschlossen, eine Frau zu werden.«

Angestellte, 24, ledig:
»Letztes Jahr lernte ich ein Mädchen kennen. Es war ein Abend wie viele andere. Wir gingen aus, haben aber beide zuviel getrunken. Als wir zu ihrer Wohnung fuhren, lud sie mich noch auf einen Kaffee ein. Ich dachte mir nichts dabei (da ich schon öfter bei ihr war). Wir redeten, redeten und redeten... dann passierte es: Wir küßten uns

usw. Es war wunderschön, hatte noch nie so einen schönen Abend verbracht. Mein Problem ist jedoch, wenn ich jetzt mit einem Mann ausgehe und er aber mehr möchte, kann ich nicht mehr. In diesem Moment muß ich immer an sie denken, obwohl ich sie nach diesem Abend nicht mehr sehen noch hören wollte, vielleicht weil ich mich schämte, weiß auch nicht wovor. Bin ich lesbisch? Hätte Angst davor, es zu sein.«

Pensionist, 54, verheiratet:
»Ist es pervers, beim Vorspiel sowohl die Vulva als auch den Anus zu lecken? Ich hätte dazu oft Lust (vorwiegend in der ›Stellung 69‹), aber meine Frau verbietet es mir. Das sei verrückt und abnormal, meint sie. Ich muß darauf verzichten.«

Pensionist, 65, verheiratet:
»Ich bin 65 Jahre, meine Frau 66, und bei uns läuft jeden zweiten Tag etwas – anders möchten wir es nicht. Allerdings waren wir in unseren jüngeren Jahren sehr gemäßigt, denn ich hatte eine labile Gesundheit, die sich aber zum Glück in eine stabile und gesunde Natur gewandelt hat. Ich finde meine Frau, die eine sogenannte ›Rubensfigur‹ hat, noch immer sexuell aufreizend.«

Beamter, 42, geschieden:
»Ich habe eine unbändige Vorliebe für Gummi (auf der Haut). Ich spiele mit der angezogenen Gummihose herum und befriedige mich. Dies ist ein hohes Glücksgefühl.«

Angestellte, 38, verheiratet:
»Ich hatte mit X ein kleines, amouröses Abenteuer. Aus der Laune heraus schnitt ich dann ein ganz bestimmtes Thema an, das mich schon seit einer ganzen Zeit fasziniert: Intimrasur! X ist darauf eingegangen. Er hat mich in Ekstase versetzt mit seinem Handwerkszeug als Figaro. Mit diesen vielen winzigen Scheren, und was er sonst nicht so alles benutzt hat. Es war für mich das heißeste Gefühl aller Zeiten. Als mich am nächsten Tag mein Mann sah, fielen ihm fast die Augen aus dem Kopf. Mein ›müder Kater‹ wurde mit einem Schlag putzmunter. Er hat sich inzwischen auch dieser lästigen und meines Erachtens überflüssi-

gen Haare entledigt. Wir kommen uns vor, als hätten wir etwas total Verbotenes getan. Vielleicht sind wir pervers, ohne es zu wissen.«

Angestellter, 25, ledig:
»Vor ca. einem Jahr lief mir meine Freundin weg, und ich fing an zu masturbieren. Seit einiger Zeit stelle ich mir vor, es mit Tieren (speziell Vögeln) zu treiben. Da meine Lieblingsfarbe schwarz ist, denke ich dabei oft an Amseln und Raben. Mein Verlangen, sich mit ihnen zu vereinigen, wurde immer größer, und so baute ich mir aus Kunststoff eine Art ›Adapter‹, der meinen Penis umschließt und in den After eines Vogels paßt. Ich wollte mir Vögel aus freier Natur fangen. Dies gelang mir doch leider nicht. Zu meiner Begeisterung fand ich dann beim Spazierengehen eine tote Amsel. Ich nahm sie mit nach Hause und koitierte mit ihr, wobei ich nach sehr kurzer Zeit ejakulierte. Mir ist bewußt, daß mein Verhalten abnormal ist.«

Arbeiter, 45, geschieden:
»Zu Hause trage ich Frauenkleider und Damenunterwäsche. Ich habe mir auch schon Pumps und hochhackige Stiefel gekauft. Ich habe auch schon alles angehabt, es steht mir auch. Es ist irgendwie alles viel lustiger, als immer Hosen zu tragen.«

Angestellter, 38, geschieden:
»Ich bin durchaus bereit, im normalen Leben meine Rolle als Mann zu spielen, und ich bin stark genug, es auch zu sein, aber ich brauche auch meine Zeit als Frau. Ich war lange verheiratet und habe auch noch andere Frauen gehabt, aber sie alle konnten oder wollten mich nicht akzeptieren. Bestenfalls haben sie mich geduldet, weil meine Männlichkeit in Ordnung ist. Jetzt habe ich eine neue Freundin, aber ich denke, sie wird es nie erfahren. Bevor es soweit ist, werde ich gehen. Ich stehe die Reaktionen nicht mehr durch. Jetzt bin ich wieder einmal eine Frau und halte den notwendigen Abstand zum Fenster ein. Es darf mich ja keiner sehen. Die Einsamkeit ist erdrückend. Wenn das Telefon läutet und irgendwelche Belanglosigkeiten kommen, ist es in diesem Zustand doppelt schlimm. Man muß lachen, helfen, Probleme anhören und beraten. Und wer lacht mit mir, wer hilft mir, wer hört sich meine Probleme an? Man darf sie ja nicht einmal erwähnen!«

Angestellte, 51, verheiratet:
»Ich kam zufällig früher von der Arbeit nach Hause. Mein Mann war schon da, was mich sehr verwunderte. Ich kam ins Zimmer und dachte, ich kriege einen Schock. Mein Mann hatte eine Strumpfhose von mir an und befriedigte sich selber. Ich konnte es nicht fassen. Ich fragte ihn, ob er homosexuell sei, ob er gern eine Frau sein möchte oder ob er auch meine Kleider bzw. meine Sachen anziehe. Er war schokkiert, daß ich ihn dabei erwischt habe. Er sagte nur, daß Strumpfhosen ihn reizen. Ich selber ziehe selten Strumpfhosen an. Ich kann nicht mit meinem Mann schlafen, weil ich immer daran denken muß, wie ich ihn erwischt habe.«

Angestellter, 42, verheiratet:
»Ich bin nur zu 80 Prozent Mann – laßt mir meine 20 Prozent Frau!«

Angestellter, 24, ledig:
»Meine Freundin trägt ihren Minirock ohne was darunter. Wenn ich sie ein bißchen ›befummle‹, fällt mir auf, daß sie zwischen den Beinen ganz feucht ist, weil sie das offensichtlich so stark erregt. Nun gefällt mir das auch sehr gut, wenn sie nichts drunter hat. Ich finde es auch sehr sexy. Aber zum einen finde ich den Gedanken, daß sie den ganzen Tag so stark erregt rumläuft, etwas beunruhigend, zum anderen dürfte es doch sehr gewagt sein und von anderen als unmoralisch angesehen werden.«

Arbeiter, 28, ledig:
»Es ist so, daß mich die enthaarten Achseln bei meiner Freundin sehr erregen, besonders wenn sie diese frisch enthaart hat. Für mich gibt es nichts Schöneres, als ihre Achseln zu berühren und zu streicheln. Auch der Geruch von Enthaarungscreme macht mich rasend! Das Allerschönste ist es, wenn ich nach der Enthaarungsprozedur ihre Achselhöhlen beschnuppern und ausschlecken darf. Die Achseln sind dann ganz weich und sanft. Meine Freundin erfüllt mir diesen Wunsch immer, doch sie meint, meine Vorliebe sei abnormal.«

Angestellte, 42, verheiratet:
»Ich habe kein Verlangen mehr nach Sex mit meinem Mann. Aber ich

sehe mir immer öfter Filme an, in denen sich Frauen lieben. Wogegen mich Filme mit Männern nicht mehr interessieren. Dazu kommt noch, daß ich mich selbst befriedige, und zwar stelle ich mir dabei immer vor, eine Frau zu lieben. Ich habe Angst, daß ich lesbisch bin. Denn mein Verlangen wird immer stärker, und mit meinem Mann schlafe ich nur noch selten.«

Angestellter, 39, verheiratet:
»Wenn es einen mich über alles liebenden Gott gibt, kann es nicht sein Wille sein, daß ich mich durch Selbstbefriedigung betrüge. Andererseits muß ich einsehen, daß meine Willenskraft für eine Beherrschung des Sexualtriebes nicht ausreicht.«

Angestellter, 40, verheiratet:
»Meine Frau kann beim Koitus nicht zum Höhepunkt kommen. Obwohl ich zwischenzeitlich weiß, daß dies bei vielen Frauen so ist, vermisse ich bei ihr in erster Linie die Wollust und Begierde, wenn wir zusammen sind. Vom Kopf her weiß ich, daß es ganz notwendig ist, die Klitoris zu reizen, und schwierig ist es auch nicht, aber gleichzeitig ist immer noch die Erinnerung da (aus früheren intimen Beziehungen), wie es alles viel einfacher sein könnte, wenn wir gemeinsam zu einem Orgasmus kommen könnten. Das ganze scheint jetzt mehr mechanisch abzulaufen. Mir als Mann kommen Aufgaben zu, die nicht in meinem natürlichen Instinkt enthalten sind: Um meiner Frau zu dem, auch von ihr schließlich ersehnten, Höhepunkt zu verhelfen, habe ich die Aufgabe, bei ihr intensivst mit der Hand und Mund die Klitoris zu streicheln. Dies ist doch etwas Unnatürliches. Das Natürliche ist, daß nach einem abwechslungsreichen gegenseitigen Vorspiel und einer, während ausreichend langer Zeit aufrechterhaltenen Vereinigung, schließlich bei beiden der Höhepunkt mit einigen besonders starken und tiefen Penisbewegungen ausgelöst wird. Schauen wir ins Tierreich – nirgends ist es anders!«

Arbeiter, 37, verheiratet:
»Meine Frau findet FKK pervers. An einem fast menschenleeren Strand in den USA wollte ich mit ihr nackt baden. Sie warf mir Schamlosigkeit vor und sagte, daß ich jedem Mann am Strand ihre

Muschi zeigen will. Sie stellt sich vor, daß die Glieder der Männer alle steif werden, wenn sie ihre Muschi sähen. Sie wirft mir auch vor, daß ich mit meinem Penis andere Mädchen und Frauen anlocken und verführen will. Sie hat absolut kein Verständnis, warum ich ohne Klamotten am Strand in der Sonne liegen will.«

Angestellter, 34, geschieden:
»Es gibt überhaupt keinen vernünftigen Grund, sich als Mann mit einer Frau einzulassen. Eine Frau ist ein Fremdkörper, und den muß man sich von Leib und Seele fernhalten!«

Angestellte, 24, ledig:
»In den letzten drei Jahren finde ich bei meinem Freund immer wieder Porno-Hefte und mit Sperma vollgeschmierte Tücher! Wir schlafen seitdem auch immer seltener miteinander. Wenn ich ihn verführen will, sagt er immer, er habe keine Lust, von alleine kommt er erst gar nicht an! Ich weiß, daß er mich wirklich liebt. Wir reden schon seit einiger Zeit vom Heiraten und einem Kind, sobald es finanziell bei uns etwas besser klappt. Ich liebe meinen Freund sehr, doch so kann es nicht weitergehen. Ich habe mein Vertrauen zu ihm verloren. Mein Freund und ich haben schon oft über dieses Problem geredet. Er sagt mir immer, daß er mich wahnsinnig liebt.«

Arbeiter, 38, ledig:
»Ich leide bei Frauen und Mädchen unter großer Schüchternheit und Kontaktarmut. Daher bin ich auch gezwungen, mir es des öfteren selbst zu machen. Nun ziehe ich mir dabei gerne Damenhöschen an und komme auch jedesmal zu einem Orgasmus. Aber schöner wäre es halt doch mit einer Frau. Damenhöschen zog ich mir schon als Knabe an, wie ich so ca. 11, 12 Jahre alt war und wenn ich ein aufreizendes Höschen an der Wäscheleine hängen sah. Jetzt habe ich oft den Wunsch, mit einem Jungen zusammen zu wichsen. Bin aber kein Homosexueller.«

Pensionist, 76, verheiratet:
»Ich bin 76 Jahre alt und seit mehr als 44 Jahren mit einer um acht Jahre jüngeren, noch sehr gut aussehenden Frau verheiratet. Unser

Sexualleben war von Beginn an sehr harmonisch und intensiv, was sich eigentlich bis heute nicht geändert hat. Wir haben ein- bis zweimal wöchentlich Geschlechtsverkehr, wobei jeder auf seine Rechnung kommt. Natürlich funktioniert nicht mehr alles so wie mit 20 oder 30 Jahren, aber ich bin glücklich, daß meine Frau jedesmal Höhepunkte erreicht und nach wie vor auf körperlichen Kontakt großen Wert legt.«

Arbeiter, 28, ledig:
»Ich habe in einem ganzen Jahr (nach einer vierjährigen Beziehung) nur einmal Geschlechtsverkehr gehabt, und dies gleich im ersten Monat nach der Beziehung, aus einem gewissen Muß, obwohl der Drang danach regelmäßig da ist.«

Beamter, 38, verheiratet:
»Erotische Fesselung bringt ein prickelndes Gefühl des Ausgeliefertseins mit sich. Aber es ist auch ein unerhörter Vertrauensbeweis für meine Frau, daß ich mir von ihr Fesseln anlegen lasse. Erregend ist es, da ich weiß, daß mir nichts Böses geschehen kann, und die Erfahrung, nicht mit Bewegungen auf sexuelle Erregung reagieren zu können.«

Selbständiger, 48, verheiratet:
»Ich habe zwei Töchter und liebe meine Familie. Habe mit Männern sexuellen Kontakt gehabt, von denen meine Frau nichts ahnt. Zu einem Mann meines Alters verbindet mich seit Jahren eine sehr gute Freundschaft. Wir gehen gelegentlich aus. Es ist mehr als Sympathie. Auch aus seiner Sicht glaube ich das. Im Fasching gehen wir gerne in Masken (am liebsten in Damenkleidern) und haben Spaß daran. Wenn wir uns zum Beispiel in seiner Wohnung zu einem Glas Wein über alles mögliche unterhalten, habe ich das Verlangen, ihn zärtlich zu umarmen und zu küssen. Diesen Schritt wage ich aber nicht, weil ich nicht weiß, ob er für mich so empfindet. Er weiß aber von meiner Bisexualität. Gefühlsmäßig glaube ich, daß auch er einen engeren Kontakt zu mir wünscht.«

Angestellter, 23, ledig:
»Ich bevorzuge Frauen, die Schuhe mit hohem Keil oder Absätzen

tragen. Ich werde dadurch ganz prima erregt und komme zum erwünschten Orgasmus. Kann man das bei mir für normal ansehen?«

Angestellte, 35, verheiratet:
»Ich bin eine begeisterte Intimschmuckträgerin. Während des Verkehrs wirkt der Schmuck anregend (auf meinen Partner und durch die Schwingungen bei Bewegungen auf mich).«

Angestellter, 25, ledig:
»Seit ich mich erinnern kann, wollte ich immer schon eine Frau sein. Ich war als Kind immer mehr im Verhalten ein Mädchen als ein Junge. Obwohl ich ganz normal erzogen worden bin, habe ich mit Puppen gespielt und mir Kleider angezogen. In der Pubertät ist das Verlangen immer stärker geworden. Bis heute hat sich daran nichts geändert, nur ist das Verlangen unerträglich geworden. Ich ziehe mir zwar keine Kleider an, aber in Gedanken möchte ich eine Frau sein und einen Mann lieben und einfach Frau sein. Ich habe mich auch immer schon zu Männern hingezogen gefühlt, jedoch eine gleichgeschlechtliche Beziehung wäre nicht die Erfüllung meiner Träume. Es kommt im Privatleben zu Komplikationen, da ich von Natur aus ziemlich feminin wirke. Ich wurde von manchen Leuten auch schon als schwul bezeichnet, oder man sagt ›der sieht aus wie eine Frau‹. Diese Bemerkungen machen mich so fertig, daß ich gar nicht mehr auf die Straße gehen möchte. Ich werde von starken Minderwertigkeitskomplexen geplagt und mein Selbstvertrauen ist gleich Null. Auch bin ich sehr nervös und zittere gelegentlich vor lauter Unsicherheit. Vor ein paar Jahren war ich bei einem Psychiater, dort wurde mir gesagt, ich solle mich auf ein schweres Leben gefaßt machen. Mit dieser Antwort muß ich leben. Niemand ahnt von meinen Träumen und Sehnsüchten.«

Studentin, 21, ledig:
»Mein größtes Verlangen, mein höchstes Erlebnis ist der Oralverkehr. Ich bemühe mich mit allen Mitteln (Lippen, Zunge und Zähne) meinen Freund zum Orgasmus zu bringen.«

Beamter, 42, ledig:
»Ich bin etwas anders geartet, als es normal ist. Als ein Knabe mich

belästigte, zog ich ihm einfach die Hose herunter. Dies ist natürlich nicht richtig, aber ich hoffe mich zu bessern.«

Angestellter, 28, verheiratet:
»Ich fühle mich als Frau, bin aber leider im Körper eines Mannes zur Welt gekommen. Als ich die ersten Empfindungen in diese Richtung hatte, war ich gerade 19 Jahre alt, und dachte, daß es nur eine Verwirrung meiner Gefühle durch die Pubertät sei. Aber dieses Empfinden wurde und wird immer stärker, und ich habe mich in ärztliche Behandlung begeben. Mein Ziel, die Geschlechtsumwandlung, wurde mir verwehrt, da ich laut diesen Untersuchungen eigentlich ein vollkommen ›normal entwickelter Mann‹ sei. Zu meiner verzweifelten Lage kommt noch dazu, daß meine Eltern mich überhaupt nicht verstehen können und glauben, wenn ich mit einer Frau beisammen bin und meine ganzen Frauenkleider und Accessoires wegschmeiße, bin ich ›geheilt‹. Obwohl ich meine Frau sehr lieb habe, kann ich ihr nicht der Mann sein, den sie sich wünscht. Ich weiß, ich habe mit dieser Heirat schwere Schuld auf mich geladen. Zu der unglücklichen Situation im privaten Bereich kommt noch dazu, daß ich leider von meinen Eltern in einen technischen Beruf gedrängt worden bin. Eigentlich interessiert mich dieser Beruf nicht, ich würde viel lieber Verkäuferin in einer Boutique sein. Meine Lage ist ziemlich hoffnungslos, da ich eigentlich nur mehr in der Angst lebe, meine Frau kommt irgendwie hinter meine Wünsche und erfährt es nicht aus meinem Mund.«

Student, 29, ledig:
»Ich leide darunter, daß ich Ledererotik anregend empfinde und meine Partnerin dies als ›das Letzte‹ abtut. Dasselbe ist mit Strapsen und Dessous, da heißt es immer gleich ›such dir eine Hure!‹. Äußerst erregend finde ich hohe Schuhe und Stiefeln, auch im Bett – aber keine Chance.«

Selbständiger, 53, verheiratet:
»Seit meiner Jugend werde ich sexuell erregt, wenn ich bei Frauen übermäßig viel Haare in Achselhöhlen, an Gliedmaßen oder Oberlippe sehe. Besonders jedoch, wenn ich in der Badeanstalt bei Frauen aus dem Badeanzug etwas herausschauende Schamhaare entdecke. Ich

habe mir immer mal gewünscht, eine Frau mit vielen langen Schamhaaren bis zum Nabel zu sehen.«

Angestellter, 37, verheiratet:
»Ich interessiere mich für jegliche Berichte von Gummifetischismus. Das artet sogar so aus, daß ich mir drei Stück Gummihosen gekauft habe. Diese Gummihosen ziehe ich dann an, und ich muß sagen, ein wunderbares Gefühl auf nackter Haut, so daß ich mich sogar mit der angezogenen Gummihose selbst befriedige. Obwohl ich verheiratet bin, leidet mein Intimleben durch die Vorgangsweise mit den Gummihosen überhaupt nicht.«

Angestellter, 34, ledig:
»Wenn ich mit meiner Freundin zusammen bin, gefällt es ihr unter anderem, die Vagina mit vier, den Anus mit einem oder zwei penetrierenden Fingern stimuliert zu bekommen oder manchmal auch mittels des ›Bowling-Griffes‹ zum Orgasmus zu gelangen. Angeregt durch eine in einem Pornofilm gesehene Praktik, bei der Männer mit einem Großteil ihrer Hand in die Vagina und sogar in den Anus eingedrungen sind, hatte ich das Bedürfnis, dies einmal auszuprobieren. Als ich jedoch versuchte, mit der ganzen Hand in ihre Scheide einzudringen, hat sie sich ein wenig dagegen gesträubt und war verkrampft, so daß ich von meinem Vorhaben schließlich Abstand genommen habe.«

Schüler, 19, ledig:
»Ich habe eine Freundin, die ich sehr liebe und mit der ich auch schlafe. Wenn ich allein bin, onaniere ich immer in weißen Hemdhoschen und schaue mir dabei in Katalogen Frauen in Nacht- und Unterwäsche an. Von Zeit zu Zeit schlafe ich auch mit einem Jungen.«

Angestellte, 35, geschieden:
»Bis auf eine Ausnahme bin ich noch nie zu einem Höhepunkt gekommen. Ich bin nicht verklemmt oder prüde. Auf Grund von Literaturhinweisen habe ich auch versucht, mich selbst zu befriedigen. Das hat zwar funktioniert, dauerte aber recht lange und machte mir wenig Spaß. Es gibt eben doch Frauen, die aus organischen Gründen nichts oder weniger empfinden als ›normale‹ Frauen.«

Selbständiger, 63, verheiratet:
»Prostituierte sind seit Menschengedenken eine gesellschaftliche Notwendigkeit. Ihre Dienste werden nur von guten und besten Herren in Anspruch genommen und bezahlt. Warum mokiert man sich über eine Dienstleistung, die doch nach eigenen Wünschen kunstgerecht serviert wurde? Wer das Geld dafür nicht hat, kommt ohnehin nicht in den Genuß, und für betuchte Herren ist es ein Leistungssport! Außerdem sind diese Frauen sauber und gepflegt.«

Hausfrau, 60, verheiratet:
»Mein Mann hat mir gebeichtet, seit seiner Pubertät die Neigung zu haben, Frauenkleidung anzuziehen, dadurch eine Erektion zu bekommen und gelegentlich auch zur Ejakulation zu kommen. Ich habe in all den Jahren nichts davon gemerkt. Er hat auch nicht das Bedürfnis, sich öffentlich so sehen zu lassen, eher das Gegenteil. Ich habe es akzeptiert, spiele beim ›Ankleiden‹ mit und habe den Eindruck, daß er sehr erleichtert ist, es nicht mehr im Geheimen tun zu müssen.«

Hausfrau, 51, verheiratet:
»Wir verstehen uns im Alltag sehr gut. Nur nicht im Bett. In zehn Jahren haben wir recht wenig miteinander geschlafen. Dann kam ich dahinter, daß mein Mann in Sex-Shops geht, sich Frauen auf der Straße und im Fernsehen sowie Bilder in Illustrierten anschaut und sich selbst befriedigt. Dies tat er auch in seiner ersten Ehe. Er sagt, es liegt nicht an mir.«

Angestellter, 44, ledig:
»Was wir uns von unseren Mitmenschen erwarten? Homosexualität als eine mögliche Form der Sexualität zu respektieren und die dummen Vorurteile aus der Welt zu schaffen!«

Hausfrau, 45, verheiratet:
»Mein Mann hat es gerne, wenn ich ihn mit dem Mund befriedige, was auch mir sehr große Freude bereitet. Dabei schlucke ich drei- bis viermal pro Monat seinen Samen.«

Arbeiter, 30, ledig:
»Ich habe oft Windeln an. Ich werde dabei sexuelle erregt. Besonders wenn ich eine gelbe Windelhose anhabe. Ich werde auch dann erregt, wenn ich Damen sehe, die eine fesche Schürze tragen. Das war schon so, als ich noch Schüler war. Damen, die eine schwarze, glänzende Schürze tragen, reizen mich am meisten. Es wäre aufregend, mit so einer ins Bett zu gehen. Ich bin noch nie mit einer Frau im Bett gewesen. Ich habe mit 12 Jahren wieder ins Bett gemacht. Weil ich nicht aufhörte, hat die Mutter verlangt, daß ich in der Nacht Windeln trage. Auch eine extra große Gummihose hat sie mir gekauft. Ich habe einen Orgasmus bekommen, wenn ich sie anhatte. Besonders dann, wenn ich nasse Windeln hatte. Auch wenn die Wäscheleine voller aufgehängter Windeln war, die flatterten, wurde ich erregt. Als ich nicht mehr ins Bett machte, habe ich trotzdem noch Windeln getragen. Ich tue es heute noch.«

Hausfrau, 65, verheiratet:
»Ich bin 65 Jahre, glücklich verheiratet, und zwar schon 43 Jahre. Da es meinem Mann nicht möglich ist, mich zu lieben, denke ich trotzdem nicht an Selbstbefriedigung. In meinen Augen wäre das Perversität!«

Arbeiter, 38, verheiratet:
»Nachdem ich es nicht rausschwitzen kann, suche ich bei meinen Engeln der Liebe Entspannung. Ich verwende absichtlich nicht das Wort ›Hure‹, denn dies bedeutet doch nur sexuell starke und sehr schwer zu befriedigende Frau.«

Freiberufler, 28, ledig:
»Ich trage seit mindestens zehn Jahren gerne Damenkleidung. Kleide mich überhaupt sehr gern in schöne und flotte Oberbekleidung. Noch wohler und sinnlicher ist es, wenn ich unter meinem Anzug elegante Mieder und Seidenstrümpfe auf meinem Körper spüre. Das geht sogar soweit, daß ich ab und zu ein Schnürkorsett trage. Auf diese Phase folgte meistens eine längere Dessousabstinenz. Jetzt halte ich keine Dessousabstinenz mehr ein. Die Dessous sind zum Vorzeigen bestimmt! Nun versuche ich versteckt, als ob zufällig zu zeigen, was ich trage. Auch versuche ich, an die Wäsche unserer Mitarbeiterinnen zu

gelangen und ihre Dessous zu sehen. Ich versuche sie zu animieren, Reizwäsche zu tragen und zu zeigen. Heute trage ich unter meinem Anzug weiße Schlüpfer, einen weißen Body, Feinstrumpfhosen, ein Seidenhemdchen und eine Rüschenmiederhose. Das ist weiße Eleganz, in der ich mich wohl fühle.«

Arbeiter, 42, ledig:
»Ich bin Alkoholiker und habe, als ich anfing durch den Alkohol immer mehr zu verkommen, keinen Verkehr mehr gehabt, da sich keine Frau mehr für mich interessierte. Das war vor 12 Jahren. Seit sieben Jahren bin ich zwar ›trocken‹, habe mich aber nicht getraut, Frauen anzusprechen. Da ich aber auch meinen sexuellen Drang habe, benütze ich eine künstliche Vagina.«

Angestellte, 28, ledig:
»Französisch ist widerlich. Geile Menschen sind abnormal, Männer, die zu geil sind, gehören kastriert.«

Angestellte, 28, ledig:
»Mein Freund ist ein Exhibitionist! Durch Zufall erfuhr ich, daß mein Freund ein Exhibitionist ist. Er zeigt seinen Penis fremden Frauen, die ihn sexuell stimulieren. Trotzdem liebe ich ihn und habe oft und regelmäßig erfüllenden Verkehr.«

Angestellter, 57, ledig:
»Unlängst kam eine heute 40jährige Frau weinend zu mir und betrauerte den Tod ihres früheren Sexualpartners. Es war ein Pädophiler, der sich im Alter von 68 Jahren völlig vereinsamt das Leben nahm. Als Kind war diese Frau seine ›Geliebte‹ von ihrem 7. bis 12. Lebensjahr. Sie bezeichnet diese Zeit als die ›schönste Zeit ihres Lebens‹.
Pädophile sind meines Erachtens weder pervers noch Verbrecher, obwohl sie in unserer (Schein-)Moralgesellschaft dazu gestempelt werden. Es gibt sicher mehr Menschen mit pädophilen Neigungen als Homosexuelle und Lesbierinnen zusammen. Der größte Teil wird sich wegen der Kriminalisierung nie zu erkennen geben. Diese Menschen sind am suizid-gefährdetsten überhaupt. Sie können mit niemandem über ihre Neigungen sprechen und sind ständig von Gefängnis und

Zwangspsychiatrierung bedroht. Das ist sinnlos, denn Pädophile sind genausowenig ›heilbar‹ wie Homosexuelle. Sie würden auch niemals einem Kind Gewalt antun. Sexuelle Gewalttäter sind etwas völlig anderes, sie sind auch im übrigen Leben gewaltgeprägt und unberechenbar.«

Hausfrau, 42, verheiratet:
»Mein Mann hat einen eigenartigen Wunsch. Er möchte, daß ich mich zwischendurch selbst befriedige und das vor seinen Augen. Es fällt mir schon schwer, mich ganz zu zeigen. Ich lasse ihn nur gewähren, weil er manchmal ganz hartnäckig bleibt. Ich spüre, wie ihm das Spaß macht und gefällt, mir jedoch fällt das unheimlich schwer.«

Student, 24, ledig:
»Eine Dreierbeziehung ist etwas Wunderbares (Göttliches). Es darf nur weder Neid noch Eifersucht herrschen. Denn Eifersucht ist nicht die Würze der Liebe, sondern das Gift, was alles zerstört und ungenießbar macht.«

Beamter, 49, verheiratet:
»Ich kannte einen Mann, der als Kind von einer Frau ›verführt‹ wurde. Er sagte zu mir: ›Sie lernte mir alle Tricks, die den Sex ausgedehnt, lustvoll und erlebnisreich gestalten ...‹. Der Mann ist heute ein toller Liebhaber, überall begehrt, obwohl er durchaus nicht ›schön‹ ist. Ich hatte leider nicht das Glück, als Kind so ›aufgeklärt‹ zu werden. Meine Kindheit war belastet mit Sexangst und Schuldkomplexen, die mich zu einem einsamen Menschen werden ließen.«

Freiberufler, 68, verwitwet:
»Wer behauptet, daß zum Beispiel ein 10jähriges Ballettmädchen keine erotische Ausstrahlung haben kann, der ist unehrlich oder unsensibel. Es ist das schönste Erlebnis für einen reifen Mann, mit einem Kind zu schlafen, wobei ich nicht meine, zu koitieren! Ich will keinen Koitus. Ich will Zärtlichkeit geben und empfangen, bin daher niemals Gewalttäter, wie es die Medien immer wieder behaupten.«

Arbeiter, 34, verheiratet:
»Was mir fehlt, ist der Geruch der Frau. Das ist bei mir so ausgeprägt, daß ich die Scheide, eben die Region der Frau, riechen möchte, der ich begegne und die mich in ihrer Lieblichkeit erreicht. Auch getragene Slips sind für mich das, woran ich nicht vorbeikäme. Die eigene Ehefrau möchte nicht einmal, daß ich ihre Scheide küsse! Sie mag den Geruch danach beim Küssen nicht. Manchmal überfällt mich Lustlosigkeit. Aber eines ist perfekt: Habe ich wenigstens den Geruch des Slips in der Nase, so ist das die unfehlbarste Methode, zum Ziel zu kommen.«

Schüler, 17, ledig:
»Ich werde nie eine Frau glücklich machen. Zur Zeit bin ich wieder einmal schwul, dann wieder schaue ich Mädchen nach. Daß ich teilweise schwul bin, führe ich auf meinen kleinen Penis zurück. Er ist nur 8–9 cm und ›steif‹ nur 14×3 cm.«

Arbeiter, 45, verheiratet:
»Wie die Dinge wirklich liegen, sieht man deutlich an jedem Nacktstrand: Wie die Damen die Köpfe herumreißen, wenn ein Mann mit einem besonders großen Ding vorbeigeht – und diese Männer wissen das ganz genau! Niemals wird man bei Fotografien einen Mann finden, der einen ganz kleinen Schwanz hat. Um viel Geld werden hingegen solche angeworben und gesucht, die möglichst viel vorzuweisen haben. Man hört, daß in Pornoläden vor allem große und extremgroße Gummischwänze verlangt werden. Es gibt unzählige Inserate über die Penisvergrößerung! Frauen sind doch Augenmenschen, sie wollen doch etwas schönes sehen, besonders beim Gehen, Laufen, Ballspielen. Auch deshalb: Weg mit den ›Urwäldern‹! Sie verkürzen den Schwanz.«

Lehrer, 38, verheiratet:
»Meine Frau und ich haben seit etwa drei Jahren eine wunderschöne Beziehung mit meiner ›feschen‹ Schwägerin. Es ist sicher, daß eine derartige Beziehung ein besonderes Fingerspitzengefühl und Rücksichtnahme von allen Beteiligten, insbesondere aber vom Mann, verlangt. Auf der anderen Seite mildert das familiäre Verhältnis zwischen den Frauen die Konkurrenzsituation, die wohl bei der Kontaktauf-

nahme zu einer fremden Frau zwischen dieser und der Ehefrau bestehen würde. Wir jedenfalls haben in dieser Beziehung viel Glück und Befriedigung erfahren.«

Angestellter, 45, verheiratet:
»Ich war mit 13 Jahren das ›Opfer‹ einer Verführung und – habe mich bis heute immer gerne daran erinnert. Sie hieß Herta und war 21 Jahre alt, ich 13. Sie war Haushälterin in einem Herrschaftshaushalt, sie hatte eine höhere Schule besucht, war gebildet, fand aber damals keine passende Berufsmöglichkeit, so daß sie eben ›Dienstmädchen‹ war; außerdem war sie verlobt.
Ich war ein 13jähriger Mittelschüler, die Eltern hatten ein Delikatessengeschäft, und die Herta war eine gute Kundin bei uns. Hin und wieder lieferte ich die bestellten Waren bei ihr in der Wohnung ab und konnte auch des öfteren das herrschaftliche Badezimmer benutzen, denn wir hatten damals noch keines. Natürlich nur, wenn sie alleine in der Wohnung war, was aber meistens der Fall gewesen ist.
Herta bereitete nun einmal das Bad, und ich merkte, daß sie unter der Kleiderschürze nichts anhatte, was mich etwas irritierte. Sie begann mich einzuseifen (was sie sonst nicht tat) und auf einmal hatte ich einen Finger von ihr im Anus, wobei sie mich fragte, ob sie zu mir in die Wanne kommen solle. Ich hatte zu diesem Zeitpunkt noch nie masturbiert, sondern wußte nur aufgrund nächtlicher Pollutionen, daß es sehr angenehm ist, wenn dies passiert. Damals war Masturbation gleichbedeutend mit Rückenmarkschwindsucht, Siechtum und dergleichen mehr, so daß ich davor Angst hatte.
Nach dem gemeinsamen Bad mit der lieben Herta begann nun diese, mein erigiertes Glied mit beiden Händen (wie mit einem Sprudler!) zu bearbeiten, und ich hatte natürlich einen mächtigen Orgasmus. So kam es eigentlich für Herta zu einer strafbaren Handlung, und es hätte für sie sehr unangenehm werden können.
Aber wir schwiegen eisern, und das ›Verhältnis‹ dauerte über ein Jahr, es kam nur nie zu einem richtigen Geschlechtsverkehr, denn sie war ›verlobt‹, und ihre Scheide gehörte ihrem Bräutigam. So kam es, daß für mich der erste Verkehr ein Analverkehr mit einer Frau gewesen ist. Oralverkehr und gegenseitiges Masturbieren waren die Regel.
Nach 20 Jahren trafen wir uns zufällig wieder, ich war 33 Jahre und

verheiratet, und sie war 41 und Witwe, sie ging noch in Trauer. Ich kam zu ihr in ihre Wohnung zu einem Kaffeeplausch, und als ich auf unsere Beziehung vor 20 Jahren zu sprechen kam, legte sie ihre Arme um meinen Hals, worauf ich sie bis auf ihre schwarzen Strümpfe und den Gürtel zu entkleiden begann – diesmal kam es zum ersten richtigen Geschlechtsverkehr, und das Verhältnis dauerte sechs Monate – bis meine Frau dahinterkam ...«

Arbeiter, 47, verheiratet:
»Ich bin für eine Legalisierung eines Tempels der Liebe, um so der Prostitution den Boden unter den Füßen zu nehmen. Man könnte doch einfach solche Häuser schaffen, wo man dann hingehen könnte, um zu genießen. Dort könnten kontrollierte Mädchen sein und die Opfer entgegennehmen, ja sogar für so manchen ein Kind zur Welt bringen. Diese Gemeinschaft müßte unter den Schutz der Gesellschaft gestellt sein und zum Wohle der Gesellschaft als auch zum Ruhme Gottes wirken.«

Hausfrau, 45, verheiratet:
»Vor einigen Jahren kam ich in den Keller, wo wir unsere Sauna haben, da kam mir mein Mann entgegen und hatte ein schön erigiertes Glied. Ich fragte ihn, was los ist und da sagte er mir, wie ein ertappter Junge, daß er Pornohefte lesen würde. Das tut weh, wenn man erfährt, daß er Hand an sich legt und mich immer zurückweist.«

Arbeiter, 38, verheiratet:
»Mein Penis ist normal, etwa 6 cm und vergrößert sich in der Erregung nur um maximal zwei Zentimeter. Über 8 cm komme ich nicht. Es geht, man darf beim Verkehr nur keine allzu hektischen Bewegungen machen. Hiermit widerlege ich die herkömmliche These, daß sich ein Kleiner umso mehr vergrößert, diese Norm ist nicht allgemein. Eigentlich waren Penisgrößen in meiner nur siebenjährigen Ehe kein Thema. Angefangen hat es etwa vor einem halben Jahr, als wir den Sohn einer ehemaligen Arbeitskollegin meiner Frau bei uns aufnahmen, wir selbst haben keine Kinder. Der Junge war damals gerade 12, und man merkte schon, daß die Pubertät ihren Anfang machte. Meine Frau sagte damals – sie wäscht ihm immer Kopf und Rücken, wenn er unter der

Dusche steht, auch heute noch – ›seiner‹ ist schon so groß wie ›deiner‹. Ich maß dem keine Bedeutung zu, denn schließlich war er mir ja auch körperlich schon über den Kopf gewachsen, warum sollte er nicht auch ›da‹ schon mein Minimaß haben.
Inzwischen ist der Junge 12 Jahre und acht Monate und schon voll in der Pubertät, was sich nebst seiner Größe von fast 1,80 m und im totalen Stimmbruch äußert. Meine Frau stellt nun meine Männlichkeit in Frage, nachdem ›Kinder‹ schon einen größeren Penis haben als ich. Aber wenn schon ›Kind‹, dann sollte sich eine erwachsene Frau auch nicht um dessen Penis kümmern. Selbstverständlich sind wir uns auch ohne Hose schon mal in der Wohnung begegnet, und außer als ein wenig kräftiger ist dessen Glied nicht wesentlich länger als das meinige, nur in der Erektion verdoppelt sich das in etwa, wo es bei mir nur maximal zunimmt, das ist doch ein ganz normaler Vorgang. Meine Frau macht diese Beobachtungen, wenn sie dem Jungen den Rücken wäscht und wenn dies bei ihm zu Erregungszuständen führt, dann sollte dies schon unterlassen werden. Auch hat sie ihm erzählt, daß ›er‹ bei mir nur so wird, daß es notdürftig geht. Ich glaube das geht zu weit, dieses unsinnige Gerede richtet doch bei dem Jungen mehr Schaden an, als wenn er das bei mir sieht. In meinem Alter ist man nicht mehr so schnell sexuell erregt. Auf alle Fälle hat mir dies das Beisammensein mit meiner Frau erheblich vergällt, ich schäme mich, weil sie mich so komisch mustert, und das nach siebenjähriger Ehe!«

Angestellter, 35, verheiratet:
»Ich küsse meine Frau oft am Tage. Sie geht dann mit mir öfter zum Waschbecken, wo ich Wasser lasse. Sie lutscht meinen Spatz dann sehr gern. Nur hat sie etwas gegen das Stuhllassen beim Bohren im Popo. Auch eine Massage ihres Stuhles für meinen Penis lehnt sie ab, obwohl ich sehr Schönes dabei empfinde.«

Angestellter, 48, geschieden:
»Masturbation ist sehr variabel und vielseitig. Auch ein ganz normaler Verkehr zwischen Mann und Frau kann zur Masturbation ausarten, wenn meine Gedanken dabei nicht bei der Partnerin sind, d. h. wenn ich gefühlsmäßig abseits bin, vor allem beim Orgasmus an eine andere (meist unerreichbare Frau) denke. Masturbation ist es aber nicht,

wenn z. B. meine Partnerin – weil sie ihre Menstruation hat – nicht richtig verkehren kann und mir daher einen ›runterzupft‹, ich aber dabei in meinen Gefühlen und im Orgasmus bei ihr bin. Dies kommt für mich einem normalen Verkehr gleich. Auch wenn die Partnerin nichts davon hat.«

Angestellter, 54, verheiratet:
»Eines Abends, nach etwas viel Champagnerkonsum im Bad, als ich mein Gesicht zwischen ihre Schenkel preßte und leckte, da spürte ich plötzlich ein warmes Gefühl im Gesicht. Etwas erstaunt, momentan nicht erkennend, leicht benebelt dämmerte es mir – sie pischt mir ins Gesicht und direkt in den Mund! Aber es war eigenartig, was dabei in mir vorging. Es war keine Ablehnung, es war kein Ekel, nein, es war eine neue, unbekannte Erregung, welche mich überkam. Fast eine sexuelle Gier, ein erotischer Heißhunger, als dieses warme, duftschwere Wasser mir über Mund, Nase, Schulter und Körper herunterrann. Als ihre Quelle versiegte, beugte sie sich herab und küßte mich leidenschaftlich, wobei sie meinen vollen Mundinhalt ihres Urins mit mir teilte. Sie legte sich dann hin und bat: ›. . . du jetzt!‹ Anfangs ging es wegen der Gliedsteife fast nicht, dann aber pischte ich in ihre offene Spalte, auf Nabel, Busen und in den Mund. Auch ich teilte das Mundwasser mit ihr durch einen Kuß!
Es war, als wäre eine Schwelle weggeräumt, eine neue noch tiefere Beziehung, eine noch größere Hingabe und ein innigeres Durchdringen erreicht und erlebt. So wie jeder innige Kuß den Speichel des Partners gibt und nimmt, so ist auch jeder orale Kontakt mit den Geschlechtsteilen ein Kontakt mit Spuren von Urin, somit geht es nicht ums Prinzipielle, sondern ums Quantitative. Für uns sind diese Spiele seit über zehn Jahren Höhepunkte der Verschmelzung. Im Laufe der Zeit haben wir einige gleich denkende Paare kennengelernt. Mit denen führen wir offene Gespräche, und bei allen waren die Frauen sehr geachtet, geliebt und umworben – und alle blieben in der intimen Zweierbeziehung.«

Handwerker, 22, ledig:
»Ich komme bereits nach 15 bis 20 Sekunden! Natürlich ist eine Frau immer weit davon entfernt. Einmal passierte mir etwas Erschrecken-

des: Ich stimulierte mit meinen Fingern die Vagina meiner Freundin. Das wiederum erregte mich so sehr, daß ich, ohne meinen Penis irgendwie zu berühren, einen Orgasmus hatte. Dabei hatte ich die Unterhose an und konnte ihr es so irgendwie verheimlichen. Ich kaufte mir Fachliteratur zu vorzeitigem Samenerguß und übte die Start-Stop-Technik, sowie den Preßgriff. Auch versuchte ich dickere Kondome, alles aber ohne befriedigende Lösung. Dann suchte ich eine Psychologin auf, da mein Allgemeinzustand schon ziemlich down war. Diese beteuerte mir, daß Sex nicht das Wichtigste im Leben ist. Erstmals kamen mir ernsthafte Selbstmordgedanken. In der Folge kontaktierte ich auch einen Frauenarzt, der mein Problem aber nicht besonders ernst nahm. Er gab mir aber trotzdem eine Salbe, die die Empfindungsfähigkeit meines Gliedes herabsetzen sollte. Diese verursachte aber bei meiner Freundin brennende Schmerzen. Dann las ich in einem Sexmagazin, daß Penisse ohne Vorhaut ausdauernder wären. Daraufhin ließ ich mich beschneiden. Inzwischen mußte ich zum Bundesheer einrükken. Die Wunde meiner Beschneidung war noch nicht ganz verheilt und ich bekam einen Verband am Penis. Diesen legte mir ein noch junger Sanitäter an, der mich psychisch sehr verletzte. Er bezeichnete meinen Penis als Gliedchen, und ich sollte es mal mit Substral versuchen. Ich war total fertig. Am liebsten hätte ich ihm eine verpaßt. Von da an begann ich, meinen Penis mit dem anderer Männer zu vergleichen. Möglichkeiten boten sich ja beim Bundesheer genug. Ich kam zu der Erkenntnis, daß ich tatsächlich von der Natur benachteiligt bin. Meiner Freundin gegenüber wurde ich immer grantiger und drücke mich bei jeder Gelegenheit vor dem Geschlechtsverkehr, da ich Angst habe, richtige Angst.«

Resümee

Sind die Österreicher glücklich?
Auch wenn zwischen Neusiedler- und Bodensee viel geraunzt wird – mehr als die Hälfte der Österreicher sind mit ihrem Leben zufrieden.
60,3 Prozent der Befragten sehen sich auf der Sonnenseite des Lebens. Liebe und Partnerschaft, Beruf und Freizeit, seelisches Wohlbefinden und Freundschaften, alles stimmt.
Am glücklichsten schätzen sich die Menschen in der Steiermark, Kärnten und Tirol ein. Bäuerliche Kulturen bieten vielleicht nicht denselben Wohlstand wie Großstädte, dafür aber das Gefühl von Zugehörigkeit und Eingebundenheit in ein soziales Netz, das nicht die Anonymität urbaner Einrichtungen trägt. Vielleicht aber sind die Bewohner dieser Bundesländer auch bescheidener, wenn es um materielle Ansprüche geht. Dafür werden Menschen in ländlichen Regionen durch ein Leben in Eintracht mit der Natur entschädigt.
In den östlichen Bundesländern ist man nicht ganz so zufrieden. Im Dschungel der Großstadt fühlt man sich mitunter verloren und allein. Vor allem die alten Menschen leiden unter Isolation und Einsamkeit. Großstadthektik und ständige Reizüberflutung führen zu Dauerstreß und innerer Entfremdung.
Es ist kein Zufall, daß die Burgenländer mit ihrer Lebenssituation am unzufriedensten sind: Unter ihnen gibt es die meisten Pendler. Ein ähnliches Schicksal haben die Niederösterreicher – zum Beispiel die Waldviertler. Durch das »Pendeln« wird man zerrieben zwischen städtischer Betriebsamkeit und Anonymität einerseits und der fehlenden Möglichkeit andererseits, sich in die ländlichen Heimatstrukturen zu integrieren.
Daß es den Frauen in Österreich insgesamt schlechter geht als

den Männern, ist kein österreichisches Phänomen, sondern ein weltweiter Tatbestand. Aber gerade auf diesem Sektor befindet sich Österreich in einer Umbruchphase.
Man muß auch zugeben, daß wirtschaftliche Sicherheit und ein erfüllender Beruf Grundpfeiler der Zufriedenheit sind. Nur 42,2 Prozent der Österreicher mit schlechter Ausbildung sind mit ihrem Leben zufrieden. Im Gegensatz dazu halten sich 72,2 Prozent der Akademiker für glücklich. Diejenigen Österreicher, die von Alltagssorgen erdrückt werden, haben auch keine Muße, ihr Liebesleben zu kultivieren.
Aber trotz aller Schattenseiten können 1993 schon mehr als die Hälfte der Österreicher von sich sagen, daß sie insgesamt glücklich sind. Natürlich wird es immer Stimmen geben, die von der guten, alten Zeit schwärmen. Wie sagte doch Farkas? »Wir Österreicher blicken vertrauensvoll in unsere Vergangenheit.« Kann schon sein, daß uns das immer wieder passiert. Wenn es wieder einmal soweit ist, sollten wir aber auch an den Ausspruch des österreichischen Dichters Franz Grillparzer denken: »Warum das Vergangene uns so lieblich dünkt? Aus demselben Grunde, warum eine Graswiese mit Blumen aus der Entfernung wie ein Blumenbeet scheint.«

Eine Typologie der Österreicher

Obwohl man sogenannten »Typologien« skeptisch gegenübersteht, weil sie das Schubladen-Denken fördern, boten sich die Daten unserer Untersuchung zu einer seriösen Differenzierung an.
Wir konnten mit Hilfe eines speziellen Verfahrens – der Cluster-Analyse – die Vielzahl der im Fragebogen aufgeführten Eigenschaften in drei Typen zusammenfassen. Mit ihren charakteristischen Merkmalen grenzen sie sich eindeutig voneinander ab.

Typ 1: Die Krönung

Diese Menschen sind die Krönung der österreichischen Schöpfungsgeschichte. Bei ihnen findet man wirklich das berühmte, sympathische, österreichische Naturell. Sie sind bestechend charmant und darüber hinaus dynamisch und kreativ. Mehr noch: Bei diesem Menschentypus zeigt sich das, was uns in Wissenschaft und Kunst weltweit Ehre macht: vielseitige Begabung.

Daß man mit diesen positiven Eigenschaften Selbstvertrauen und Selbstsicherheit besitzt und auch ausstrahlt, ist einleuchtend. »Herrn Karl's« Kleinmut und Ignoranz sind bei der »Krönung« der Österreicher nicht zu finden. Sie sind großmütig, tolerant und sowohl gesellschaftlich als auch politisch interessiert. Keine Frage, daß diese Auslese immer weiß, was sie will und hohes soziales und berufliches Ansehen genießt. Wenn ihnen einmal etwas mißlingt, verlieren sie nicht so schnell die Fassung. Sie lernen aus Fehlern.

Das Liebesleben dieser Österreich-Spezies ist ein einziger Höhenflug: Abwechslungsreich und intensiv.

Die Frauen halten sich für attraktiv, begehrenswert und orgasmusfähig. Sie sind davon überzeugt, einen Mann glücklich machen zu können. Die Männer sind genauso gut dran. Sie sind mit ihrer Potenz mehr als zufrieden und sicher, einer Frau im Bett den Himmel auf Erden bescheren zu können.

Daß dieser glückliche »homo austriacus« die Krone der Schöpfung sein kann, verdankt er unter anderem seinen Eltern, die ihn immer unterstützten und ermutigten.

Immerhin: 53,7 Prozent, also jeder zweite Österreicher, gehört der »Krönung« an. Wen wundert's, daß nicht nur wir selbst, sondern auch die Welt, viel von uns hält...

Typ 2: Das Mauerblümchen

Wie schon der Name sagt, fristet das Mauerblümchen ein Schattendasein. Die Österreicher, die zu diesem Typus gehören,

fühlen sich oft traurig, einsam und antriebslos. Daß sich an diesem Zustand nicht viel ändert, ist auf ihre Schüchternheit und Gehemmtheit zurückzuführen.
Das Thema »Angst« spielt im Leben der Mauerblümchen eine große Rolle. Sie haben Zukunftsängste, Angst, alles falsch zu machen und Angst vor Zurückweisungen. Unter diesen Umständen sind Schlafstörungen geradezu unvermeidlich.
Zu den Erfolgsmenschen werden Mauerblümchen nie zählen. Dazu mangelt es ihnen am notwendigen Selbstvertrauen und an Energie. Daß sie öfter mit Langeweile zu kämpfen haben, liegt nicht nur an ihrer Zurückgezogenheit, sondern auch an ihrer Schwierigkeit, Interessen zu entwickeln.
Es liegt auf der Hand, daß sich Mauerblümchen beim Sex nicht zu wilden Orchideen entfalten. Ihr Liebesleben verläuft lustlos, langweilig und buchstäblich ohne Höhepunkte. Begreiflich, daß ihnen unter diesen Umständen Sex nicht wichtig ist und nur selten stattfindet.
Die weiblichen Mauerblümchen glauben nicht an ihre Attraktivität und neigen zu Orgasmusstörungen. Ähnlich geht es den Männern. Sie finden sich nicht anziehend und haben, meist nicht zu Unrecht, Angst vor sexuellem Versagen.
Eine überängstliche, überbehütende Erziehung ist schuld daran, daß sich diese benachteiligten Österreicher vom Lebenskuchen so wenig abschneiden können.
Die Kennmelodie der Mauerblümchen »Einer hat immer das Bummerl« gilt für 35 Prozent der Österreicher.

Typ 3: Der Giftzwerg

Dem Giftzwerg geht es nicht gut. Er erstickt an seiner eigenen Galle. Frei nach der Devise »Die anderen sind das Letzte« wird er von Neid und Rachsucht aufgefressen. Im allgemeinen Zusammenleben treten Giftzwerge häufig in der Rolle der Verweigerer auf. Sie sind schnell beleidigt und nachtragend.
Der Motor ihres verneinenden Daseins sind Aggressionen, die

entweder offen oder subtil, in Form eines moralischen Sadismus, ausgelebt werden. Daß man sich in der Gesellschaft eines Giftzwerges alles andere als wohlfühlt, liegt an der inneren Spannung, die für die Umwelt deutlich spürbar wird. Unter diesen Umständen verlaufen ihre Beziehungen zwangsläufig problematisch.

Die unausgelebten Triebe dieser Menschen werden in Form von Alpträumen deutlich. In ihren Phantasien rächen sie sich an anderen und flüchten sich in Größenvorstellungen.

Das Sexualleben der Giftzwerge ist kein Honiglecken. Auch hier dominiert der Sadomasochismus, kombiniert mit einer niedrigen Koitusfrequenz. Demgegenüber ist ihr Hang zur Selbstbefriedigung massiv ausgeprägt.

Weibliche Giftzwerge entwerten natürlich ihre Liebespartner. Sie werfen ihnen vor, nichts von Frauen zu verstehen. Ihr persönliches, sexuelles Unvermögen lasten sie den Partnern an.

Als Liebhaber ist auch der männliche Giftzwerg kein Vergnügen. Er glaubt, daß sein Penis zu klein sei, ist potenzgestört und geht beim Liebesakt gedanklich eigene Wege.

Die Lebensdevise eines Giftzwerges ist die von Rumpelstilzchen: »Ach wie gut, daß niemand weiß...«. 11,3 Prozent der Österreicher halten es damit.

Teil 3
Statistik

Die Gesamterhebung setzte sich aus zwei Vorgängen zusammen: einer Voruntersuchung und einer Hauptuntersuchung.

Voruntersuchung

Die Voruntersuchung wurde an 600 Versuchspersonen mit einem Fragebogen aus 424 Items durchgeführt. Der Fragebogen umfaßte 10 Persönlichkeitsdimensionen:

Entwicklungsgeschichtliches, Selbstsicherheit, Kontrollfähigkeit, Soziale Anteilnahme, Erziehung, Sexualität, Aggressivität, Depressivität, Ängstlichkeit, Schlaf und Träume, Tagträume und Phantasien.

Die Itemauswahl erfolgte nach tiefenpsychologischen Kriterien. Die Inhalte der Fragen orientierten sich an der Vielfalt neurotischer Symptome, wie sie in der psychotherapeutischen klinischen Praxis zu beobachten sind. Bestimmte psychische Manifestationen, z. B. »Ich habe Angst vor U-Bahnfahrten« lassen oft ein bestimmtes Krankheitsbild – in diesem Fall das der Phobie – und die dahinterliegende Persönlichkeitsstruktur schließen. Höhenängste weisen etwa auf die tieferliegende Angst vor dem Kontrollverlust – dem abrupten Spannungsabfall, der »explosiven Entladung«, hin.

In der Kategorie »Selbstsicherheit« werden z. B. dem tiefenpsychologischen Konzept des positiven Narzißmus – ich bin begabt, kreativ, aufgeschlossen, unabhängig, Schwierigkeiten fordern mich heraus – Varianten des gestörten Narzißmus gegenübergestellt: bedrohliche, exhibitionistische Wünsche, unbewußte Größenvorstellungen (ich schäme mich leicht, die Angst etwas falsch zu machen, beeinträchtigt mich, Niederlagen stecke ich nur schwer weg) oder in entgegengesetzter Form Überheblichkeit, Neid, Entwertung und narzißtische Wut.

Bestimmte Bereiche wie AIDS, homosexuelle Neigungen usw. wurden nicht direkt, sondern verdeckt abgefragt. Wir wissen aus anderen Untersuchungen, daß auch Männer mit ausgeprägten homosexuellen Tendenzen ihre Veranlagung verleugnen und daher die offene Frage »Ich bin homosexuell« mit »Nein« beantworten. Wohl kein einziger-heterosexueller Mann erregt sich an der Vorstellung vom gleichgeschlechtlichen, männlichen Verkehr. Die Itemkombination »Geschlecht: männlich« und »Ich stelle mir oft Männer beim gleichge-

schlechtlichen Verkehr vor« erlaubt daher relativ sichere Rückschlüsse auf die Verbreitung männlicher Homosexualität in Österreich.
Wir waren bestrebt, durch die Fragen möglichst viele Aspekte der Persönlichkeit zu erfassen. Daß viele, wichtige Fragen dennoch ungestellt blieben, hat vor allem mit der begrenzten Länge des Fragebogens zu tun. Noch mehr Fragen hätte wohl kaum jemand beantwortet.
Die Antworten auf die einzelnen Fragen waren – je nachdem wie sehr die Aussage auf den Befragten zutraf – in »rating scales« (abgestufte Antwortmöglichkeiten) einzutragen.
Die Skalenbildung erfolgt durch Faktorenanalysen. Die innere Konsistenz der einzelnen Skalen wurde mit der Reliabilitätsanalyse geprüft: Jene Items, die mit der Gesamtskala nur gering korrelierten, wurden ausgeschieden. Kronbachs Alpha lag bei allen Skalen über 0,78. Schließlich wurden jene Fragen in den endgültigen Fragebogen aufgenommen, die die Skalen am besten erklärten.
Für jede Kategorie wurden drei Skalen ausgewählt, die geeignet schienen, wichtige Aspekte dieses Bereiches zu erklären.

Skalenbezeichnung
Persönlichkeit u. Entwicklung
Einsamkeit: 6, 5, 4, 8, 1
Überbehütung: 9, 7
Trotz: 2, 3

Trieb u. Verzicht
Jähzorn: 1, 2, 3
Suchtneigung: 7, 8, 9, 4, 6
Triebangst: 11, 14, 12, 13, 10, 5

Beruf u. Alltag
Geselligkeit: 7, 8, 9
Berufsimage: 4, 5, 6
Interesse: 1, 2, 3

Familienleben
Partnerschaft: 7, 8, 9
Autorität: 1, 2, 3
Antiautorität: 4, 5, 6

Sexualität
(Fragen zum direkten Sexualverhalten)
Sexuelle Variationen: 22, 24, 21, 27, 29, 16, 18, 23
Promiskuität: 26, 9, 19, 30, 11, 17, 14
Sexuelle Unlust: 12, 13, 15, 8

Gerechtigkeit und Macht (Aggressivität)
Rachsucht (reaktive Aggression): 5, 6, 4
Aggressive Gespanntheit: 8, 9
Aggressionshemmung: 3, 1, 2, 7
Erregbarkeit (spontane Aggression siehe Jähzorn)

Nachtträume
Verfolgungstraum: 10, 7, 9, 8, 2
Falltraum: 1, 4
Hemmungslosigkeit: 5, 3, 6

Phantasien und Tagträume
(Sexuelle Phantasien werden im Bereich Sexualität behandelt)
Größe und Allmacht: 7, 2, 3, 9, 6
Rache und Vergeltung: 1, 4, 8
Krankheit und Tod (Zukunftsangst): 5

Darüber hinaus wurden Fragen aus verschiedenen Bereichen kombiniert und zu neuen Skalen zusammengefaßt (z. B. Depressionen, Antriebslosigkeit, Zukunftsangst, Schlafstörung, Gedrücktheit).

Hauptuntersuchung

Der Fragebogenvertrieb erfolgte durch die »KRONE«. Ein Teil wurde per Postwurfsendung an mehrere hunderttausend österreichische Haushalte versandt, ein weiterer der Sonntags-KRONE beigelegt. Schließlich wurden noch weitere Fragebögen an Personen geschickt,

die sie direkt bei der KRONE anforderten. Insgesamt wurden 1,5 Millionen Fragebögen ausgegeben. Der Rücklauf dauerte bis Mitte Juni. Bis Anfang Juni kamen ca. 4 Prozent – häufig mit zusätzlichen Anmerkungen oder beigelegten Briefen versehen – zurück.
Um Aussagen über alle Bundesländer treffen zu können, wurde eine nach Bundesländern geschichtete Stichprobe gezogen – Vorarlberg wurde gewichtet. Das Sample umfaßte insgesamt 10021 Personen.
Die Thematik bringt es mit sich, daß bestimmte Personengruppen in unserer Untersuchung überrepräsentiert sind – z. B. die Frauen und die mittleren Jahrgänge zwischen 20 und 40.
Um dieser Verfälschung entgegen zu wirken, erfolgte die statistische Auswertung immer differenziert nach dem Bundesland, dem Geschlecht, dem Alter, der Lebensform, der Ausbildung und dem Nettoeinkommen. Auf diese Weise konnten wir ein möglichst wirklichkeitsgetreues Abbild der österreichischen Persönlichkeit erstellen. Die Fülle der erhobenen Daten ermöglicht eine Vielzahl von aufschlußreichen und wichtigen Vergleichen.
Wir beschränkten uns bei der Auswahl zunächst nur auf die Darstellung der wesentlichsten Ergebnisse. Oft mußten wir auf interessante Feststellungen, wie z.B. Unterschiede im Sexualverhalten, differenziert nach ländlichem, kleinstädtischem und großstädtischem Bereich, verzichten. Auch auf spannende Querverbindungen zwischen den einzelnen Persönlichkeitsbereichen konnte nicht in vollem Umfang eingegangen werden. Dieses Material kann in einem Anschlußband zur Veröffentlichung gelangen.

Auswertung

Die statistische Auswertung erfolgte mit Kontingenztests, Clusteranalysen und Diskriminanzanalysen. Der Kontigenztest wurde deswegen gewählt, weil die Voraussetzung der Normalverteilung bei manchen Items nicht immer im ausreichendem Maße gegeben war. Die Prozentangaben zu den interessanten Ergebnissen finden sich auch im Text – numerisch oder graphisch. Dort, wo sie nicht ausgegeben wurden, sind sie im Anhang nachzulesen. Die Stichprobe mit der schließlich gerechnet wurde, setzt sich folgendermaßen zusammen:

A) Bundesland

Burgenland	350	3,5%
Kärnten	710	7,1%
Niederösterreich	1902	19,0%
Oberösterreich	1722	17,2%
Salzburg	620	6,2%
Steiermark	1521	15,2%
Tirol	810	8,1%
Vorarlberg	430	4,3%
Wien	1955	19,5%

B) Geschlecht

männlich	3959	39,5%
weiblich	6062	60,5%

C) Alter

bis 19	367	3,7%
20–39	5668	56,6%
40–60	3341	33,3%
61 und älter	644	6,4%

D) Familienstand

ledig	2812	28,1%
verheiratet	5176	51,7%
geschieden/verw.	1904	19,0%
keine Angabe	128	1,3%

E) Lebensform

Single	2115	21,1%
Lebensgemeinschaft	2174	21,7%
Familie	5496	54,8%
keine Angabe	236	2,4%

F) Abgeschlossene Ausbildung

Pflichtschule	993	9,9%
Lehre	981	9,8%
Fach-/Berufsschule	5464	54,5%
Matura	1739	17,4%
Universität	682	6,8%
keine Angabe	161	1,6%

G) Berufstätigkeit

Selbständiger	1031	10,3%
Angestellter	4583	45,7%
Beamter	1224	12,2%
Arbeiter	1253	12,5%
Haushalt	841	8,4%
Schüler/Student	330	3,3%
Pensionist	508	5,1%
Sonstiges	119	1,2%
keine Angabe	132	1,3%

H) Persönliches Nettoeinkommen pro Monat

unter 10 000	2043	20,4%
10 bis 15 000	3324	33,2%
15 bis 20 000	1942	19,4%
20 bis 30 000	1346	13,4%
über 30 000	614	6,1%
keine Angabe	752	7,5%

Persönlichkeit und Entwicklung

Österreich intim	ja	eher ja	eher nein	nein
Frage 1	12,5	21,5	33,9	32,1
Frage 2	7,7	21,9	36,9	33,4
Frage 3	15,7	26,2	37,7	20,4
Frage 4	22,1	32,7	31,2	13,9
Frage 5	18,6	30,3	33,6	17,6
Frage 6	30,7	31,4	25,1	12,8
Frage 7	13,2	30,1	33,6	23,1
Frage 8	14,4	24,9	32,0	28,7
Frage 9	10,7	22,5	36,1	30,6

Selbstsicherheit und Erfolg

Österreich intim	ja	eher ja	eher nein	nein
Frage 1	7,6	25,9	38,7	27,8
Frage 2	8,8	26,3	34,3	30,7
Frage 3	16,4	34,8	33,5	15,3
Frage 4	29,5	52,6	15,1	2,9
Frage 5	38,8	34,4	18,6	8,3
Frage 6	26,5	40,1	25,3	8,2
Frage 7	3,1	18,4	31,3	47,2
Frage 8	9,0	25,1	35,4	30,5
Frage 9	2,8	14,5	31,4	51,3

Trieb und Verzicht

Österreich intim	ja	eher ja	eher nein	nein
Frage 1	8,5	25,8	36,6	29,0
Frage 2	10,8	31,6	33,2	24,4
Frage 3	23,5	41,0	21,7	13,8
Frage 4	21,1	11,7	7,3	59,9
Frage 5	9,3	21,7	22,7	46,4
Frage 6	2,5	9,4	18,3	69,9

Österreich intim	ja	eher ja	eher nein	nein
Frage 7	9,0	25,9	43,8	
Frage 8	7,5	24,0	45,2	
Frage 9	3,7	14,3	72,7	
Frage 10	10,3	36,4	20,5	
Frage 11	15,3	16,8	57,8	
Frage 12	8,6	10,8	70,8	
Frage 13	24,2	26,0	24,4	
Frage 14	2,4	3,9	91,1	

Beruf und Alltag

Österreich intim	ja	eher ja	eher nein	nein
Frage 1	45,2	28,1	17,0	9,6
Frage 2	31,7	34,4	22,8	11,0
Frage 3	47,1	38,7	10,7	3,6
Frage 4	36,3	28,6	21,9	13,2
Frage 5	33,8	39,0	18,8	8,4
Frage 6	44,3	43,5	8,6	3,5
Frage 7	19,5	34,8	30,6	15,0
Frage 8	19,4	26,2	37,9	16,5
Frage 9	22,7	48,6	21,0	7,7

Familie und Kinder

Österreich intim	ja	eher ja	eher nein	nein
Frage 1	31,1	40,2	21,8	6,9
Frage 2	16,3	42,8	28,9	11,9
Frage 3	23,8	47,3	19,0	9,9
Frage 4	75,3	22,6	1,8	0,3
Frage 5	84,2	13,9	1,5	0,4
Frage 6	80,3	16,3	2,4	1,0
Frage 7	35,6	46,4	13,9	4,0
Frage 8	38,5	43,8	12,7	5,0
Frage 9	43,0	36,0	16,0	5,0

Sexualität

Österreich intim	stimmt	stimmt nicht
Frage 1	1,6	98,4
Frage 2	38,5	61,5
Frage 3	66,1	33,9
Frage 4	15,0	85,0
Frage 5	13,4	86,6
Frage 6	13,4	86,6

Österreich intim	ja	eher ja	eher nein	nein
Frage 7	8,0	23,0	43,0	26,0
Frage 8	12,2	42,6	27,5	17,7
Frage 9	8,8	19,7	24,8	46,7
Frage 10	22,2	32,9	26,6	18,3
Frage 11	66,3	25,2	6,5	1,9
Frage 12	11,3	17,3	29,1	42,4
Frage 13	40,7	33,6	17,1	8,6
Frage 14	29,3	30,6	22,0	18,1
Frage 15	25,7	39,5	25,6	9,1
Frage 16	5,7	9,2	21,2	63,9
Frage 17	20,5	35,5	19,2	24,9
Frage 18	5,9	12,8	25,2	56,2
Frage 19	22,7	19,7	16,4	41,2
Frage 20	3,3	3,8	10,1	82,8
Frage 21	1,7	3,6	8,4	86,4
Frage 22	2,4	5,1	11,4	81,1
Frage 23	3,8	9,5	17,3	69,4
Frage 24	8,1	15,6	14,2	62,1
Frage 25	10,9	16,7	14,9	57,4
Frage 26	6,6	12,1	18,1	63,3
Frage 27	9,4	16,5	18,5	55,6
Frage 28	15,7	23,3	30,1	30,9
Frage 29	4,6	8,3	16,1	71,0
Frage 30	17,7	27,5	19,8	35,0
Frage 31	7,3	9,9	15,0	67,7

Österreich intim	10 min	30 min	länger
Frage 32	20,5	50,2	29,3

Österreich intim	ja	nein
Vorspiel	79,8	20,2
Koitus	83,1	16,9
Nachspiel	62,1	37,9
Zufriedenheit	65,9	34,1
Position 1	40,2	59,8
Position 2	37,2	62,8
Position 3	34,4	65,6
Position 4	25,0	75,0
Position 5	6,7	93,3
Position 6	11,6	88,4
Position 7	13,3	86,7

Österreich intim	ja	nein
Montag	14,8	85,2
Dienstag	15,1	84,9
Mittwoch	18,0	82,0
Donnerstag	15,7	84,3
Freitag	29,6	70,4
Samstag	53,6	46,4
Sonntag	40,1	59,9
morgens	28,8	71,2
mittags	9,4	90,6
abends	52,1	47,9
zwischendurch	39,3	60,7
Pille	46,7	53,3
Spirale	9,9	90,1
Kondom	16,1	83,9
Pesar	0,2	99,8
Schaumzäpfchen	1,6	98,4
Temperatur	2,5	97,5
außerhalb	9,5	90,7
Sterilisation M	4,0	96,0
Sterilisation F	10,1	89,9

Sexualität / Frauen

Österreich intim	ja	nein
Frage 1	4,5	95,5
Frage 2	28,3	71,7
Frage 3	14,9	85,1
Frage 4	8,0	92,0
Frage 5	28,3	71,7
Frage 6	31,0	69,0
Frage 7	7,7	92,3
Frage 8	18,8	81,2
Frage 9	4,8	95,2
Frage 10	17,4	82,6
Frage 11	18,2	81,8
Frage 12	43,7	56,3
Frage 13	20,0	80,0
Frage 14	38,9	61,1
Frage 15	49,8	50,2
Frage 16	15,8	84,2

Sexualität / Männer

Österreich intim	ja	nein
Frage 1	10,2	89,8
Frage 2	26,6	73,4
Frage 3	4,8	95,2
Frage 4	13,9	86,1
Frage 5	53,0	47,0
Frage 6	15,1	84,9
Frage 7	9,5	90,5
Frage 8	32,8	67,2
Frage 9	15,3	84,7
Frage 10	9,7	90,3
Frage 11	84,2	15,8
Frage 12	6,6	93,4
Frage 13	19,9	80,1
Frage 14	42,5	57,5
Frage 15	5,6	94,4
Frage 16	34,4	65,6
Frage 17	22,1	77,9

Gerechtigkeit und Macht

Österreich intim	ja	eher ja	eher nein	nein
Frage 1	6,9	21,0	30,4	41,7
Frage 2	15,2	26,5	37,0	21,3
Frage 3	16,1	31,1	30,0	22,9
Frage 4	5,5	10,8	28,5	55,1
Frage 5	10,4	26,1	35,9	27,6
Frage 6	8,9	22,4	38,2	30,5
Frage 7	17,9	39,5	24,9	17,8
Frage 8	9,8	24,5	33,1	32,7
Frage 9	15,5	37,6	32,4	14,5

Nachtträume

Österreich intim	ja	eher ja	eher nein	nein
Frage 1	3,6	8,0	17,9	70,5
Frage 2	1,8	3,9	12,3	82,0
Frage 3	7,7	14,1	20,0	58,2
Frage 4	10,5	17,1	15,5	57,0
Frage 5	15,3	23,0	17,4	44,3
Frage 6	6,8	10,2	16,9	66,1
Frage 7	6,0	8,7	12,6	72,7
Frage 8	9,1	15,5	20,1	55,3
Frage 9	5,7	8,8	17,0	68,5
Frage 10	10,7	19,2	18,7	51,4

Ängste und Hemmungen

Österreich intim	ja	eher ja	eher nein	nein
Frage 1	3,2	19,6	34,9	42,3
Frage 2	11,2	24,5	28,6	35,7
Frage 3	7,5	12,5	20,1	59,9
Frage 4	6,5	12,6	23,9	57,0
Frage 5	9,7	24,3	36,3	29,6
Frage 6	3,0	6,7	18,2	72,1
Frage 7	3,2	5,1	11,0	80,7
Frage 8	6,3	13,3	17,7	62,7
Frage 9	3,0	6,2	6,6	84,3
Frage 10	6,4	10,0	9,7	73,9
Frage 11	7,4	13,4	12,8	66,4

Phantasien und Tagträume

Österreich intim	ja	eher ja	eher nein	nein
Frage 1	1,3	3,6	12,8	82,4
Frage 2	5,9	15,6	21,8	56,7
Frage 3	3,9	12,6	22,6	61,0
Frage 4	5,9	11,5	21,3	61,3
Frage 5	13,2	28,0	22,7	36,1
Frage 6	9,2	20,9	23,6	46,3
Frage 7	6,6	15,6	19,5	58,3
Frage 8	2,0	4,0	10,9	83,1
Frage 9	8,8	15,4	17,1	58,7

Österreich intim	Einsamkeit		Überbehütung		Trotz	
	ja	nein	ja	nein	ja	nein
Burgenland	46	54	23	77	19	81
Kärnten	45	55	23	77	27	73
Niederösterreich	37	63	20	80	21	79
Oberösterreich	43	57	24	76	28	72
Salzburg	38	63	19	81	25	75
Steiermark	36	64	22	78	25	75
Tirol	37	63	26	74	25	75
Vorarlberg	43	57	19	81	21	79
Wien	41	59	26	74	22	78
männlich	36	64	22	78	20	80
weiblich	42	58	23	77	26	74
ALTER						
bis 19	30	70	23	77	26	74
20–39	36	64	22	78	24	76
40–60	49	51	26	74	25	75
61 und älter	32	68	13	87	16	84
FAMILIENSTAND						
ledig	31	69	23	77	25	75
verheiratet	42	58	22	78	22	78
geschieden/verw.	47	53	25	75	26	74
LEBENSFORM						
Single	42	58	27	73	25	75
Lebensgemeinsch.	35	65	23	77	25	75
Familie	41	59	21	79	23	77
AUSBILDUNG						
Pflichtschule	52	48	21	79	32	68
Lehre	46	54	22	78	30	70
Fach-/Berufssch.	39	61	22	78	23	77
Matura	33	67	26	74	20	80
Universität	36	64	27	73	19	81
BESCHÄFTIGUNG						
Selbständiger	42	58	22	78	25	75
Angestellter	38	62	25	75	22	78
Beamter	37	63	25	75	22	78
Arbeiter	43	57	20	80	30	70
Haushalt	53	47	18	82	31	69
Schüler/Student	20	80	23	77	24	76
Pensionist	38	62	16	84	19	81
Sonstiges	43	57	29	71	37	63
EINKOMMEN						
unter 10 000	43	57	24	76	29	71
10 bis 15 000	37	63	22	78	23	77
15 bis 20 000	39	61	24	76	25	75
20 bis 30 000	42	58	23	77	21	79
über 30 000	37	63	25	75	16	84
TOTAL	40	60	23	77	24	76

Österreich intim	Schüchternheit		Neid		Selbstvertrauen	
	ja	nein	ja	nein	ja	nein
Burgenland	46	54	17	83	74	26
Kärnten	39	61	19	81	82	18
Niederösterreich	37	63	16	84	79	21
Oberösterreich	37	63	20	80	79	21
Salzburg	40	60	19	81	75	25
Steiermark	38	62	16	84	79	21
Tirol	33	67	14	86	78	22
Vorarlberg	34	66	15	85	82	18
Wien	33	67	20	80	80	20
männlich	29	71	20	80	85	15
weiblich	41	59	17	83	76	24
ALTER						
bis 19	36	64	18	82	73	27
20–39	37	63	20	80	77	23
40–60	37	63	16	84	80	20
61 und älter	30	70	10	90	90	10
FAMILIENSTAND						
ledig	37	63	21	79	79	21
verheiratet	35	65	18	82	77	23
geschieden/verw.	37	63	15	85	86	14
LEBENSFORM						
Single	37	63	19	81	85	15
Lebensgemeinsch.	36	64	20	80	81	19
Familie	36	64	17	83	76	24
AUSBILDUNG						
Pflichtschule	49	51	18	82	65	35
Lehre	35	65	18	82	78	22
Fach-/Berufssch.	36	64	17	83	79	21
Matura	35	65	22	78	81	19
Universität	30	70	19	81	91	9
BESCHÄFTIGUNG						
Selbständiger	31	69	21	79	85	15
Angestellter	35	65	19	81	82	18
Beamter	33	67	18	82	84	16
Arbeiter	40	60	17	83	73	27
Haushalt	50	50	16	84	60	40
Schüler/Student	38	62	20	80	66	34
Pensionist	34	66	10	90	85	15
Sonstiges	43	57	19	81	69	31
EINKOMMEN						
unter 10000	45	55	18	82	69	31
10 bis 15000	36	64	16	84	79	21
15 bis 20000	33	67	17	83	85	15
20 bis 30000	30	70	20	80	88	12
über 30000	20	80	27	73	90	10
TOTAL	36	64	18	82	79	21

Österreich intim	Jähzorn		Suchtneigung		Triebangst	
	ja	nein	ja	nein	ja	nein
Burgenland	44	56	12	88	9	91
Kärnten	47	53	12	88	7	93
Niederösterreich	42	58	10	90	8	92
Oberösterreich	46	54	10	90	9	91
Salzburg	47	53	12	88	6	94
Steiermark	42	58	9	91	7	93
Tirol	35	65	10	90	3	97
Vorarlberg	41	59	12	88	8	92
Wien	45	55	13	87	9	91
männlich	40	60	12	88	5	95
weiblich	46	54	10	90	10	90
ALTER						
bis 19	52	48	11	89	7	93
20–39	45	55	13	87	5	95
40–60	41	59	9	91	11	89
61 und älter	37	63	5	95	15	85
FAMILIENSTAND						
ledig	45	55	13	87	7	93
verheiratet	45	55	8	92	8	92
geschieden/verw.	39	61	15	85	10	90
LEBENSFORM						
Single	40	60	16	84	11	89
Lebensgemeinsch.	43	57	13	87	5	95
Familie	45	55	8	92	8	92
AUSBILDUNG						
Pflichtschule	49	51	14	86	12	88
Lehre	45	55	12	88	6	94
Fach-/Berufssch.	43	57	11	89	8	92
Matura	41	59	8	92	7	93
Universität	39	61	8	92	9	91
BESCHÄFTIGUNG						
Selbständiger	44	56	12	88	6	94
Angestellter	43	57	12	88	8	92
Beamter	44	56	10	90	6	94
Arbeiter	45	55	12	88	7	93
Haushalt	51	49	6	94	12	88
Schüler/Student	37	63	9	91	4	96
Pensionist	40	60	5	95	18	82
Sonstiges	43	57	22	78	12	88
EINKOMMEN						
unter 10000	49	51	9	91	12	88
10 bis 15000	42	58	12	88	7	93
15 bis 20000	40	60	11	89	7	93
20 bis 30000	43	57	12	88	6	94
über 30000	43	57	11	89	5	95
TOTAL	44	56	11	89	8	92

Österreich intim	Geselligkeit		Berufsimage		Interesse	
	ja	nein	ja	nein	ja	nein
Burgenland	60	40	82	18	73	27
Kärnten	56	44	82	18	87	13
Niederösterreich	55	45	77	23	81	19
Oberösterreich	56	44	79	21	79	21
Salzburg	58	42	80	20	81	19
Steiermark	57	43	81	19	81	19
Tirol	56	44	80	21	78	22
Vorarlberg	64	36	82	18	84	16
Wien	61	39	76	24	81	19
männlich	55	45	80	20	86	14
weiblich	60	40	78	22	77	23
ALTER						
bis 19	61	39	71	29	80	20
20–39	59	41	77	23	77	23
40–60	55	45	81	19	84	16
61 und älter	62	38	94	6	90	10
FAMILIENSTAND						
ledig	60	40	73	27	79	21
verheiratet	57	43	82	18	81	19
geschieden/verw.	57	43	78	22	84	16
LEBENSFORM						
Single	61	39	76	24	84	16
Lebensgemeinsch.	57	43	75	25	80	20
Familie	56	44	82	18	80	20
AUSBILDUNG						
Pflichtschule	52	48	70	30	60	40
Lehre	55	45	72	28	73	27
Fach-/Berufssch.	58	42	79	21	80	20
Matura	61	39	82	18	91	9
Universität	58	42	91	9	95	5
BESCHÄFTIGUNG						
Selbständiger	64	36	90	10	90	10
Angestellter	60	40	81	19	81	19
Beamter	57	43	81	19	89	11
Arbeiter	51	49	68	32	65	35
Haushalt	54	46	64	36	67	33
Schüler/Student	62	38	74	26	95	5
Pensionist	52	48	83	17	84	16
Sonstiges	51	49	55	45	81	19
EINKOMMEN						
unter 10000	57	43	70	30	74	26
10 bis 15000	58	42	76	24	77	23
15 bis 20000	58	42	84	16	87	13
20 bis 30000	58	42	88	12	91	9
über 30000	59	41	93	7	90	10
TOTAL	58	42	79	21	81	19

Österreich intim	Partnerschaft		Antiautoritär		Autoritär	
	ja	nein	ja	nein	ja	nein
Burgenland	80	20	98	2	71	29
Kärnten	84	16	99	1	69	31
Niederösterreich	84	16	99	1	70	30
Oberösterreich	82	18	99	1	70	30
Salzburg	85	15	99	1	75	25
Steiermark	84	16	99	1	72	28
Tirol	87	13	98	3	71	29
Vorarlberg	83	17	98	2	67	33
Wien	85	15	99	1	66	34
männlich	88	12	98	2	74	26
weiblich	81	19	99	1	67	33
ALTER						
bis 19	72	28	99	1	72	28
20–39	84	16	99	1	65	35
40–60	84	16	99	1	73	27
61 und älter	88	12	94	6	91	9
FAMILIENSTAND						
ledig	78	22	99	1	66	34
verheiratet	87	13	99	1	70	30
geschieden/verw.	85	15	98	2	71	29
LEBENSFORM						
Single	77	23	98	2	70	30
Lebensgemeinsch.	85	15	99	1	67	33
Familie	86	14	99	1	70	30
AUSBILDUNG						
Pflichtschule	77	23	98	2	79	21
Lehre	82	18	99	1	77	23
Fach-/Berufssch.	84	16	99	1	71	29
Matura	85	15	98	2	62	38
Universität	90	10	99	1	51	49
BESCHÄFTIGUNG						
Selbständiger	87	13	99	1	68	32
Angestellter	84	16	99	1	68	32
Beamter	90	10	98	2	68	32
Arbeiter	83	17	99	1	78	22
Haushalt	80	20	100	0	69	31
Schüler/Student	74	26	99	1	53	47
Pensionist	86	14	97	3	83	17
Sonstiges	71	29	96	4	67	33
EINKOMMEN						
unter 10000	75	25	99	1	67	33
10 bis 15000	84	16	99	1	72	28
15 bis 20000	87	13	98	2	70	30
20 bis 30000	90	10	99	1	69	31
über 30000	88	12	98	2	59	41
TOTAL	84	16	99	1	69	31

Österreich intim	Variationen		Promiskuität		Unlust	
	ja	nein	ja	nein	ja	nein
Burgenland	5	95	29	71	30	70
Kärnten	4	96	22	78	23	77
Niederösterreich	5	95	30	70	25	75
Oberösterreich	7	93	26	74	21	79
Salzburg	8	92	28	72	24	76
Steiermark	5	95	25	75	24	76
Tirol	9	91	28	72	26	74
Vorarlberg	4	96	32	68	28	72
Wien	5	95	30	70	27	73
männlich	6	94	48	52	24	76
weiblich	5	95	15	85	26	74
ALTER						
bis 19	1	99	16	84	15	85
20–39	8	92	27	73	22	78
40–60	4	96	30	70	31	69
61 und älter	3	97	28	72	29	71
FAMILIENSTAND						
ledig	8	92	27	73	20	80
verheiratet	4	96	28	72	28	72
geschieden/verw.	6	94	28	72	24	76
LEBENSFORM						
Single	7	93	32	68	25	75
Lebensgemeinsch.	7	93	25	75	20	80
Familie	4	96	28	72	27	73
AUSBILDUNG						
Pflichtschule	5	95	20	80	31	69
Lehre	5	95	25	75	26	74
Fach-/Berufssch.	6	94	27	73	25	75
Matura	6	94	31	69	21	79
Universität	8	92	39	61	25	75
BESCHÄFTIGUNG						
Selbständiger	5	95	37	63	22	78
Angestellter	6	94	25	75	23	77
Beamter	5	95	40	60	28	72
Arbeiter	6	94	28	72	28	72
Haushalt	4	96	13	87	29	71
Schüler/Student	9	91	32	68	15	85
Pensionist	3	97	28	72	30	70
Sonstiges	6	94	24	76	28	72
EINKOMMEN						
unter 10000	5	95	20	80	27	73
10 bis 15000	7	93	24	76	24	76
15 bis 20000	5	95	30	70	25	75
20 bis 30000	6	94	43	57	25	75
über 30000	6	94	47	53	22	78
TOTAL	6	94	28	72	25	75

Österreich intim	Rachsucht		Hemmung		Impulsivität	
	ja	nein	ja	nein	ja	nein
Burgenland	28	72	40	60	29	71
Kärnten	19	81	30	70	30	70
Niederösterreich	24	76	34	66	27	73
Oberösterreich	22	78	29	71	30	70
Salzburg	19	81	33	67	31	69
Steiermark	20	80	31	69	27	73
Tirol	26	74	29	71	28	72
Vorarlberg	23	77	27	73	35	65
Wien	31	69	34	66	32	68
männlich	26	74	28	72	28	72
weiblich	24	76	34	66	31	69
ALTER						
bis 19	34	66	32	68	35	65
20–39	24	76	31	69	31	69
40–60	24	76	34	66	28	72
61 und älter	23	77	28	72	29	71
FAMILIENSTAND						
ledig	27	73	29	65	32	68
verheiratet	24	76	29	71	30	70
geschieden/verw.	20	80	36	64	27	73
LEBENSFORM						
Single	24	76	41	59	29	71
Lebensgemeinsch.	24	76	27	73	30	70
Familie	25	75	30	70	30	70
AUSBILDUNG						
Pflichtschule	27	73	45	55	28	72
Lehre	22	78	33	67	28	72
Fach-/Berufssch.	24	76	30	70	28	72
Matura	26	74	31	69	33	67
Universität	23	77	28	72	36	64
BESCHÄFTIGUNG						
Selbständiger	26	74	28	72	36	64
Angestellter	24	76	31	69	28	72
Beamter	22	78	32	68	30	70
Arbeiter	25	75	36	64	30	70
Haushalt	27	73	38	62	31	69
Schüler/Student	28	72	28	72	40	60
Pensionist	25	75	34	67	20	80
Sonstiges	29	71	38	63	29	71
EINKOMMEN						
unter 10000	25	75	37	63	33	67
10 bis 15000	24	76	34	66	28	72
15 bis 20000	23	77	28	72	28	72
20 bis 30000	27	73	27	73	29	71
über 30000	24	76	24	76	33	67
TOTAL	24	76	32	68	30	70

Österreich intim	Verfolgungstraum		Falltraum		Hemmungslosigkeit	
	ja	nein	ja	nein	ja	nein
Burgenland	10	90	15	85	20	80
Kärnten	10	90	12	88	23	77
Niederösterreich	6	94	8	92	17	83
Oberösterreich	9	91	11	89	16	84
Salzburg	13	87	11	89	21	79
Steiermark	10	90	13	87	15	85
Tirol	13	87	12	88	17	83
Vorarlberg	12	88	6	94	13	87
Wien	7	93	9	91	16	84
männlich	6	94	10	90	13	87
weiblich	11	89	10	90	19	81
ALTER						
bis 19	15	85	5	95	22	78
20–39	9	91	9	91	18	82
40–60	8	92	11	89	14	86
61 und älter	7	93	14	86	15	85
FAMILIENSTAND						
ledig	10	90	9	91	21	79
verheiratet	8	92	11	89	15	85
geschieden/verw.	8	92	10	90	15	85
LEBENSFORM						
Single	10	90	10	90	21	79
Lebensgemeinsch.	8	92	10	90	17	83
Familie	8	92	11	89	15	85
AUSBILDUNG						
Pflichtschule	15	85	17	83	21	79
Lehre	7	93	12	88	15	85
Fach-/Berufssch.	9	91	10	90	17	83
Matura	9	91	8	92	14	86
Universität	3	97	6	94	15	85
BESCHÄFTIGUNG						
Selbständiger	6	94	10	90	14	86
Angestellter	8	92	10	90	17	83
Beamter	7	93	7	93	10	90
Arbeiter	9	91	13	87	21	79
Haushalt	11	89	15	85	16	84
Schüler/Student	10	90	4	96	26	74
Pensionist	13	87	13	87	22	79
Sonstiges	17	83	10	90	17	83
EINKOMMEN						
unter 10000	13	87	12	88	26	74
10 bis 15000	10	90	12	88	18	82
15 bis 20000	6	94	9	91	14	86
20 bis 30000	5	95	6	94	11	89
über 30000	3	97	6	94	6	94
TOTAL	9	91	10	90	17	83

Österreich intim	Depression		Phobien		Schlafstörungen	
	ja	nein	ja	nein	ja	nein
Burgenland	16	84	15	85	17	83
Kärnten	13	87	12	88	14	86
Niederösterreich	11	89	10	90	11	89
Oberösterreich	11	89	10	90	13	87
Salzburg	10	90	10	90	16	84
Steiermark	9	91	12	88	13	87
Tirol	10	90	13	87	19	81
Vorarlberg	10	90	10	90	10	90
Wien	11	89	10	90	16	84
männlich	8	92	4	96	13	87
weiblich	13	87	15	85	14	86
ALTER						
bis 19	6	94	5	95	5	95
20–39	10	90	10	90	9	91
40–60	12	88	13	87	20	80
61 und älter	12	88	7	93	30	70
FAMILIENSTAND						
ledig	11	89	8	92	9	91
verheiratet	10	90	11	89	14	86
geschieden/verw.	11	89	12	88	20	80
LEBENSFORM						
Single	13	87	9	91	17	83
Lebensgemeinsch.	9	91	9	91	12	88
Familie	10	90	11	89	13	87
AUSBILDUNG						
Pflichtschule	19	81	20	80	20	80
Lehre	12	88	14	86	16	84
Fach-/Berufssch.	9	91	10	90	13	87
Matura	9	91	7	93	12	88
Universität	11	89	6	94	12	88
BESCHÄFTIGUNG						
Selbständiger	12	88	10	90	17	83
Angestellter	10	90	11	89	12	88
Beamter	7	93	7	93	14	86
Arbeiter	11	89	10	90	15	85
Haushalt	14	86	10	81	17	83
Schüler/Student	7	93	6	94	4	96
Pensionist	14	86	8	92	29	71
Sonstiges	13	87	18	82	19	81
EINKOMMEN						
unter 10000	15	85	16	84	17	84
10 bis 15000	11	89	11	89	15	85
15 bis 20000	9	91	9	91	12	88
20 bis 30000	9	91	6	94	12	88
über 30000	7	93	4	96	12	88
TOTAL	11	89	11	89	14	86

Österreich intim	Allmacht		Rache		Zukunftsangst	
	ja	nein	ja	nein	ja	nein
Burgenland	16	84	8	92	47	53
Kärnten	13	87	4	96	41	59
Niederösterreich	15	85	3	97	38	62
Oberösterreich	15	85	5	95	44	56
Salzburg	12	88	3	97	38	62
Steiermark	9	91	3	97	42	58
Tirol	13	87	4	96	43	57
Vorarlberg	14	86	5	95	42	58
Wien	14	86	5	95	40	60
männlich	14	86	5	95	33	67
weiblich	13	87	4	96	46	54
ALTER						
bis 19	20	80	3	97	37	63
20–39	16	84	5	95	41	59
40–60	9	91	4	96	43	57
61 und älter	5	95	3	97	36	64
FAMILIENSTAND						
ledig	18	82	5	95	38	62
verheiratet	11	89	4	96	42	58
geschieden/verw.	11	89	5	95	43	57
LEBENSFORM						
Single	16	84	7	93	42	58
Lebensgemeinsch.	13	87	4	96	38	63
Familie	12	88	4	96	42	58
AUSBILDUNG						
Pflichtschule	9	91	5	95	49	51
Lehre	13	87	5	95	44	56
Fach-/Berufssch.	12	88	4	96	40	60
Matura	19	81	5	95	39	61
Universität	16	84	6	94	35	65
BESCHÄFTIGUNG						
Selbständiger	14	86	4	96	42	58
Angestellter	14	86	4	96	41	59
Beamter	12	88	5	95	31	69
Arbeiter	9	91	6	94	45	55
Haushalt	12	88	3	97	52	48
Schüler/Student	29	71	5	95	37	63
Pensionist	6	94	5	95	42	58
Sonstiges	13	87	6	94	48	52
EINKOMMEN						
unter 10000	15	85	5	95	48	52
10 bis 15000	14	86	4	96	42	58
15 bis 20000	11	89	3	97	37	63
20 bis 30000	14	86	7	93	33	67
über 30000	16	84	4	96	35	65
TOTAL	13	87	4	96	41	59

Literaturverzeichnis

ADLER, Alfred: »Der Sinn des Lebens«, Fischer TB-Vlg., Frkf./Main 1933/1973

BALINT, Michael: »Primärer Narzißmus und Primäre Liebe«, Jb. d. Psychoanalyse, Bd I, 1960, 3–33 »Die Urformen der Liebe und die Technik der Psychoanalyse«, Klett-Cotta, Frkf./Main 1981 (erstm. 1965) »Regression«, Therapeutische Aspekte und die Theorie der Grundstörung, Deutscher TB Vlg., GmbH & Co., München 1986

BADINTER, Elisabeth: »Die Mutterliebe«, dtv Vlg., München 1981/1984

BECK, Ulrich: »Risikogesellschaft«, Auf dem Weg in eine andere Moderne, Suhrkampf Vlg. Frkf./Main 1986

BECK/BECK-GERNSHEIM: »Das ganz normale Chaos der Liebe«, Suhrkamp TB-Vlg., Frkf./Main 1980

BIRNBAUMER, Nils: »Neuropsychologie der Angst«, Vlg. Urban & Schwarzenberg, München – Berlin – Wien 1973

BRÄUTIGAM, Walter: »Reaktionen – Neurosen – Abnorme Persönlichkeiten«, Thieme-Vlg. Stuttgart 1985

COHEN, Betsy: »Der ganz normale Neid«, Kreuz Vlg., Zürich 1988

DINNERSTEIN, Dorothy: »Das Arrangement der Geschlechter«, DVA, Stuttgart 1976/1979

ERIKSON Erik H.: »Kindheit und Gesellschaft«, Ernst-Klett Vlg., Stuttgart 1987, erstmals erschienen 1950

EYSENCK, H. J.: »The structure of human personality«, London: Methuen, 1970

FENICHEL, Otto: »Psychoanalytische Neurosenlehre«, Walter-Vlg., 1975

FOULKES, S. H.: »Gruppenanalytische Psychotherapie«, Fischer-TB, 1974

FREUD, Sigmund: STA Bd. III, IV, VI, IX, S. Fischer-Vlg. GmbH., Frkf./Main 1989

GROSS, Werner: »Sucht ohne Drogen«, Fischer TB Vlg. GmbH., Frkf./Main 1990

GUTTMANN, G.: »Lehrbuch der Neuropsychologie«, Hans Huber-Vlg., 1982

HULL, C. L.: »Principles of behavior: An introduction to behavior theory«, New York: Appleton-Century-Crofts, 1943

JUNG, C. G.: »Bewußtes und Unbewußtes«, Fischer TB Vlg., Frkf./Main 1957/1972 ders.: »Der Mensch und seine Symbole«, Walter Vlg. AG, Olten 1968, erstmals erschienen 1964

KAST, Verena: »Die beste Freundin – Was Frauen aneinander haben«, Kreuz-Vlg., Stuttgart 1992

KLEIN, Melanie« »Die Psychoanalyse des Kindes«, Fischer TB-Vlg., Frkf./Main 1987, erstmals erschienen 1932

ders.: »Das Seelenleben des Kleinkindes«, Klett-Cotta Vlg., Stuttgart 1992

LAPLANCHE/PONTALIS: »Das Vokabular der Psychoanalyse«, Suhrkampf TB, Frkf./Main 1972/1991

MAHLER, Margaret: »Die psychische Geburt des Menschen«, Fischer TB Vlg., Frkf./Main 1975/1992

MASTERS & JOHNSON: »Die sexuelle Reaktion«, Rowohlt Vlg. GmbH, Reinbek bei Hamburg 1970

MENTZOS, S. in: S. Mentzos (Hrsg.) »Angstneurose«, Fischer-Vlg., Frkf./Main 1984

MERTENS, Wolfgang: »Einführung in die psychosomatische Theorie«, Bd. 1, Vgl. W. Kohlhammer, Stuttgart, Berlin, Köln 1990

MILLER, Alice: »Am Anfang war Erziehung«, Suhrkamp, TB-Vlg., Frkf./Main 1980

NEIL, A. S.: »Theorie und Praxis der antiautoritären Erziehung – das Beispiel Summerhill«, Rowohlt, Reinbek, 1969

OLIVIER, Christiane: »Jokastes Kinder«, Die Psyche der Frau im Schatten der Mutter, Claasen Vlg., Düsseldorf 1987

RATTNER, Josef: »Tugend und Laster«, Tiefenpsychologie und Psychotherapie als angewandte Ethik, Fischer TB Vlg., Frkf./Main 1991

RIEMANN, Fritz: »Grundformen der Angst«, Ernst-Reinhardt-Vlg., München – Basel 1961/1987

SCHELLENBAUM, Peter: »Das Nein in der Liebe«, Abgrenzung und Hingabe in der erotischen Beziehung, Kreuz Vlg. Zürich 1984/1989

SHERFEY, Mary Jane: »Die Potenz der Frau«, Wesen und Evolution der weiblichen Sexualität, Kiepenheuer & Witsch, Köln 1974

SINGER-KAPLAN, Helen: »Sexualtherapie«, Enke Vlg., Stuttgart 1979

SPINOLA/PESCHANEL: »Das Hirn – Dominanz-Instrument«, Gabal Vlg. GmbH, Speyer 1988

STOLLER, Robert: »Perversion«, Rowohlt-Vlg., Reinbek bei Hamburg 1979

TANNEN, Deborah: »Du kannst mich nicht verstehen«, Kabel Vlg., Hamburg 1991

WINNICOTT, D. W.: »Reifungsprozesse und fördernde Umwelt«, Kindler Vlg. GmbH, München 1965/1974

ZIMBARDO, P. G.: »Psychologie«, Springer Vlg., Berlin, Heidelberg, New York, Tokyo 1983